高等院校计算机教材系列

OBJECT-ORIENTED PROGRAMMING IN C++

面向对象程序设计
C++实现

雷大正 王啸楠 丁德成 等编著
岳丽华 主审

机械工业出版社
CHINA MACHINE PRESS

图书在版编目（CIP）数据

面向对象程序设计：C++ 实现 / 雷大正等编著 . —北京：机械工业出版社，2017.1（2025.7 重印）

（高等院校计算机教材系列）

ISBN 978-7-111-55884-2

Ⅰ. 面… Ⅱ. 雷… Ⅲ. C 语言 - 程序设计 - 高等学校 - 教材 Ⅳ. TP312.8

中国版本图书馆 CIP 数据核字（2016）第 325130 号

本书共分为三部分。第一部分为设计部分，主要针对两个综合项目（LostCraft 游戏以及 HR 服务平台）进行介绍，引出面向对象思维概念并构建面向对象思维模型；第二部分为实践部分，将抽象的案例模型实例化，并在实现过程中掌握 C++ 基础语法；第三部分为提高部分，通过一个综合项目示例培养学生综合编程能力。

本书主要面向的读者是具有一定的 C 语言编程基础但从未接触过或者较少接触过面向对象的计算机、通信等专业的本科生。

出版发行：机械工业出版社（北京市西城区百万庄大街22号　邮政编码：100037）
责任编辑：张梦玲　　　　　　　　　　　　　　责任校对：董纪丽
印　　刷：北京建宏印刷有限公司　　　　　　　版　　次：2025年7月第1版第8次印刷
开　　本：185mm×260mm　1/16　　　　　　　印　　张：15
书　　号：ISBN 978-7-111-55884-2　　　　　　定　　价：49.00元

客服电话：(010) 88361066　68326294

版权所有·侵权必究
封底无防伪标均为盗版

本书编委会

主　　编　雷大正　丁德成
主　　审　岳丽华
副 主 编　王啸楠　高　超
参　　编　殷振华　薛　蕾　黄　勇　陈　兵

前　言

近年来，支持面向对象程序设计的 C++ 语言迅速在国内普及，并且我国大部分高校均开设了 C++ 课程，但纵观大部分高校的整体课程设计，课件内容多、小章节划分细是普遍现象，基础内容较多，但实际应用方面略显不足。国内的课程多偏向于讲解概念化的东西，例如什么是类、什么是构造函数、什么是 OOP 等，教材多偏向于介绍解释性内容，却没有详细说明为什么需要、如何应用等。鉴于此，我们将面向对象基本概念、C++ 语言和实际综合案例项目进行结合，打破传统的知识点讲授顺序，以案例驱动知识点的方式来讲解面向对象，并最终以 C++ 语法进行落地。

考虑到国内大部分课程中面向对象思维与 C++ 语法分离的现状，我们编写了这本易于入门的教材，以帮助更多的初学者更顺利地迈进面向对象的大门。本教材的特点如下。

基于解决问题的知识架构书籍的开发思路，准确定位学习群体

该教材的重点目标是培养学生分析问题、解决问题的能力、面向对象思维能力、项目设计与建模能力。因此，本教材的编写主要采用软件工程模块化、能力导向的思路，基于解决问题的知识架构模式重新构建课程知识体系，以案例、任务为驱动，结合探究式模式构建核心学习内容，并使用 C++ 作为最终实现语言，易教易学，效果好。

基于解决问题的知识架构模式主要是以提高学习者解决问题的思维能力为导向，先建立模型，不拘泥于编程语法细节，然后按真实模型演变产生问题，循序渐进地引入知识来解决。在学习每个模型之前，注重使其与学习者已有的知识或模型建立连接，尽量基于同一个案例重构或迭代，只有当知识与场景不匹配时，才引入新的案例或场景。

基于能力导向的应用型人才培养要求进行分解，合理设计案例

本教材所涉及的 3 个综合案例均由拥有丰富企业开发经验的实训教师所设计，是他们多年教育教学设计和软件开发的经验与知识积累的结晶。

3 个案例的难易程度不同，从一开始的基础设计到最终的综合提高，每一个案例都有对应的设计模型以及知识点，在实现过程中学生可以根据不同的项目需求学习到 C++ 语法的相关重点和难点，并且整本书采用同一案例不同版本迭代的方式进行讲解，学生每学习完一个案例版本，便可掌握一些基础知识的应用以及实际的应用场景，这种"从简单到复杂"逐渐演化的学习路径，又让他们可以更轻松地理解知识之间的相互关系。

基于模块化的知识结构划分，合理设计教材内容

"面向对象程序设计（C++ 语言）"是计算机专业的核心基础课程，结合案例特色，本书共分为三部分。第一部分为设计，主要针对综合项目进行介绍，引出面向对象思维概念并构建面向对象思维模型；第二部分为实践，将抽象的案例模型实例化，使学生掌握 C++ 基础语法；第三部分为提高，培养学生的综合编程能力。

本书主要面向的群体是具有一定的 C 语言编程基础但从未接触过或者较少接触面向对象的学生。全书共分 9 章，各章节内容安排如下：

第 1 章主要从公共平台中下载综合案例并进行演示，在演示的过程中进行项目介绍以及角色功能分析。学完本章内容，学生应该能够清晰地了解该门课程所需完成的项目概况，以及该项目所涉及的角色与功能。

第 2 章主要从软件行业现状入手，结合实际项目案例，引入面向对象概念，并通过案例分析了解对象之间的行为关系且加以抽象，最后再通过生活中的案例进行思维强化。学完本章内容，学生应该能够初步建立面向对象思维，针对已有的案例需求，可有意识地进行对象区分与功能抽象。

第 3 章主要从生活案例开始引入面向对象的概念，通过多个案例的描述培养学生的对象思维，最后通过 UML 工具进行建模，从而实现面向对象的设计部分。学完本章内容，学生应该能够从日常生活或者一段项目需求描述中找到所涉及的类与对象，通过 UML 工具实现具体建模，并绘制出对应的类图、时序图与用例图。

第 4 章主要针对 C++ 的一些基础语法知识点进行讲解，同时通过介绍程序设计语言的发展史，使学生对 C++ 语言有一个初步的认知。基础语法包括：变量的定义与使用、常用的几种数据类型、各类运算符的使用、控制语句中的判断语句以及循环语句的使用、一维数组的定义与查找遍历、函数与指针。

第 5 章主要针对设计部分进行代码落地，将所设计的内容通过 C++ 编程语言最终实现出来，要求学生能够将之前所学过的基础语法与思维建模很好地结合到一起，完成一个完整项目的开发。

第 6 章主要是 C++ 语法的提高与扩展。由于项目需求越来越大，以及需求的多变性，所以需要使用更高级的语法知识来实现项目。本章主要包含以下内容：成员函数的定义与实现、函数的重载、构造函数的声明与使用以及面向对象的封装机制，并通过知识点的整合最终实现一个小型项目。

第 7 章主要通过对已有项目进行优化，根据项目实现的合理性提出继承概念并实现。在实现的过程中讲解单继承的概念及其存在意义，以及实现单继承的 C++ 语法及其应用。学完本章内容，学生应该能够运用继承的思想分析项目，抽取出继承类和派生类，理解并掌握单继承的概念以及应用方法，最终能用 C++ 代码实现基于继承的项目。

第 8 章主要通过解决实际应用中的一些扩展问题，引出多态的概念：同一个方法，对象不同表现不同；同一个对象，不同情况下会表现出不同行为。同时，在此基础上提出虚函数以及纯虚函数的概念。

第 9 章主要通过对综合项目案例进行需求分析、UML 设计以及最终代码实现来综合训练和巩固学生之前所学过的所有知识点。学完本章内容，学生将能够熟练掌握 C++ 基础语法，并结合实际项目需求进行简单的综合程序设计与开发。

本书第 1 章由丁德成、雷大正、王啸楠编写；第 2 章由殷振华、黄勇、高超编写；第 3 章由王啸楠、殷振华、黄勇编写；第 4 章由王啸楠、薛蕾编写；第 5 章由殷振华、王啸楠、高超编写；第 6 章由王啸楠、高超、薛蕾编写；第 7 章由高超、殷振华、王啸楠编写；第 8 章由雷大正、王啸楠编写；第 9 章由雷大正、高超、殷振华编写。最后由岳丽华负责审阅定稿。

在本书的编写过程中，参考了许多相关的书籍和资料，在此对这些参考文献的作者表示感谢。同时对一切在本书出版过程中给予支持和帮助的同事、朋友，特别是郭贺、戈超、王强，表示真挚的感谢。

因编者水平有限，书中难免存在错漏和不妥之处，望读者指正，以便改进和提高。

教 学 建 议

本书既可作为大学计算机及其相关专业的面向对象程序设计基础教材,也适用于广大 C++ 语言编程初学者。

本书的总学时建议安排为 48 学时,其中 32 课时为理论授课,16 课时为上机。本教材第 9 章为提高部分,不同专业可根据培养要求适当取舍。此外,学生的上机实验学时也可以灵活安排。不同专业可以根据不同的教学要求和执行计划对教材内容进行适当取舍。

课程内容	教学要求	学时分配
第 1 章 综合项目初体验	了解综合案例基本概况 明确综合项目中的角色与交互关系 明确综合案例功能框架	2
第 2 章 面向对象思维建立	建立简单的面向对象思维 掌握基本的需求分析能力 理解类与对象的概念	2
第 3 章 面向对象思维建摸	了解 UML 模型 理解并能够正确绘制类图、时序图与用例图 掌握面向对象基础建模	4
第 4 章 程序设计语言 C++ 初识	熟练掌握 C++ 程序的基本框架 理解数据类型、变量、运算符的概念并熟练使用 理解判断语句、循环语句的概念并熟练使用 理解一维数组的概念并熟练使用 理解函数的概念 熟练掌握函数的声明、实现与调用 理解并掌握指针的概念、定义以及使用	4
第 5 章 类与对象的实现	熟练使用 C++ 语法实现类的定义 理解并熟练掌握对象实例化 理解类与对象的关系 熟练掌握 UML 模型与实际代码的对应关系	6
第 6 章 深入学习面向对象函数	了解成员函数并熟练使用成员函数 掌握并熟练使用函数的重载 掌握并熟练使用构造函数 了解并掌握面向对象封装机制 掌握综合项目的代码实现	10
第 7 章 继承	理解继承的含义及其存在意义 熟练掌握单继承实现方法 使用继承方式优化综合项目	8

（续）

课程内容	教学要求	学时分配
第 8 章 多态	理解多态的含义 了解并熟练区分静态多态与动态多态 理解并熟练掌握动态多态的实现方法 使用多态方式优化综合项目	10
第 9 章 综合项目——锻炼系统	了解并明确项目的基本概况以及角色功能框架 设计并实现项目的 UML 模型 理解并独立完成项目的最终实现代码	2

此外，本书全程以案例为驱动展开，学生需要大量的实际操作练习，因此建议另外为学生安排 32 课时的课下学习时间。不同专业的学生可根据自身的实际学习能力进行适当调整。

全书共 3 个综合案例，难易程度依据知识点的不同呈递增关系，且同一个综合项目案例采用两个迭代版本实现。

案例 1——LostCraft 游戏为基础类案例，该案例趣味性较强，易引起学生的学习兴趣且涉及的知识点均为 C++ 基础语法。

案例 2——HR 服务平台为中等类案例，该案例所涉及的业务性较强，且在案例实现过程中多次使用 C++ 语言的一些编程技巧，可快速提高学生的编程能力。

综合项目——锻炼系统为提高类案例，该案例涉及的业务逻辑复杂，且将本书所讲的知识点完全融合在一起，通过该案例，可充分提高学生的综合业务分析与实践编程能力。

项目名称	难易程度	版本 1.0 知识点	V1.0 实践安排 / 学时分配	版本 2.0 知识点	V2.0 实践安排 / 学时分配
LostCraft 游戏	基础	1. 类的定义与实现 2. 对象实例化（栈） 3. 成员函数的实现 4. 构造函数的调用 5. 设置 private 权限	到第 6 章结束 /6	增加继承、多态，优化代码	到第 8 章结束 /6
HR 服务平台	中等	1. 类的定义与实现 2. 对象实例化（new\delete） 3. 成员函数的实现 4. 构造函数的调用 5. 析构函数的调用 6. this 指针 7. private 权限下 get/set 函数封装技巧	到第 6 章结束 /6	增加继承、多态，优化代码	到第 8 章结束 /6
锻炼系统	提高	综合 LostCraft 游戏与 HR 服务平台两个案例所有的知识点	到第 9 章结束 /8	无	0

目 录

前言
教学建议

第一部分 设 计

第1章 综合项目初体验 ·················· 2
  1.1 项目下载地址及安装操作说明 ········ 2
  1.2 综合项目介绍 ···················· 2
    1.2.1 综合实例1——LostCraft游戏
           项目介绍 ·················· 2
    1.2.2 综合实例2——HR服务平台
           项目介绍 ·················· 5
  1.3 项目角色功能分析 ················ 7
    1.3.1 综合实例1——LostCraft游戏
           项目的角色功能分析 ·········· 7
    1.3.2 综合实例2——HR服务平台
           项目的角色功能分析 ·········· 9
  1.4 本章小结 ······················ 10
  1.5 本章习题 ······················ 11
第2章 面向对象思维建立 ················ 12
  2.1 面向对象概念的引入 ·············· 12
    2.1.1 软件行业现状 ················ 12
    2.1.2 何为面向对象 ················ 13
  2.2 类与对象 ······················ 15
    2.2.1 综合实例1——LostCraft游戏
           项目中对象间的行为关系 ······ 15
    2.2.2 综合实例1——LostCraft游戏
           项目中类的抽象 ············ 16
    2.2.3 类与对象的概念和关系 ········ 17
  2.3 本章小结 ······················ 20

  2.4 本章习题 ······················ 21
第3章 面向对象思维建模 ················ 22
  3.1 UML概述 ······················ 22
    3.1.1 类图 ······················ 22
    3.1.2 时序图 ···················· 24
    3.1.3 用例图 ···················· 26
  3.2 项目实现的UML设计 ·············· 27
    3.2.1 综合实例1——LostCraft游戏
           项目的UML设计 ············ 27
    3.2.2 综合实例2——HR服务平台
           项目的UML设计 ············ 32
  3.3 本章小结 ······················ 41
  3.4 本章习题 ······················ 42

第二部分 实 践

第4章 程序设计语言C++初识 ············ 44
  4.1 C++概述 ······················ 44
  4.2 第一个C++程序 ·················· 44
    4.2.1 VS 2010工具介绍 ············ 44
    4.2.2 编写第一个C++程序
           helloworld ················ 45
    4.2.3 代码解释 ·················· 49
    4.2.4 程序注释 ·················· 50
  4.3 C++编译过程 ···················· 51
  4.4 C++编程逻辑 ···················· 52
    4.4.1 程序中的简单数据存储 ········ 52
    4.4.2 输入与输出 ················ 55
    4.4.3 控制语句 ·················· 57
    4.4.4 一维数组 ·················· 64
    4.4.5 函数 ······················ 67

	4.4.6 指针与引用 ·················· 70
4.5	本章小结 ··························· 73
4.6	本章习题 ··························· 74

第 5 章 类与对象的实现 ··············· 76
5.1 综合实例 1——LostCraft 游戏项目 ··· 76
   5.1.1 类的构成 ······················ 76
   5.1.2 技能类的声明与实现 ·········· 77
   5.1.3 对象实例化 ··················· 80
   5.1.4 其他类的声明 ················ 82
   5.1.5 对象间的协作实现 ············ 85
5.2 综合实例 2——HR 服务平台项目 ··· 91
   5.2.1 类的声明与实现 ·············· 91
   5.2.2 对象实例化之 new 运算符 ···· 93
   5.2.3 对象资源回收之 delete 运算符 ··· 95
   5.2.4 对象间的协作实现 ············ 96
5.3 本章小结 ··························· 98
5.4 本章习题 ··························· 99

第 6 章 深入学习面向对象函数 ········ 101
6.1 综合实例 1——LostCraft 游戏项目 ·························· 101
   6.1.1 成员函数介绍 ················ 101
   6.1.2 函数重载 ····················· 101
   6.1.3 构造函数 ····················· 103
   6.1.4 C++ 封装机制的 private 权限 ··· 105
6.2 综合实例 2——HR 服务平台项目 ·························· 107
   6.2.1 封装技巧的 get 和 set 方法 ··· 107
   6.2.2 引用技巧的 this 指针 ········· 109
   6.2.3 构造函数的重载 ·············· 109
   6.2.4 析构函数 ····················· 111
   6.2.5 其他核心方法的代码实现 ····· 112
6.3 本章小结 ··························· 118
6.4 本章习题 ··························· 119

第 7 章 继承 ························· 122
7.1 综合实例 1——LostCraft 游戏项目 ·························· 122
   7.1.1 继承的概念 ··················· 122
   7.1.2 单继承的声明与实现 ········· 123

7.2 综合实例 2——HR 服务平台项目 ··· 125
   7.2.1 巧用继承中的构造函数 ········ 126
   7.2.2 访问权限的 protected 关键字 ··· 127
7.3 本章小结 ··························· 128
7.4 本章习题 ··························· 129

第 8 章 多态 ························· 130
8.1 综合实例 1——LostCraft 游戏项目 ·························· 130
   8.1.1 多态的概念 ··················· 130
   8.1.2 静态多态的函数多态 ········· 130
   8.1.3 动态多态的虚函数实现 ······· 131
8.2 综合实例 2——HR 服务平台项目 ·························· 136
   8.2.1 多态的实现 ··················· 136
   8.2.2 纯虚函数与抽象类 ············ 137
8.3 本章小结 ··························· 139
8.4 本章习题 ··························· 140

第三部分 提　高

第 9 章 综合项目——锻炼系统 ········ 142
9.1 系统项目介绍 ······················ 142
9.2 系统项目角色功能分析 ············ 142
   9.2.1 普通用户 ····················· 142
   9.2.2 群主 ·························· 144
   9.2.3 私教 / 教练 ··················· 145
9.3 系统项目的 UML 设计 ············ 146
   9.3.1 用例图 ························ 146
   9.3.2 时序图 ························ 147
   9.3.3 类图及说明 ··················· 153
9.4 本章小结 ··························· 180
9.5 本章习题 ··························· 181

附录 ································· 183
附录 A LostCraft 游戏的实现代码 ······ 183
附录 B HR 服务平台的实现代码 ······· 192
附录 C 综合项目——锻炼系统的实现代码 ····························· 200

参考文献 ····························· 228

第一部分

设　计

第 1 章　综合项目初体验

在学习本书内容之前，请读者先从公共平台中下载本书涉及的两个基本综合案例。本章先进行操作演示，使读者熟悉本书的综合项目。同时本章会针对这两个项目进行整体介绍以及角色功能分析，让读者能够清晰地了解该门课程所需完成的项目概况，以及该项目所涉及的角色与功能。

1.1　项目下载地址及安装操作说明

本书使用的 3 个项目案例安装程序都可从本书的合作网站 http://www.iflysse.com 上下载如图 1-1 所示，分别是"LostCraft.zip"、"HRServer-Platform.zip"以及"O2OProject.zip"。

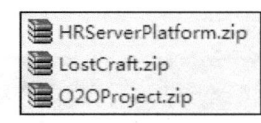

图 1-1　资源下载页面

首先安装 LostCraft 游戏项目，选中"LostCraft.zip"压缩包，然后单击"下载"选项，将该压缩包下载至个人计算机上，下载完成后进行解压，解压后打开文件夹，可看到如图 1-2 所示的文件，最后双击"LostCraft.exe"文件，即可运行 LostCraft 游戏项目的程序。

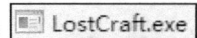

图 1-2　LostCraft 游戏项目可执行文件

其次安装 HR 服务平台项目，首先选中"HRServerPlatform.zip"压缩包，然后单击"下载"选项，将该压缩包下载至个人计算机上，下载完成后进行解压，解压后打开文件夹，可看到如图 1-3 所示的文件，最后双击"HRServerPlatform.exe"文件，即可运行相关程序。

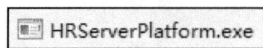

图 1-3　HRServerPlatform 可执行文件

最后安装锻炼系统项目，首先选中"LostCraft.zip"压缩包，然后单击"下载"选项，将该压缩包下载至个人计算机上，下载完成后进行解压，解压后打开文件夹，可看到如图 1-4 所示的文件，最后双击"O2OProject.exe"文件，即可运行相关程序。

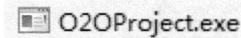

图 1-4　O2OProject 可执行文件

1.2　综合项目介绍

1.2.1　综合实例 1——LostCraft 游戏项目介绍

现在是 2222 年的某一天，地球忽然遭受外太空生物的攻击，世界正面临着巨大的

危机，而你，恰恰是被世界人民选中的具有超能力的未来英雄！

为了拯救地球，打败怪物，你需要通过不断的战斗来提升自己的等级，并不停地学会新的技能。时间不等人，抓紧时间操练起来吧！

为了世界和平！加油啊，少年！

废话不多说，下面我们就来了解一下整个游戏的规则。

1）游戏开始后，玩家会看到游戏开始的欢迎界面，如图 1-5 所示。

2）默认玩家为该游戏英雄，通过键盘键入英雄名称。假设玩家给自己取名为 HeroMan，如图 1-6 所示，当玩家取名成功后，即可进入游戏场景。

图 1-5　游戏登录页面

3）通过游戏场景说明，你会发现地球正在被外太空生物攻击，而外太空一共有 5 种怪物，如图 1-7 所示，从低到高每个怪物的等级分别为 lv1、lv5、lv10、lv30、lv50，其中等级为 50 的怪物为最终大 BOSS，英雄只需要战胜大 BOSS，则游戏胜利。

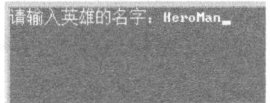

图 1-6　玩家注册页面

4）该游戏为挑战类游戏，即每次战斗英雄都可以根据自己的实力选择 5 种外太空怪物中的一种进行挑战。按照游戏规则，英雄在创建开始等级默认为 1，英雄可通过挑战战斗来提升自己的等级。同时，随着英雄等级的提升或降低，英雄的攻击力也随之提升或降低，且选好怪物后英雄可以看到自己目前所能使用的技能列表，英雄的等级不同，所能使用的技能列表也相对不同，英雄玩家可根据自己的战术选择技能进行攻击。技能使用说明如图 1-8 所示。

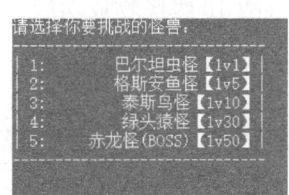

图 1-7　怪兽展示页面

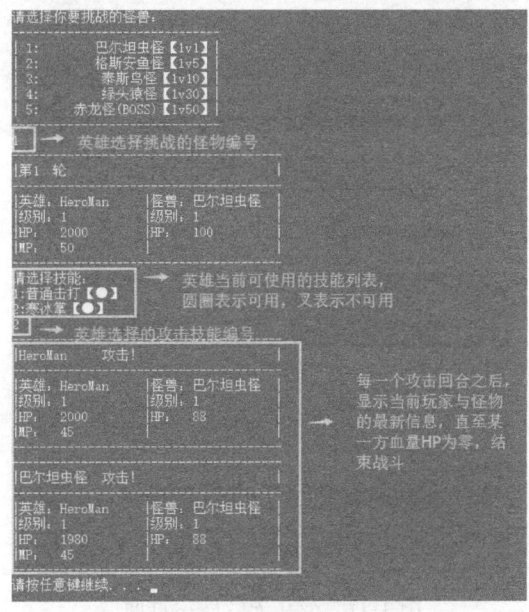

图 1-8　技能使用说明

5）不同的技能有不同的冷却轮数，如果技能未冷却结束，则暂时不可以使用该技能，如图1-9所示。

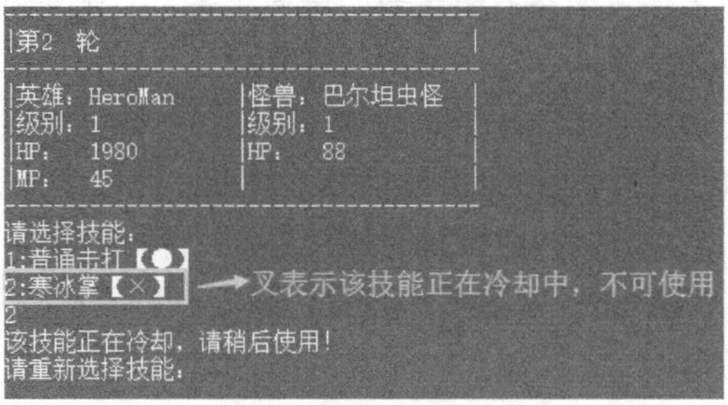

图1-9　技能冷却示意

6）英雄和怪物在每一局的比赛中都有各自的生命值，该生命值和自身的等级相关，无论是英雄还是怪物，在当局比赛中如果生命值小于等于0，则认为该挑战回合死亡。如果挑战胜利，则英雄增加与怪物的等级数相同的等级数，例如英雄当前等级为7级，挑战10级怪物成功后，则英雄等级更新为17级，战斗胜利展示页面如图1-10所示。反之，如果英雄挑战失败，则等级数降1。

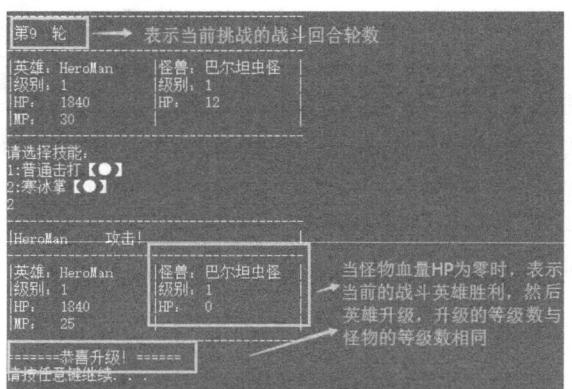

图1-10　战斗胜利展示页面

7）当英雄等级数降为0时，认为英雄死亡，游戏失败，如图1-11和图1-12所示。

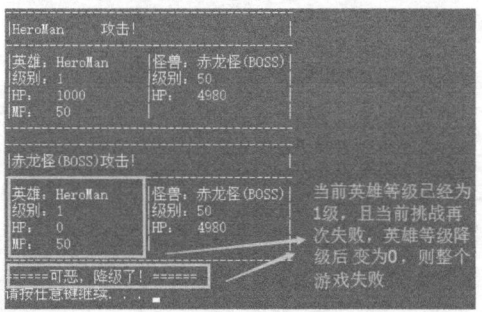

图1-11　战斗失败展示页面

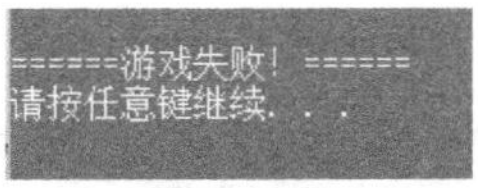

图 1-12　游戏失败展示页面

8）最终无论英雄的等级数是多少，只要英雄成功挑战最终极怪物一次，游戏就成功，如图 1-13 所示。

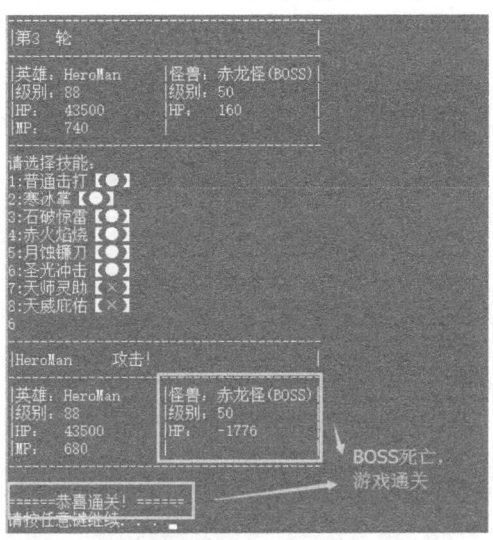

图 1-13　游戏通关页面

1.2.2　综合实例 2——HR 服务平台项目介绍

说到找工作，我们自然会想到人才市场，求职者需要到人头攒动的招聘摊位前递上自己的简历，用工单位则要租用场地来设点，这无论对于求职者还是用工单位来说，都是耗时耗力、消耗成本的事情。然而，HR 服务平台则让它变得简单，用工单位只需要一个服务平台，即可以实现职位需求信息的发布，如图 1-14 所示。

下面我们就来看一下该平台是如何使用的。

1）打开 HR 服务平台系统（见图 1-15），首先进行身份信息验证（即登录操作），只有登录成功之后，才能进行一系列的功能操作（本例中的 HR 登录用户名与密码是：HR、123）。

图 1-14　用工单位发布职位需求信息

2）登录成功后，显示菜单下的所有功能模块，如图 1-16 所示。

3）对于每个工作分类，HR 选择分类名称，便可查看这个分类下面的所有工作，如图 1-17 和

图 1-15　平台登录页面

图 1-18 所示。

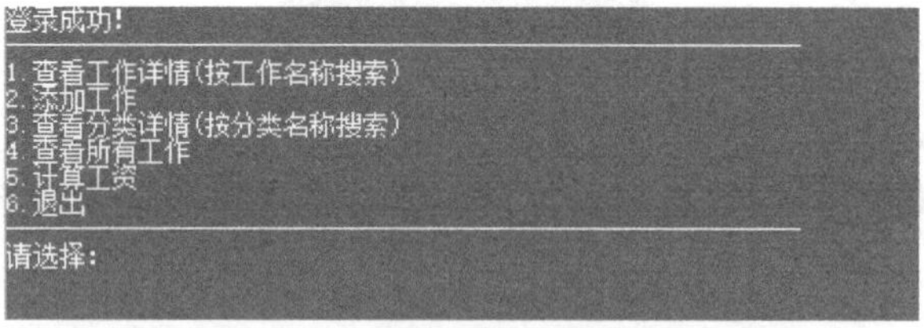

图 1-16　平台信息展示页面

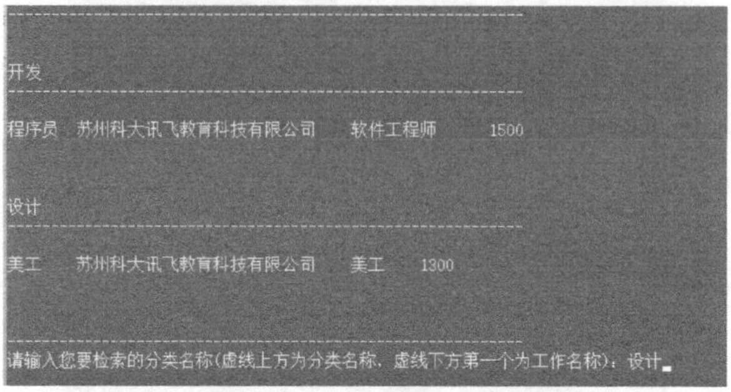

图 1-17　分类信息展示页面

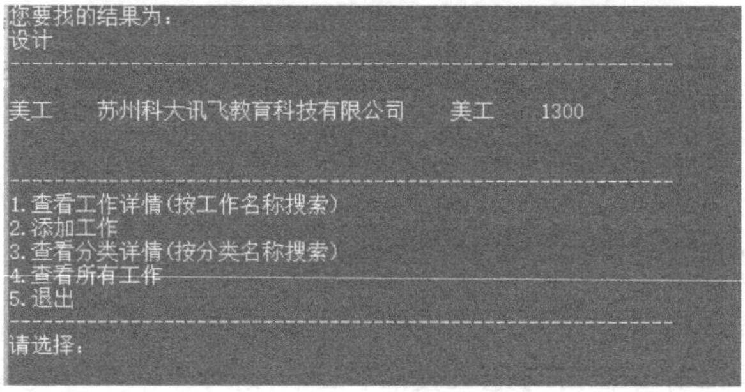

图 1-18　分类查询结果展示页面

4）HR 可以搜索已发布的工作，系统会显示该工作的详细信息，包括职位、薪资、公司名称等信息，如图 1-19 和图 1-20 所示。

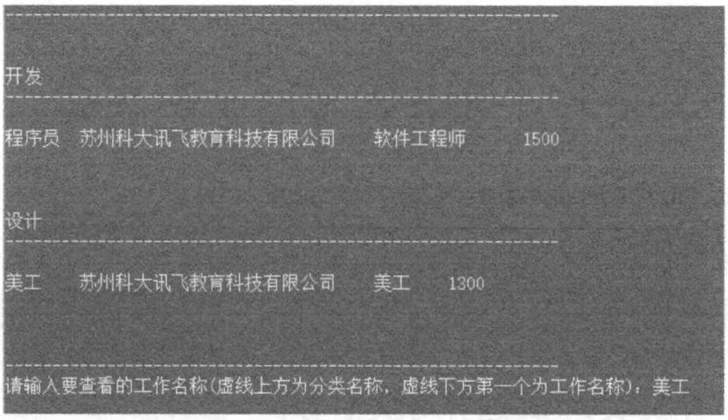

图 1-19　工作信息展示页面

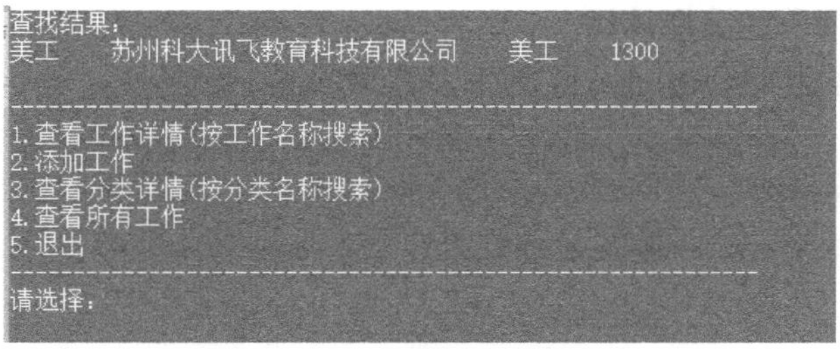

```
查找结果:
美工      苏州科大讯飞教育科技有限公司      美工      1300

------------------------------------------------------------
1.查看工作详情(按工作名称搜索)
2.添加工作
3.查看分类详情(按分类名称搜索)
4.查看所有工作
5.退出
------------------------------------------------------------
请选择:
```

图 1-20　工作查询结果展示页面

5）在 HR 登录系统发布工作需求时，需要填写工作相关信息，包括工作 ID、公司的名字、薪资、职位、分类、工作描述等信息，如图 1-21 所示。

```
请在如下区域输入Job相关信息:
工作ID:1
工作名称:美工
工作描述:美工
工作薪资(只能为数字):1000
公司名称:科大讯飞
职位:开发
工作分类:设计
```

图 1-21　新建工作页面

1.3　项目角色功能分析

1.3.1　综合实例 1——LostCraft 游戏项目的角色功能分析

1. 英雄角色

通过游戏规则的描述可发现，游戏中有且仅有一个英雄，即玩家自己，并且通过观察可发现，英雄这个角色在游戏中具有一定的角色特征，例如：英雄的名字、英雄的等级、攻击力等。同时还会发现英雄角色有一定的动作，例如：攻击怪物、提升等级等。

下面就来具体分析一下英雄这个角色到底有哪些特征以及行为。

角色特征：

1）作为英雄，首先要有一个霸气的名字，简称为**姓名**。

2）随着游戏的进行，英雄的级别在不停地变化，简称为**等级**。

3）每一个回合开始，英雄都有自己的生命值，简称为 HP。

4）每一个回合开始，英雄都有自己的能量值，用来释放特殊技能，简称为 MP。

5）英雄在不同的等级时，所拥有的技能是不一样的，简称为**技能列表**。

6）每一次战斗时，英雄需要选择攻击的**技能编号**。

角色行为：

1）游戏一开始，英雄就应该出场，并且英雄出场的时候相关数据应该被生成出来，例如英雄的姓名、当前等级等，这简称为**初始化英雄**。

2）游戏开始，英雄选择要挑战的怪物，然后进入战斗模式，这时英雄需要选择可用的攻击技能，这简称为**选择技能**。

3）英雄对怪物会有攻击行为，这简称为**英雄攻击**。

4）每一个攻击回合结束后，我们都需要判断一下当前英雄的血量是否为零，这简称为**判断英雄是否存活**。

5）当一次挑战结束时，如果英雄胜利，则英雄的等级也会随之提升，这简称为**英雄等级提升**。

6）当一次挑战结束时，如果英雄失败，则英雄的等级也会随之下降，这简称为**英雄等级降低**。

7）每一回合的战斗结束时，我们都需要显示一下当前英雄的状态，简称为**结算英雄当前回合状态**。

2. 怪物角色

知己知彼，百战不殆。上面已经对英雄角色进行了分析，下面再来看一下游戏中的怪物角色，在这里我们要理解一点，即虽然游戏中有5种怪物，但是因为它们所拥有的角色特征和行为都是一样的，都属于怪物角色，所以可以直接针对怪物来进行分析，看看怪物角色分别有哪些角色特征和角色行为。

角色特征：

1）作为反派角色，无论是哪种怪物，都应该有一个霸气的名字，简称为**怪物名称**。

2）在游戏过程中，不同的怪物有不同的级别，简称为**怪物等级**。

3）每一个回合开始，怪物都有自己的生命值，简称为**怪物HP**。

4）怪物不同于英雄，怪物的等级是固定的，且同一个等级的怪物的攻击力也是固定的，简称为**怪物攻击力**。

角色行为：

1）当英雄选好要挑战的怪物后，怪物就应该被创建出来，这简称为**初始化所选怪物**。

2）战斗回合开始，当英雄发起攻击后，怪物会进行反击，即对英雄有攻击行为，这简称为**怪物攻击**。

3）每一个攻击回合结束后，我们都需要判断一下当前怪物的血量是否为零，这简称为**判断怪物是否存活**。

3. 场景角色

在整个游戏中，最显而易见的角色一定是英雄和怪物，因此在这个时候我们往往会忽略另外一个很重要的角色，即场景角色。毕竟每一次战斗都需要一个单独的场景来实现，所以不能忽视它们。和上述方法一样，我们来看一下场景角色里面有哪些角色特征和角色行为。

角色特征：

1）每次战斗的场景里都应该有英雄存在，简称为**英雄对象**。

2）这个时候又怎么能缺少我们的大反派呢？所以在每次的战斗场景中，还有要挑战的怪物存在，简称为**怪物对象**。

3）在每一场战斗中，每一个回合的战斗结果都应该被记录，并统计出来，用于观察英雄的技能是否已经完成冷却，是否可继续使用，这简称为**当前回合轮次**。

4）最后，还应该有一个标识符，用来记录当前游戏是否结束，即英雄打败 BOSS 或者英雄死亡的状态，这简称为**游戏当前状态**。

角色行为：

1）游戏开始后，应该把英雄战斗的地方准备好，这简称为**初始化场景**。

2）在战斗场景中，英雄选择要挑战的怪物，这简称为**选择怪物**。

3）英雄想要拯救世界，仅仅靠一次战斗是不可能的，所以要不停地挑战怪物，直到最终打败 BOSS 为止，这简称为**循环挑战怪物**。

4）在每一轮挑战开始后，英雄和怪物之间会进行互相攻击，而每次攻击结束后，都应该显示当前英雄和怪物战斗结束时的状态，并且根据不同场景，显示不同的状态，这简称为**显示信息**。

1.3.2　综合实例 2——HR 服务平台项目的角色功能分析

HR 服务平台的功能相对简单，涉及的角色只有一个，即 HR。为简单起见，我们把 HR 角色定义成一种称谓，就是用户，即使用这个平台系统的人。在整个程序运行过程中，用户使用系统，系统为用户提供服务，用户和系统之间的关系如图 1-22 所示。

图 1-22　系统与用户的关系展示

在这个只有一类角色的关系中，可以把**系统看作系统服务提供方，英文表达为 Server，用户看作使用服务的对象，也称为客户端，英文表达为 Client**，所以从用户使用系统这个例子可以归纳出这个场景中 Server 和 Client 的关系。

平台角色拆分

1）之前已经分析过，可单独为 HR 角色（即使用这个平台系统的人）定义一种称谓，简称**用户（User）**。

2）系统需要给用户提供用户界面，用户界面包括首页上的按照分类方式组织的工作列表或者某个工作的全部详细内容等。那么从这个意义上来说，"系统"这个角色其实可以拆分成用户界面显示角色，即为用户提供平台展示的页面（UserInterface），简称**系统 UI**。

3）系统界面上展示的内容被称为数据，界面只是负责把数据以某种比较优雅和友好的方式展示出来，界面本身是没有数据的或者说它本身不持有数据，因此系统在展示内容的时候，需要有一个角色来为它提供数据，简称**数据提供者（DataProvider）**。

数据提供者持有数据，这些数据可以是简单的数据或是复杂的结构性数据，也可以是来自网络的数据等。因此，对于界面角色（UI）来说，它只关心如何把数据渲染出来以形成界面，并不关心数据真正从哪里来。而数据从哪里来是数据提供者需要关心的事情。那么，UI 和 DataProvider 的关系可以用图 1-23 来简单地表达。同样，我们把用户界面称为 Client，而数据提供者称为 Server。

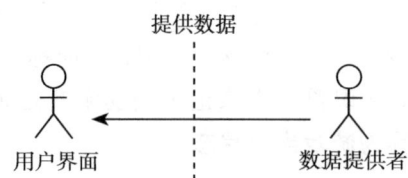

图 1-23　数据提供者与用户界面的关系展示

这样，再把用户这个角色加入进来，则整个关系如图 1-24 所示。

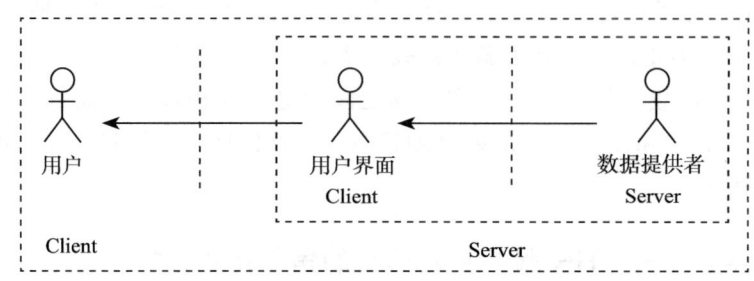

图 1-24　客户端与服务端的关系展示

在前面我们理清了用户和系统的关系，发现使用系统的 HR 用户是处于系统边界外面的，那么现在来看看 HR 用户到底能干什么。

- 登录系统。
- 发布工作。
- 查看所有工作。
- 查看工作的分类详情（根据分类名称查找）。
- 查看工作详情（根据工作名称查找）。

具体如表 1-1 所示。

表 1-1　HR 用户功能表

对象	功能	
HR 用户	登录系统	√
	发布工作	√
	查看所有工作信息	√
	查看工作的分类详情（根据分类名称查找）	√
	查看工作详情（根据工作名称查找）	√

1.4　本章小结

本章实质上相当于一本用户使用手册，从项目所涉及的角色对象入手，通过对 LostCraft 游戏项目和 HR 服务平台项目所涉及的角色以及该角色所包含的功能进行描述，教会大家如何操作游戏项目和使用服务平台项目。通过对这两个项目的系统边界进行说明，整理出这两个项目的基本框架，即多个角色对象，包括这些角色本身所包含的属性以及功能列表，以及这些角色对象之间的关系。

从上述两个案例的描述中可发现，针对案例的使用，首先关心的问题是在系统中起作用的关键对象是什么，由此可识别出一些角色对象，作为识别其他角色对象的手段。其次，针对每一个角色对象要询问的问题是该角色需要做什么，由此识别出该角色对应的功能。最后将所有识别出的角色对象按照它们相互之间的关联关系进行整合，从而使用户了解整个案例项目涉及的角色，以及相关的功能与操作流程。

关键点概括

1) 真正的用户使用手册能够给予用户准确、明晰、简单的使用指导和说明，能够在一定程度上提高软件对于用户的亲和度和用户使用体验。一个好的用户手册应该像一本工具书，能够帮助用户在遇到使用问题时迅速准确地找到解决方式。

2) 系统边界，即系统包含的功能与系统不包含的功能之间的界限，一般在系统分析阶段定义，只有明确了系统边界，才能继续进行下面的分析、设计等工作。划分边界的目的在于掌握作为一定自组织系统的对象的内部条件、外部条件及这两者之间的关系，据此掌握它们的演化机制、过程与趋势。

3) 熟练掌握和了解一个综合项目的关键是识别出项目内的关键对象，并分析它们之间的关系，通过分析项目的流程特点，充分地认识到识别、分析项目需求的重要性。对需求的识别、分析做得好坏决定着能否清晰地确定项目范围，也决定着项目管理的成败。

1.5 本章习题

1. 分析 LostCraft 游戏，将所涉及的角色和各自的行为用下表总结出来。

角色名称	角色行为
如：英雄角色	如：①攻击怪兽 …

注意：角色分析的完整性（分析出所有涉及的角色及各自不同的行为）。

2. 参考习题 1，将 HR 服务系统中的角色和行为使用表格的形式总结出来。

3. 对于 Server 和 Client 的描述，你认为在"展现层和数据访问层"这个关系中，Server 是谁？Client 是谁？尝试使用 100 字以内的文字进行描述。

第 2 章　面向对象思维建立

了解了项目案例的背景来源及其包含的功能后，下面就正式开始分析。本章将从软件行业现状入手，结合实际案例项目，引入面向对象概念，并通过案例分析了解对象间的行为关系且加以抽象，最后再通过生活中的案例进行思维强化。

2.1　面向对象概念的引入

2.1.1　软件行业现状

对于今天的我们来说，软件不再是个陌生的名词，从第一代计算机的出现到现在的神八天宫交会，从大型的 Dota 到小型的手游，可以说软件无处不在，深入生活的每一个角落。在计算机刚刚问世的年代，受限于计算机的计算效能和存储空间，软件的规模相对较小，业务逻辑也不算复杂，代码量相对较小。如今，随着计算机的飞速发展，硬件的更新速度更是如日中天，处理器的处理速度也可以说是飞跃式递增，存储空间大到海量，与之对应的软件需求也是呈几何级数的增长，**程序代码量庞大且逻辑复杂度高**。

由于软件规模的扩大，导致软件开发方式也发生了转变，主要体现在两个方面：
1）个人无法单独完成一项工程，需要由团队共同完成。
2）要按照一定的规范做事，不能随心所欲。

为适应软件开发的需求，各类高级程序语言也应运而生，既然是高级程序语言，那么我们首先应明白下面两个主题。

（1）什么是高级语言

高级程序语言是不反映特定计算机系统结构的程序设计语言。它的表示方式要比低级语言更接近于待解问题的表示方法。其特点是：在一定程度上与具体机器无关，易学、易用、易维护。现在的高级语言有很多，例如 C++、Java、Python 等。

（2）"高级"体现在什么地方

这里以一个例子来说明。

如果把混凝土类的基本建筑材料看作汇编指令，例如水泥、土堆、石子等，如图 2-1 所示。

图 2-1　基本建筑材料

那么高级语言就是将这些基本材料组合成一个人类能够理解并能使用的成套的物品，如砖头、瓦片等，并且最终使用这些砖头、瓦片建成一套经过独立设计的房子，如图 2-2 所示。

图 2-2　高级建筑材料

因此语言越低级，描写程序就越复杂，指令就越难懂、越靠近机器；语言越高级，就越靠近人的表达与理解。

2.1.2　何为面向对象

面对这样的软件行业现状，我们该如何做呢？现从一个生活场景入手来看。

现在很流行养宠物，要养好一只宠物，具体该怎么做呢？

1）要去宠物店买一只自己心爱的宠物。
2）要带宠物去医院体检，打预防针。
3）要去超市给宠物买食物、玩具、房子。
4）要给宠物喂食物。
5）要跟它培养感情，陪它一起玩耍。
6）要带它去美容店做美容，带它去和它们的同类相亲。
……

图 2-3 展示了人与宠物的关系。要养好一只宠物，其实很复杂，并不是一个人就能够完成的，需要与不同的人、事物进行协助，共同完成。

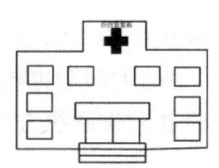

图 2-3　人与宠物的关系

对此，我们先来分析一下：

1）识别出有哪些对象。对象有人、宠物、宠物店、医院、超市……
2）这些对象会独自做什么事情或有什么行为。人买宠物，人买玩具，人喂宠物食物，宠物吃食物，医院看病，超市卖东西……
3）对象之间如何进行协作，如何把每个对象各自完成的事情组装成一件完整的事情。人去宠物店买宠物，人带宠物去医院看病，人喂宠物吃食物……

通过上述分析可发现，无论所涉及的场景有多么复杂或庞大，切入点都是场景或案例中的每一个**对象个体**，然后再去分析每一个对象个体之间的关联关系，最后我们只需要借助编程工具，实现这种关联关系即可，这样的整个思维过程被称为**面向对象的思维方式**。

用面向对象的思维方式进行分析时，对应的开发方式也应该是面向对象的，因此，不得不提出一个概念——**面向对象程序设计 (Object-Oriented Programming，OOP)**。

OOP 是一种通过为数据和代码建立分块内存区域的方法来对程序进行模块化设计的程序设计方法，这些模块可以被用作样板，在需要时建立其副本。它使得管理员能够管理大型、复杂的软件项目。

通过图 2-4，结合之前所讲的软件行业现状，思考一下为什么 OOP 开发方法能够满足当前的软件行业现状。

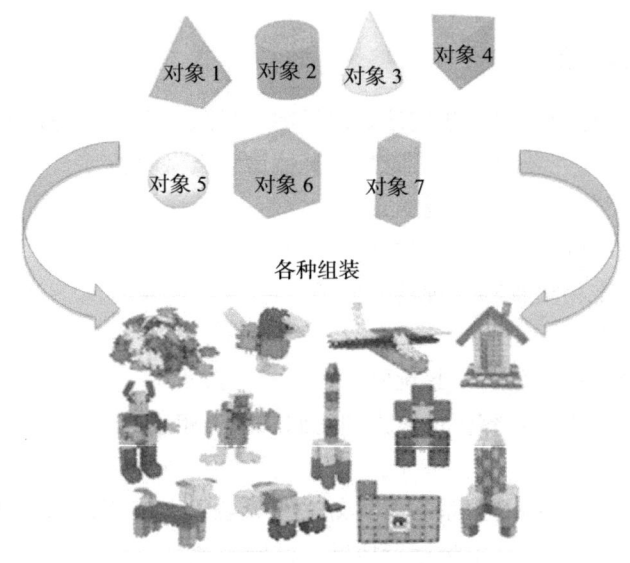

图 2-4 模块组装

1）模块化：把大问题分解成更小的子问题，这样就可以单独解决每一个子问题，当所有的子问题被解决后，与之产生的大问题也随之被解决。

2）抽象化：定义了能够体现在软件解决方案问题域的术语，这样便于开发者理解各个模块的设计思路。

3）封装（细节隐藏）：
- "外面世界"看不到，也不能依赖它。
- 对象与"外部世界"之间隔着一个"防火墙"，此"防火墙"为对象，提高了安全性能。
- 隐藏的"数据"及"方法"可以被改变，但不会影响"外部世界"。

4）可组合：程序员可以根据需要，自由地组合各模块，开发出新系统。

5）继承：便于小而简单到大而复杂的模块进行增量开发。

6）软件持续使用时间更长：软件的维护与改变只在少数几个模块中发生，不影响软件的体系结构。

2.2 类与对象

到目前为止，我们学习了面向对象的思维方式：

1）分析需求，识别出有哪些对象。
2）它们分别做什么事情或有什么行为。
3）每个对象如何协作，各自完成的事情如何组装成一件完整的事情。
4）考虑程序设计语言如何实现。

根据上述的方法，将面向对象思维分为两步：一是分析需求，识别出有哪些对象，**它们分别做什么事情**（who && what）；二是如何利用对象协作完成一件完整的事情（how）。

可是具体应该怎么做呢？

接下来以案例 1——LostCraft 游戏项目来进行说明。

2.2.1 综合实例 1——LostCraft 游戏项目中对象间的行为关系

回顾之前所分析的 LostCraft 游戏，通过整个游戏运行的流程以及规则的讲解，让我们来看一下整个游戏过程中各个对象之间有哪些行为关系。

1）游戏开始后，首先进入**游戏初始场景**，玩家可通过键盘键入名称，假设玩家给自己取名为 HeroMan，当玩家取名成功后，即创建出一个**英雄玩家**，这时再进入**游戏战斗场景**。

对象（who && what）：游戏初始场景、英雄玩家、战斗游戏场景。

核心行为关系（how）：通过游戏初始场景创建一个英雄玩家。

2）通过**游戏战斗场景**说明，你会发现地球正在被外太空怪物侵袭，而外太空一共有 5 种怪物，从低到高每种怪物的等级分别为 lv1、lv5、lv10、lv30、lv50，其中等级为 50 的怪物为最终大 BOSS，**英雄玩家**需要从这 5 种**可挑战的怪物**中选择一只，作为要**挑战的怪物**，选中具体怪物后，进入战斗模式，最终英雄玩家只需要战胜大 BOSS，即认为游戏胜利。

对象（who && what）：游戏战斗场景、英雄玩家、可挑战的怪物、被挑战的怪物。

核心行为关系（how）：英雄玩家选择怪物、在游戏战斗场景中创建要挑战的怪物。

3）在战斗过程中，如果**英雄玩家**挑战胜利，则英雄增加的等级数与**被挑战怪物**的等级数持平。反之，如果英雄挑战失败，则等级数降 1；如果英雄等级数降为 0，则认为英雄死亡，游戏失败。

对象（who && what）：英雄玩家、被挑战怪物。

核心行为关系（how）：英雄玩家根据战斗结果提升或降低自身等级。

4）按照游戏规则，随着**英雄玩家**等级的提升或降低，英雄的攻击力也随之提升或降低，且英雄有一个技能列表，英雄的等级不同，对应可使用的战斗技能也不同，即每个技能编号均不相同，例如技能编号为 1 的**普通击打**是整个攻击技能里攻击力最弱的一种。英雄玩家可以通过释放技能来攻击**怪物**，但是每个技能都有冷却次数，例如**寒冰掌**的冷却次数为 2。

对象（who && what）：英雄玩家、普通击打、怪物、寒冰掌。

核心行为关系（how）：英雄玩家释放技能攻击怪物。

5）**英雄玩家**和**被挑战怪物**在每一局的比赛中都有各自的生命值，该生命值和自身的等级相关。无论是英雄还是怪物，在当局比赛中如果生命值小于等于 0，则认为死亡。如果当局英雄生命值为 0，则英雄当局挑战失败，等级降 1 级；反之，如果当局怪物生命值为 0，则英雄挑战成功，英雄等级增加怪物所有的等级数。每一次战斗结束后，在**游戏场景**中需要显示当前英雄玩家的信息。

对象（who && what）：英雄玩家、被挑战怪物、游戏场景。

核心行为关系（how）：战斗结束后游戏场景显示英雄玩家信息。

2.2.2 综合实例 1——LostCraft 游戏项目中类的抽象

通过上述再次对 LostCraft 游戏进行分析，相信大家应该隐约地发现了每一段行为描述中所存在的一些共同点了。

下面就按照面向对象的思考模式进行分析和抽象总结。

首先来分析整个游戏中出现过的所有对象，它们分别是：游戏初始场景、英雄玩家、游戏战斗场景、可挑战的怪物、被挑战怪物、普通击打、寒冰掌。

其次，针对上述具体对象进行整理总结，发现有以下特点：

1）整个游戏中虽然只有英雄玩家一个对象，但无论英雄玩家由谁创建，它在游戏中的特征和行为都是不变的，例如英雄玩家都有名称，即使不同的人给英雄取了不同的名字，但这些名字都可以统称为名称。以此类推，我们发现英雄玩家还有许多其他的特征和行为。

共同特征：名称、级别、生命值 HP、能量值 MP、技能列表、技能编号。

共同行为：初始化英雄、选择技能、英雄进行攻击、判断英雄是否存活、英雄等级提升、英雄等级下降、结算英雄当前回合的状态。

有各种各样的英雄玩家，但是无论它们叫什么、战斗过程如何，它们都拥有共同的特征和行为，**所以把这种拥有共同特征和行为的英雄玩家们都归为一类：英雄类**。

2）无论是普通击打还是寒冰掌，以及其他的技能，即使它们的名称不同、攻击力不同，但是所拥有的特征和行为都是相同的，例如所有的技能都有编号，即使技能的编号不同，可是都可以统称为编号；又例如作为技能本身，无论哪一种技能都没有自身行为。以此类推，我们发现所有的技能都拥有许多共同的特征和行为。

共同特征：编号、名称、消耗 MP 数、攻击力、技能规定冷却轮数、技能所需英雄等级数、技能冷却时间。

共同行为：无行为。

有各种各样的技能，但是无论它们叫什么、消耗多少 MP 数值，它们都拥有共同的特征和行为，**所以把这种拥有共同特征和行为的技能都归为一类：技能类。**

3）无论是可挑战的怪物还是被挑战怪物，无论它们叫什么、攻击力如何，它们所拥有的特征和行为都是相同的，例如所有的怪物都有攻击力，即使攻击力不同，但都可以统称为攻击力；又例如无论是哪一种怪物，都具有攻击行为。以此类推，我们发现所有的怪物都拥有许多共同的特征和行为。

共同特征：名称、级别、攻击力、生命值 HP。

共同行为：初始化怪物、怪物进行攻击、判断怪物是否存活。

有各种各样的怪物，但是无论它们叫什么、攻击力如何，它们都拥有许多共同的特征和行为，**所以我们把这种拥有共同特征和行为的怪物都归为一类：怪物类。**

4）无论是游戏初始场景还是游戏战斗场景，它们都具有一些相同的特征和行为，例如无论在什么场景中都有英雄玩家；又例如在游戏中，场景要不停地提供战斗的环境等。以此类推，我们发现在整个游戏中场景是一个为所有的行为关系提供基本环境的所在。

共同特征：英雄对象、怪物对象、游戏当前状态、当前回合轮次。

共同行为：初始化场景、选择怪物、挑战环节开始、显示每一轮战斗回合结束后英雄和怪物的信息、战斗结束后显示所有的信息。

有各种各样的场景，但是无论它们是什么、提供什么样的环境，它们都拥有许多共同的特征和行为，**所以我们把这种拥有共同特征和行为的场景都归为一类：场景类。**

最终，整个游戏共设计为 4 个类，分别是：英雄类、技能类、怪物类以及场景类。那么，到底什么是类、类有哪些特征等问题将在 2.2.3 节为大家详细讲解。

2.2.3 类与对象的概念和关系

在 2.2.2 节介绍过的游戏世界中，一切事物都是对象。

1）对象可以是有形的，比如英雄、怪物或者汽车、飞机等；也可以是无形的，比如技能、场景或者一项计划等。

2）对象可以是一个简单的个体，比如一个英雄；也可以由诸多其他对象组合而成，比如一个英雄有多个技能。

3）对类似的对象进行抽象，找出其共同属性，便可构成一种类型。

这些都是我们在游戏世界中所熟悉的概念和方法。编写程序的目的是：描述和解决游戏世界中的问题。第一步就是要将游戏世界中的对象和类如实地反映在程序中。作为一种面向对象的程序设计语言，C++ 支持这种抽象。将抽象后的数据和函数封装在一起，便构成了 C++ 语法中的"类"。

下面来对类进行简单的描述。

1）类是面向对象程序设计方法的核心，利用类可以实现对数据的封装和隐蔽。

在面向过程的结构化程序设计中，程序的模块是由函数构成的，函数将逻辑相关的语句与数据进行封装，用以完成特定的功能。**在面向对象程序设计中，程序模块是由类**

构成的。**类是对逻辑相关的函数与数据的封装，它是对问题的抽象描述**。因此，后者的集成程度更高，也就更适合用于大型复杂程序的开发。

2.2.2 节从抽象和封装的角度引出了类的概念。对于初学者来说，可从另一个更简单的角度来理解类。首先来回顾一下基本数据类型，比如 int、double、bool 等。当声明一个基本类型的变量时，究竟声明了什么呢？

请看下面的语句：

```
int i;
double b;
```

显然这声明了变量 i 是用于存储 int 型数据的，变量 b 是用来存放 double 型数据的。但是变量声明的意义不止是这个，另一个同样重要的意义常被忽略，即限定对变量的操作，例如对 i 可以进行算术运算、比较运算等，对 b 也可以进行算术运算、比较运算。这说明每一种数据类型都包括有数据本身的属性以及对数据的操作。

无论是哪一种程序语言，其基本数据类型都是有限的，C++ 的基本数据类型也远不能满足描述游戏世界中各种对象的需要。于是 C++ 的语法提供了对自定义类型的支持，**这就是类**。

类实际上相当于一种用户自定义的类型，原则上可以自定义无限多的新类型。因此不仅可以用 int 类型的变量表示整数，也可以用自定义类的变量表示"英雄"、"怪物"、"技能"或者"场景"等对象。**正如基本数据类型中隐含了数据和操作，因此在定义一个类时也要说明数据和操作**。

当定义了一个类之后，便可以定义该类的变量，这个变量就称为类的对象（或实例），这个定义的过程也称为类的实例化。

2）类实际上是一种抽象机制，它描述了一类问题的属性和行为，即类描述了一类**对象的数据存储和操作特性**。在 C++ 中，类的对象就是具有该类类型的某一特定实体（也称为实例）。例如，将怪物们看作一个类，那么每一个怪物就是该类的一个特定实体，也就是一个对象，并且每一个怪物都有一些共同的**静态特性**，我们把这些共同的特性抽象到类中，统称为该类的**属性**。一般在代码中，**属性通过声明普通变量来实现**。同时每一个怪物都有一些共同的**动态行为**，我们把这些共同的行为抽象到类中，统称为该类的**操作**。一般在代码中，**操作通过声明函数来实现**。

例如：**英雄类的伪类图**如下。

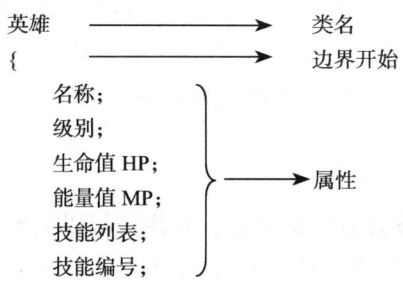

```
                初始化英雄；
                选择技能；
                英雄进行攻击；
                判断英雄是否存活；         操作
                英雄等级提升；
                英雄等级下降；
                结算英雄当前回合状态；
            }  ──────────→  边界结束
```

技能类的伪类图如下。

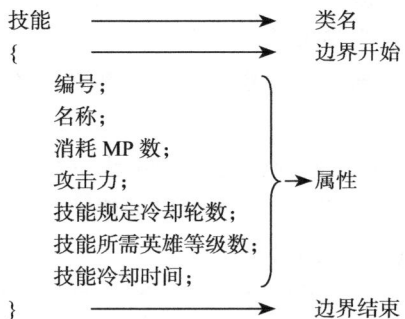

注意：通过技能类发现，在一个类中，并不一定要同时存在属性和操作，甚至一个类中可以没有任何属性或操作。类是灵活的，是由设计者自己设计的，因此设计者可根据不同的项目需求进行不同的设计。

怪物类的伪类图如下。

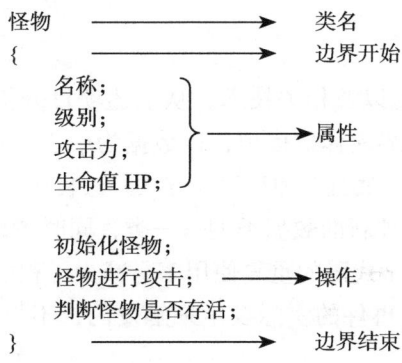

场景类的伪类图如下。

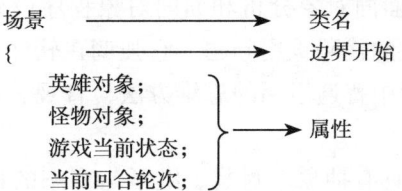

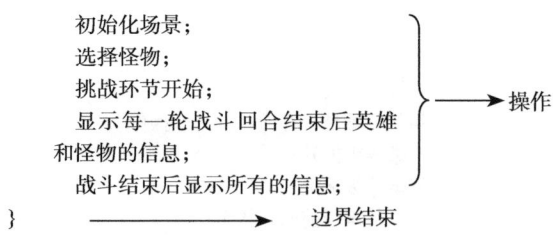

实际上，每一种数据类型都是对一类数据的抽象，在程序中，生命的每一个变量都是其所属数据类型的一个实例。若把类看作自定义的数据类型，那么，类的对象就可以看作该类型的一个变量。

注意：一般来说，类定义中描述的数据成员属于类的成员，在创建对象前，类中说明的数据成员并不占有内存空间，而对象所占的内存空间只是用于存放数据成员，函数成员不在每一个对象中存储副本。

3）类和对象的关系。类是抽象的，它描述的是一类事物所应具有的属性，而对象则是类的具体化，是类的一个实例，一个类可以创建无数个对象。例如假设技能是一个类，那么寒冰掌、石破惊雷就是它的对象。

类是对象实例的（可能的）无限集合，同一类中的所有对象都具有相同的属性描述和操作集、不同的对象标识符。例如无论是寒冰掌、石破惊雷，还是其他的技能，它们所拥有的属性都是一样的，例如都有名称、攻击力等。

对象可以被创建，也可以被销毁。例如大 BOSS 赤龙怪就是怪物类创建的一个具体对象，但在英雄挑战成功时，该对象会被销毁。

2.3 本章小结

本章介绍了 OOP 的概念以及相关技术，从上述项目分析的过程来看，OOP 技术实质上就是把对象看作现实世界实体的模拟，以数据为中心，数据相对于功能而言具有更强的稳定性。首先，把数据（属性）和程序（方法）封装在一起，作为一个整体来处理，并将所形成的整体抽象成一种新的数据类型——类，同时考虑实际编程中不同类之间的联系和类的重用性，这提高了代码的重复使用率，减少了程序的维护量。其次，面向对象的程序运行流程是由运行事件的实际发生来触发的，不再按预定顺序控制程序流程，这更符合实际。

关键点概括

1）面向对象技术包括面向对象分析和面向对象程序设计，主要是为了解决传统的结构化程序设计所不能解决的代码重用问题。它强调在软件开发过程中面向客观世界或问题域中的事物，采用生活中普遍运用的思维方法，直观、自然地描述客观世界中的有关事物。

2）面向对象程序设计具有抽象、封装、继承与多态的特点，比传统的结构化程序设计具有更高的可重用性、易扩充性和易维护性。目前，它已成为开发大中型应用软件的主流方法。作为一种实用的程序设计方法，面向对象程序设计支持模块化设计、可扩展性和代码复用，特别有利于复杂软件系统的构成。

3）抽象是模块化的有用工具。抽象数据对象的行为由定义在其上的操作集合决定，其内部表示及相关操作的实现细节均对外透明。在抽象基础上定义一个严格的外延接口，这就构成了对象的一个封装块。封装块之间的依赖关系仅存于对象的外延接口信息中，当某封装块的内部重新组织和实现后，只要其外延接口不变，就不会影响其他封装块。因此，封装技术尽量减少了分开编写的模块之间的相互依赖。

4）类是现实世界或思维世界中的实体在计算机中的反映，它将数据以及这些数据上的操作封装在一起。类是对一组具有相同数据和操作的对象的描述，依据共同的行为将有关对象进行分组，用来描述具有相同的属性和方法的对象集合。它定义了该集合中每个对象所共有的属性和方法，是创建对象的样板，在整体上代表一组对象，设计类而不设计对象可以避免重复编码。类只需要编码一次，就可以创建本类的所有对象，类是对象的抽象，在程序中只有类。

5）对象是类的实例化，故而类定义需是一个抽象封装模块。一个对象可被认为是一个把数据（属性）和程序（方法）封装在一起的实体，由现实世界实体的过程或信息来定义，这些对象通过外部接口访问其他对象。

2.4 本章习题

1. 赵忠祥的《动物世界》陪伴我们走过了很多年，在《动物世界》中，经常会看到一只狮子锲而不舍地追赶着一只牛并撕咬它的画面，你能够根据这样的画面，借助本章学习的内容，分析一下这个场景中有哪些类？这些类有哪些属性和行为吗？
2. 面向对象改变了面向过程处理问题的方式，特别是在信息传递过程中，将传递的信息对象化有助于后续面向对象的设计，请你参照 LostCraft 游戏中英雄攻击的过程，设计出能够作为攻击参数传递的类，并标明这个类的属性和行为，在描述行为时同样需要描述行为的参数类型。
3. 请根据本章类与对象的内容说明什么是类，以及类与对象的关系。

第 3 章 面向对象思维建模

通过前两章的学习，读者应该已经掌握了项目的相关类与对象，以及对象间的行为关系，下面将介绍如何使用 UML 工具进行建模，从而实现面向对象的设计部分。

3.1 UML 概述

UML（Unified Modeling Language）即为**统一建模语言**或**标准建模语言**，它是一个支持模型化和软件系统开发的图形化语言，为软件开发的所有阶段提供模型化和可视化支持，包括由需求分析到规格，再到构造和配置。

本书利用 UML 来表现设计模式中类和对象实例的关系，所以在此先列举一些阅读本书时所必备的 UML 常识。由于 UML 的规格相当庞大，本书所介绍的内容仅仅为其中的一小部分。如果各位读者有兴趣进一步了解 UML，可到下列网站获取 UML 的详细规格说明。

1）UML Resourse Page：http://www.omg.org/uml/。
2）UML Resourse Center：http://www.retional.com/uml/。

UML 从系统的不同角度出发，定义了用例图、类图、对象图、状态图、活动图、序列图、协作图、构件图、部署图 9 种图，这些图从不同的侧面对系统进行描述，系统模型将这些不同的侧面综合成一致的整体，便于系统的分析和构造。而本书只讲解类图、时序图（又名序列图、顺序图）和用例图。

3.1.1 类图

类图（Class Diagram）是最常用的 UML 图，在做 C++ 的项目时，画类图是必不可少的工作之一。它**显示了模型的静态结构，特别是模型中存在的类、类的内部结构以及它们与其他类的关系等**。

在画类图之前，要先确定几点：
1）分析问题领域，确定系统需求。
2）确定类，明确类的含义和职责，确定属性和操作。
3）确定类之间的关系。

类图主要分为三个部分，从上到下分别为类的"类名""该类所包含的所有属性"和"该类所包含的所有操作"。具体类图的绘制格式如图 3-1 所示。

类名
属性
操作

图 3-1 类图的构成

以 LostCraft 游戏中的怪物类和技能类为例，图 3-2 和图 3-3 是所画出的 UML 类图，它们与之前用文字语言画出的伪类图一一对应。

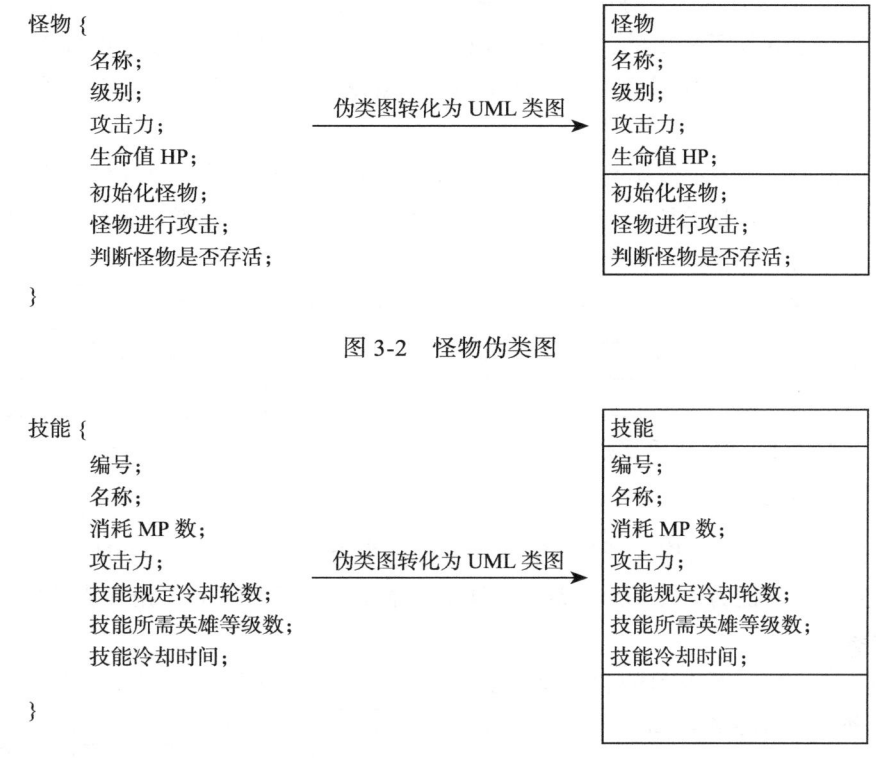

图 3-2 怪物伪类图

图 3-3 技能伪类图

通过上述对应，想必大家应该很快就明白了类图的绘制格式。

类与类之间的常见关系

回顾之前对 LostCraft 游戏的分析，每个类并不一定是完全独立的，它们有可能和其他类发生某种联系，下面就来说明几种常见的类与类之间的关系以及对应类图的表示方法。

类与类之间常见的关系有：依赖关系、关联关系、聚合关系、组合关系以及继承关系等。本书中仅讲解依赖、聚合和继承 3 种关系，所解说的范围也是很小一部分，仅仅能够满足本书中案例所需。

（1）依赖关系

依赖就是一个类 A 用到了另一个类 B，而这种使用关系具有偶然性、临时性，非常弱，但是类 B 的变化会影响到类 A。因此类 A 依赖类 B，在 UML 类图设计中，依赖关系用由类 A 指向类 B 的带箭头的虚线表示。

如图 3-4 所示，假设当前某人要过河，需要借用一条船，此时人与船之间的关系就是依赖关系。首先如果没有船，人无法过河，因此是**人依赖船**。同时人并不是每天都在使用船过河，因此在该关系中体现出了依赖关系的偶然性和临时性。作为依赖方，人有一个使用行为，而船则作为一个函数参数被人使用。

（2）聚合关系

聚合是关联关系的一种特例，它体现的是整体与部分的关系，即 has-a 的关系。此时**整体与部分之间是可分离的**，它们可以具有各自的生命周期，部分可以属于多个整体对象，也可以为多个整体对象共享。在 UML 类图设计中，聚合关系以空心菱形加实线箭头表示。

如图 3-5 所示，表示汽车与轮胎的关系是 1 对 4 的聚合关系，即汽车是整体，轮胎是部分，汽车一定包括轮胎，即"汽车 has a 轮胎"，但轮胎本身离开汽车也是可以单独存在的，这样的关系就是一种聚合关系。

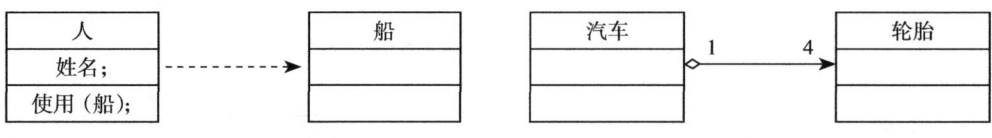

图 3-4　依赖关系说明　　　　　　图 3-5　聚合关系说明

（3）继承关系

继承指的是一个类（称为子类）继承另外的一个类（称为父类）的功能，并可以增加它自己的新功能的能力。在 UML 类图设计中，继承用一条带空心三角箭头的实线表示，从子类指向父类。

如图 3-6 所示，所表示的含义即为**儿子类继承父亲类**。由图 3-6 可知，父亲类中有两个属性，分别是：姓名、年龄。由于儿子类继承父亲类，因此儿子类中不仅把父亲类中所有的属性和行为继承了下来，还能扩展自己的新功能，因此儿子类中的属性有 3 个，分别是：姓名、年龄以及学历。

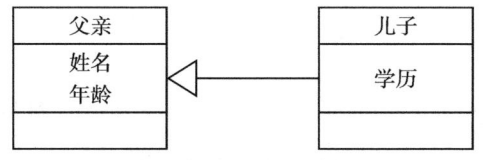

图 3-6　继承关系说明

3.1.2　时序图

时序图（Sequence Diagram）也称为序列图或循序图或顺序图，是一种 UML 交互图，它通过描述对象之间发送消息的时间顺序显示多个对象之间的动态协作。它可以表示用例的行为顺序，当执行一个用例行为时，时序图中的每条消息对应着一个类操作或状态机中引起转换的触发事件。

类图表示"不因时间而变化的部分（静态关系）"，而时序图则表示"随时间而变化的部分（动态行为）"。

因此，在画时序图之前要确定几点：

1）确定交互过程的上下文。
2）识别参与过程的交互对象。
3）为每个对象设置生命线。
4）从初始消息开始，依次画出随后消息。

时序图主要是由对象（Object）、生命线（Lifeline）、激活（Activation）、消息

（Message）、分支与从属流等元素构成的。

以 LostCraft 游戏中的英雄玩家攻击巴尔坦虫怪为例，下面来分析一下时序图的元素组成和绘制流程。

1. 对象

对象就是指类的实例，在时序图中对象大致分为三种状态：激活、运行（存在）和销毁。可用矩形表示 1 个对象，如图 3-7 所示。

图 3-7　对象符号表示

2. 生命线

生命线是一条垂直的虚线，用来表示时序图中的对象在一段时间内的存在，而虚线的长度取决于交互的时间，如图 3-8 所示。

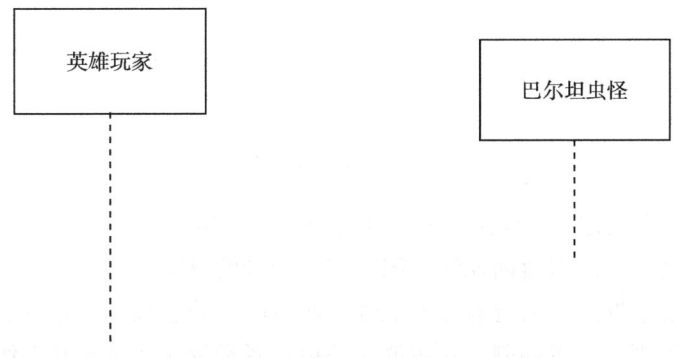

图 3-8　生命线符号表示

3. 激活

时序图可以描述对象的激活，激活是对象操作的执行，它表示一个对象直接或通过从属操作完成操作的过程。在 UML 图中通过一个窄长的矩形来表示，矩形的长度表示对象存在的过程，如图 3-9 所示。

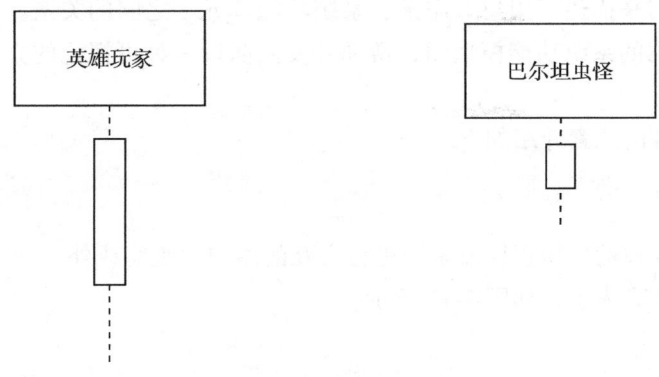

图 3-9　激活行为表示

4. 消息

消息是对象之间的一种通信机制。由发送对象向另一个或其他几个接收对象发送信号，或由一个对象（发送者或调用者）调用另一个对象（接收者）的操作，如图 3-10 所示。

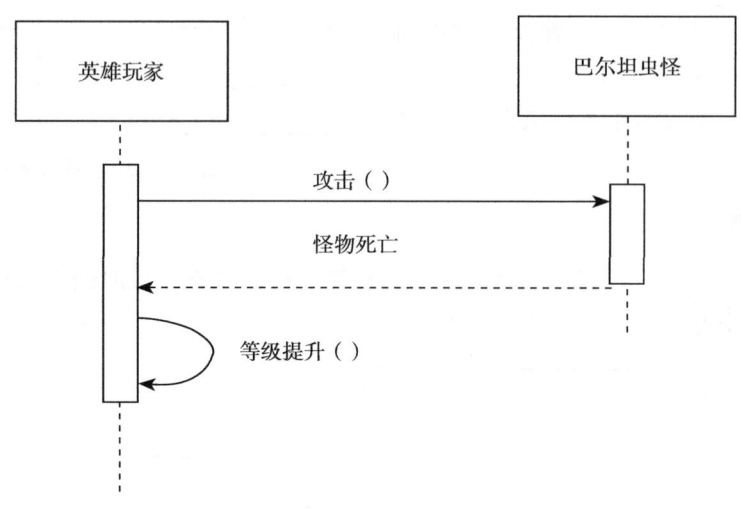

图 3-10　消息传送表示

同步消息（调用消息）：消息的发送者把控制传递给消息的接收者，然后停止活动，等待消息的接收者放弃或者返回控制，用来表示同步的意义。

异步消息：消息发送者通过消息把信号传递给消息的接收者，然后继续自己的活动，不等待接收者返回消息或者控制。异步消息的接收者和发送者是并发工作。

返回消息：返回消息表示从过程调用返回。

3.1.3　用例图

用例图（Use Case Diagram） 是指由参与者（Actor）、用例（Use Case）以及它们之间的关系构成的用于描述系统功能的视图。

用例图主要用来描述"用户、需求、系统功能单元"之间的关系。它展示了一个外部用户能够观察到的系统功能模型图，帮助开发团队以一种可视化的方式理解系统的功能需求。

用例图所包含的元素介绍如下。

1. 参与者

参与者表示与你的应用程序或系统进行交互的用户、组织或外部系统，用一个小人表示，如图 3-11 所示。

图 3-11　参与者符号表示

2. 用例

用例就是外部可见的系统功能，对系统提供的服务进行描述，用椭圆表示，如图 3-12 所示。

3. 子系统

子系统（Subsystm）用来展示系统的一部分功能，这部分功能联系紧密。

图 3-13 所示的用例图表示在银行某个子系统中，储蓄卡用户包含两个功能，分别是取款功能和存款功能。

图 3-12 用例符号表示

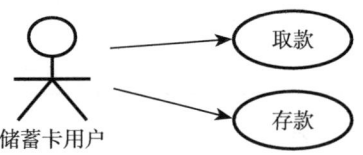

图 3-13 储蓄卡用户用例示意

3.2 项目实现的 UML 设计

3.2.1 综合实例 1——LostCraft 游戏项目的 UML 设计

1. 类图设计

下面就来完成整个游戏的 UML 类图设计。相信聪明的读者一定能够很快看懂以下类图的含义。

（1）英雄类

类名：英雄。

该类可生成的对象：玩家在游戏中所创建的具体英雄，即玩家本人。

属性：名称、级别、生命值 HP、能量值 MP、技能列表、技能编号。

行为：初始化英雄、选择技能、英雄进行攻击、判断英雄是否存活、英雄等级提升、英雄等级下降、结算英雄当前回合状态。

英雄（Hero）类图如图 3-14 所示。

注意：在 Hero 类图中，其行为部分有两个函数，函数名为类名，分别是 Hero() 和 ~Hero()。这两个函数分别被称为构造函数和析构函数，是程序创建或删除对象时自动调用的两个函数，该部分内容将在实践篇中进行讲解，对此，在当前类图中可画可不画，以下其他类图同理。

```
            Hero
+name : string
+level : int
+HP : int
+MP : int
+crafts[NUM_CRAFTS] : Craftsmanship
-iAttack : int
+Hero()
+~Hero()
+initHero()
+choice()
+attack(in mon : Monster &)
+isAlive() : bool
+levelUp(in up : int)
+levelDown()
-settlement(in level : int)
```

图 3-14 Hero 类图

英雄类相关属性说明：

1）英雄自身等级默认从 1 级开始。

2）英雄最低血量 HP 为 2000，每升一级，血量增加 500。

3）英雄最低魔法值 MP 为 50，每升一级，魔法值增加 10。

具体数据如表 3-1 所示。

表 3-1 英雄类属性表

姓名	等级	HP	MP	技能列表	技能编号
该名称由用户自己定义	1	2000	50	该部分参考技能列表	该部分由用户自己选择
	2	2000+1*500	50+1*10		
	3	2000+2*500	50+2*10		
	4	2000+3*500	50+3*10		
	⋮	⋮	⋮		
	n	2000+(n−1)*500	50+(n−1)*10		

（2）技能类

类名：技能。

该类可生成的对象：英雄在游戏过程中具体可使用的特殊技能。

属性：编号、名称、消耗 MP 数、攻击力、技能规定冷却轮数、技能所需英雄等级数、技能冷却时间。

行为：无行为。

技能（Craftsmanship）类图如图 3-15 所示。

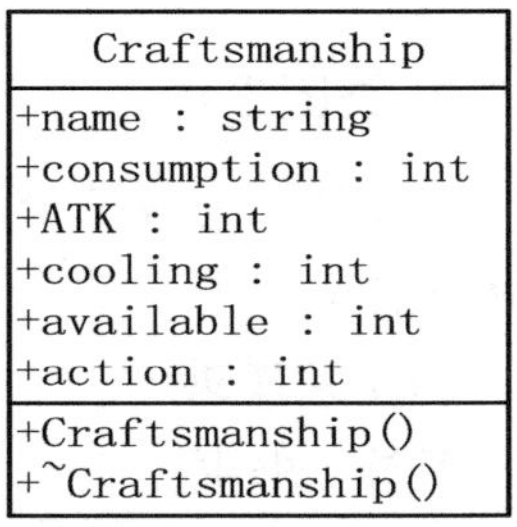

技能类相关属性说明：

1）技能编号用于表示某一个技能在技能列表里的序号。

2）英雄必须达到一定的等级之后，才能开启可让其使用的相关技能。

3）不同的等级所消耗的 MP 数也不同。

4）技能的攻击力与英雄当前的级别相关。

5）不同的技能有规定的冷却轮数。

具体数据如表 3-2 所示。

```
Craftsmanship
+name : string
+consumption : int
+ATK : int
+cooling : int
+available : int
+action : int
+Craftsmanship()
+~Craftsmanship()
```

图 3-15 Craftsmanship 类图

表 3-2 技能类属性表

ID	名称	技能所需的英雄等级数	消耗 MP 数	攻击力	冷却轮数
1	普通击打	1	0	10* 当前级别	0
2	寒冰掌	1	5	12* 当前级别	1
3	石破惊雷	5	10	15* 当前级别	3
4	赤火焰烧	10	20	18* 当前级别	3
5	月蚀镰刀	20	40	20* 当前级别	4
6	圣光冲击	30	60	22* 当前级别	4
7	天师灵助	35	80	25* 当前级别	5
8	天威庇佑	45	100	30* 当前级别	5

（3）怪物类

类名：怪物。

该类可生成的对象：游戏中每一次英雄挑战的某只具体怪物。

属性：名称、级别、攻击力、生命值 HP。

行为：初始化怪物、怪物进行攻击、判断怪物是否存活。

怪物（Monster）类图如图 3-16 所示。

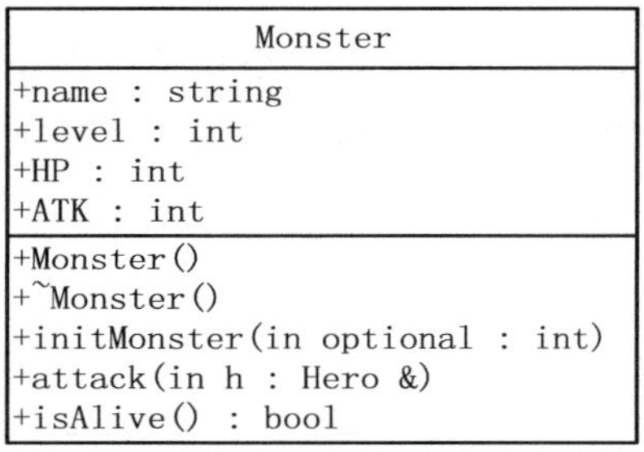

```
         Monster
+name : string
+level : int
+HP : int
+ATK : int
+Monster()
+~Monster()
+initMonster(in optional : int)
+attack(in h : Hero &)
+isAlive() : bool
```

图 3-16　Monster 类图

怪物类属性说明：

系统会自动生成 5 种怪物，每个怪物的等级从低到高分别为 lv1、lv5、lv10、lv30、lv50。其中等级为 50 的怪物为最终大 BOSS，英雄只需要战胜一次大 BOSS，即认为游戏胜利。

具体数据如表 3-3 所示。

表 3-3　怪物类属性表

ID	怪物名称	怪物等级	HP	攻击力
1	巴尔坦虫怪	1	100	50
2	格斯安鱼怪	5	500	100
3	泰斯鸟怪	10	1000	200
4	绿头猿怪	30	2000	500
5	赤龙怪（BOSS）	50	5000	1000

（4）场景类

类名：场景。

该类可生成的对象：游戏开始后生成的具体战斗场景。

属性：英雄对象、怪物对象、游戏当前状态、当前回合轮次。

行为：初始化场景、选择怪物、挑战环节开始、显示每一轮战斗回合结束后英雄和怪物的信息、战斗结束后显示所有的信息。

场景（Scenario）类图如图 3-17 所示。

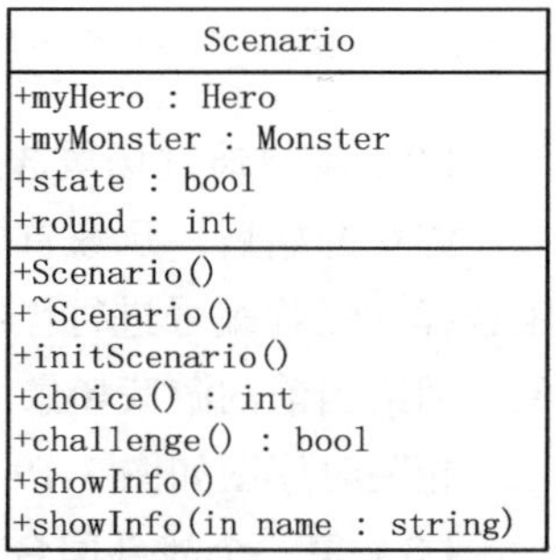

```
         Scenario
+myHero : Hero
+myMonster : Monster
+state : bool
+round : int
+Scenario()
+~Scenario()
+initScenario()
+choice() : int
+challenge() : bool
+showInfo()
+showInfo(in name : string)
```

图 3-17　Scenario 类图

2. 时序图设计

既然类图已经确定，下面就可使用 UML 来画出对象之间是如何协作的。回顾之前所设计的 4 个类——英雄类、技能类、怪物类和场景类，会发现当游戏开始之后，随着时间的变化，每个对象角色之间的行为关系也在发生着不同的变化。下面就按照游戏时间的发展顺序，简单地对角色之间发生的主要行为关系进行描述。

（1）游戏开始，场景初始化英雄

游戏开始时，需要为游戏创建一个操作环境，即生成所需要的游戏场景，这时就需要进行游戏初始化。

通过分析可知，该行为包括两个对象：一个是游戏场景，另一个是英雄对象。游戏开始后，首先进行场景初始化，即创建出可操作的游戏环境。其次进行英雄初始化，即创建出该游戏里的主人公玩家，然后将该玩家信息返回给当前的游戏场景。

相关时序图如图 3-18 所示。

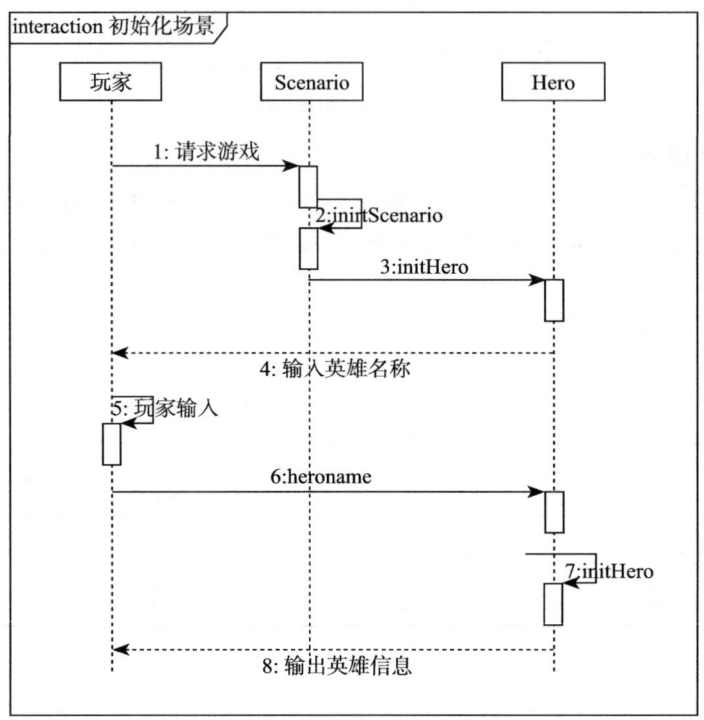

图 3-18　初始化场景时序图

（2）英雄通过场景选择怪物且初始化怪物

游戏开始后，玩家首先要从游戏场景中选择需要挑战的怪物。其次，场景会根据玩家选择的怪物编号进行怪物初始化，即创建出玩家需要挑战的这个怪物对象，并将该对象返回给当前的游戏场景。

相关时序图如图 3-19 所示。

（3）每一个战斗回合中英雄先攻击怪物，接着怪物反击

战斗打响后，每一场战斗中每一个回合开始时，首先显示当前英雄玩家以及选择挑战的怪物对象的所有信息。其次英雄选择攻击技能，并根据所选的技能进行攻击行为。接着怪物进行反击，此时一个战斗回合结束。每当某个战斗回合结束后，再次显示英雄和怪物最新的所有信息。

相关时序图如图 3-20 所示。

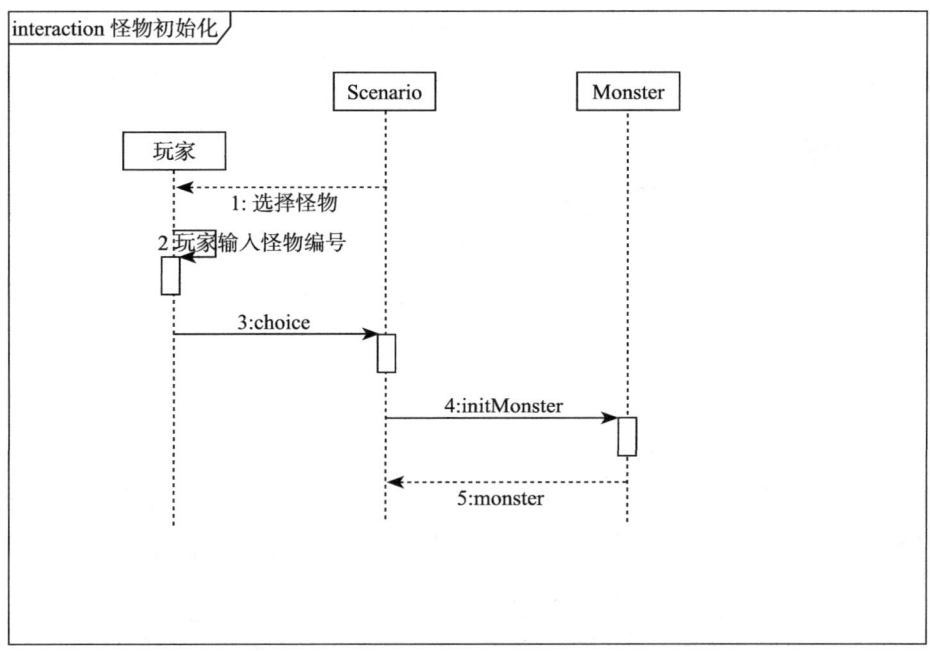

图 3-19 怪物初始化时序图

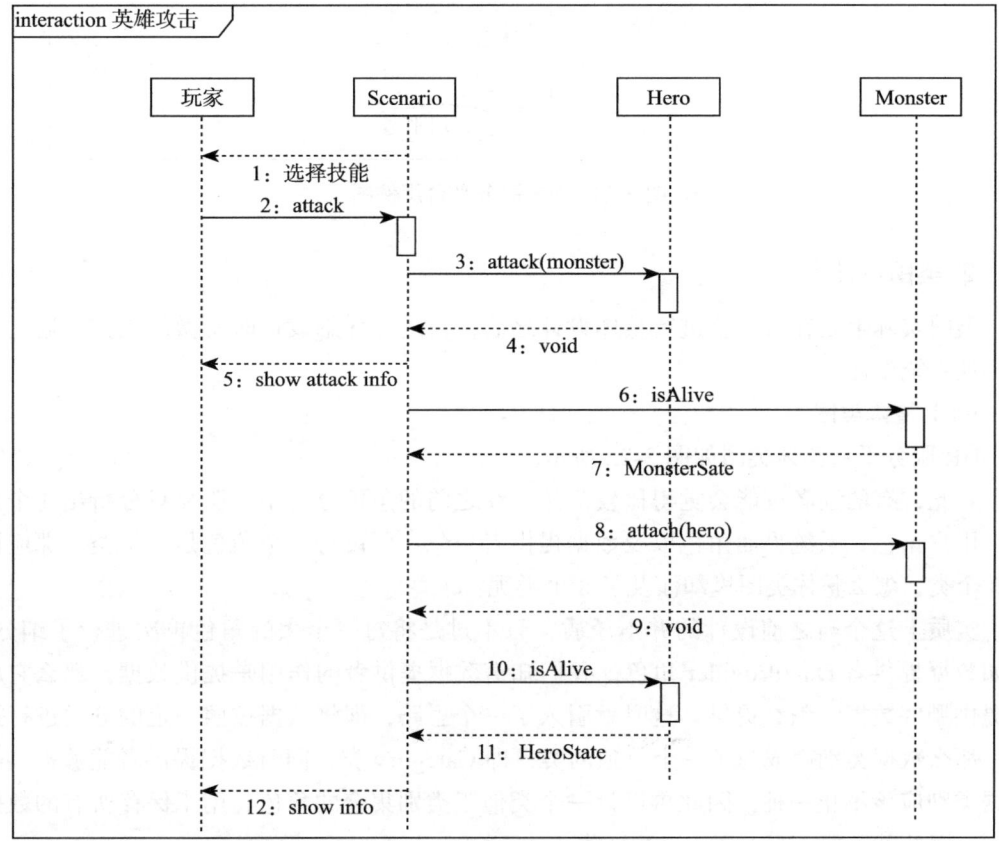

图 3-20 英雄攻击时序图

3.2.2 综合实例 2——HR 服务平台项目的 UML 设计

下面将从用例图、类图以及时序图 3 个角度来完成整个游戏的 UML 类图的设计。

1. 用例图设计

用例图主要用来表达什么人在什么地方干什么事情。这里的什么人，在用例图中指参与者，即 HR；什么地方指系统边界，即服务平台；干什么事情指用例，即功能，其主要作用就是对系统和子系统进行功能行为分析和建模。HR 服务平台的用例图如图 3-21 所示。

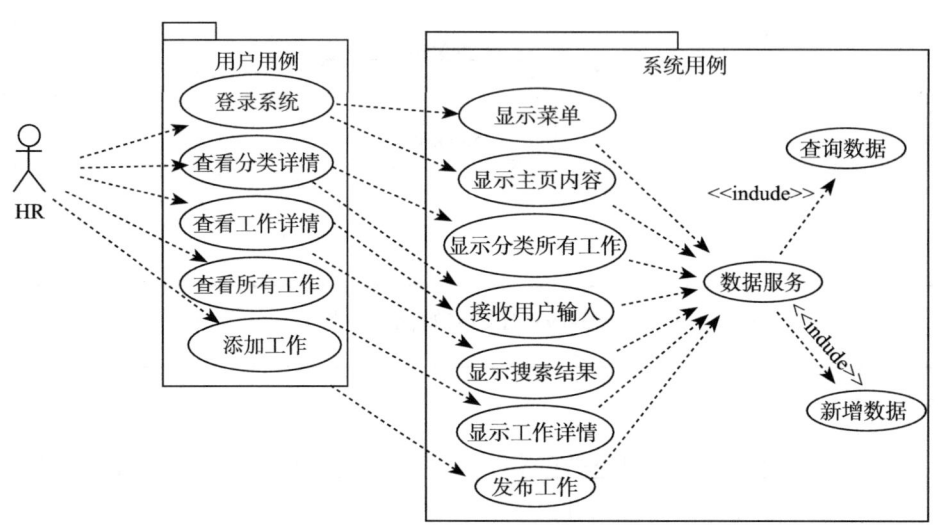

图 3-21 HR 服务平台用例图

2. 类图设计

类图实际上是在对系统进行整体设计之后，再进行详细设计时所做的工作。通过类图实现系统设计。

（1）整体类图

HR 服务平台整体类图如图 3-22 所示。

对此，有的读者可能会觉得比较茫然，在之前的角色分析中，明显只分析出 3 个角色：用户角色、系统界面角色以及数据提供者角色。假设每一个角色是一个类，那应该有 3 个类，怎么整体类图里却涉及了 8 个类呢？

实质上这个与之前设计的并不矛盾，只不过是将每一个大的角色再次进行了细分。例如数据提供者 DataProvider 角色，我们知道数据提供者的作用是提供数据，那么它应该提供哪些数据？怎么提供？这时就引入了一个思路，即将数据按照一定的分类进行提供，那么数据类别就成为了一个单独的类，即 Category 类；同时数据提供者能够提供的数据类别应该不止一种，因此再设计一个类似于类别集合的角色，用于保存所有的数据类别，因此就需要一个 CategoryList 类。

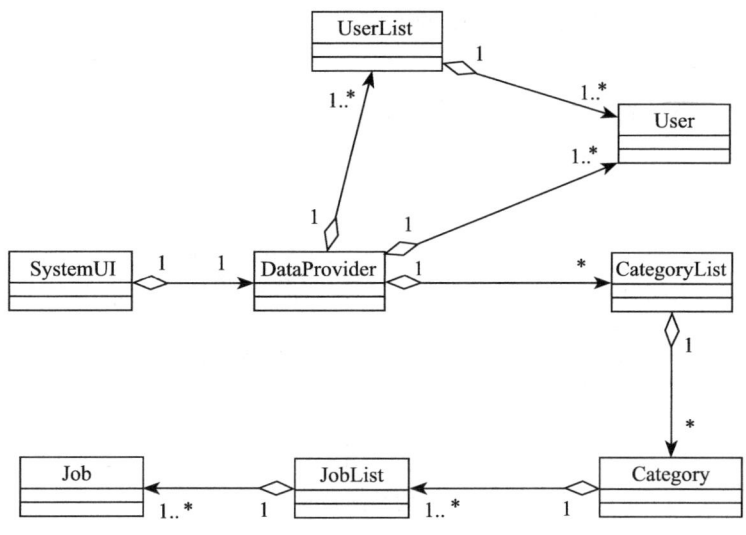

图 3-22　HR 服务平台整体类图

以此类推，将每一个基础角色（User、Category、Job）单独设置成一个类，然后为每一个基础角色添加一个集合，并将每一个集合（UserList、CategoryList、JobList）单独设置成一个类，再加上之前所设计的 SystemUI 类和数据提供者 DataProvider 类，于是就有 8 个类。

以下是针对每一个类的简单描述。

- Job：工作类，用来表示系统中的工作。
- JobList：工作集合类，是系统中工作的集合类，主要将工作保存在工作列表类的集合中，关联系统中的 Job 类。
- Category：工作类别类，用来表示系统中工作的类别，将系统中的工作进行分类，关联 JobList 类。
- CategoryList：工作类别集合类，是系统中工作类别的集合类，用来将类别保存在集合中，关联系统中的 Category 类。
- User：HR 用户类。
- UserList：作为系统中用户类的集合类，关联系统中的 User 类，主要的功能就是将 User 类保存在集合中。
- DataProvider：系统中提供数据服务的单元，系统所涉及的数据输入、输出的操作完全由 DataProvider 完成。其中包括 3 个类，分别为：User 类、UserList 类和 CategoryList 类。
- SystemUI：界面上的请求处理器对象，用来获取用户请求的 ID，并协同 DataProvider 完成处理，返回需要的数据给请求者。

图 3-22 是项目相关的整体类图，从整体类图来看，系统涉及的类比较多，如果结合用例图来看，实际上这些类并不复杂，各自之间有着千丝万缕的联系。实际上在思考系统类图时可以先把每个类看作一个与其他类毫无关系的单一个体，提取出系统中可能涉及的所有类，最后再结合系统边界捋清各自的职责，构建相互之间的联系。而类之间的

联系无非是聚合关系，下面会对系统中的类图进行逐个说明。

（2）Job

Job 是系统中用来表示工作的一个类，Job 的类图及其成员说明如图 3-23 所示。

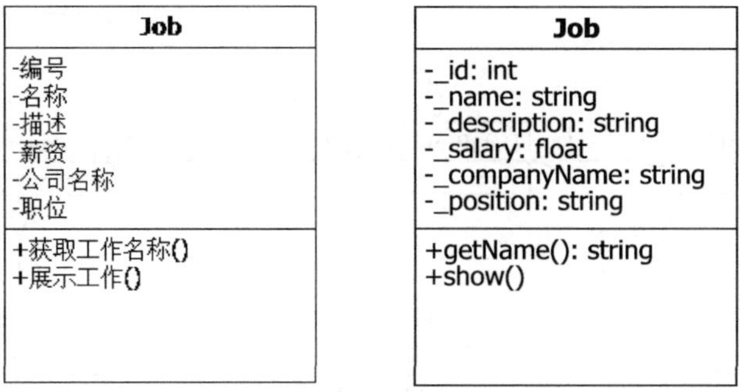

```
┌─────────────────┐      ┌─────────────────────────┐
│       Job       │      │          Job            │
├─────────────────┤      ├─────────────────────────┤
│ -编号           │      │ -_id: int               │
│ -名称           │      │ -_name: string          │
│ -描述           │      │ -_description: string   │
│ -薪资           │      │ -_salary: float         │
│ -公司名称       │      │ -_companyName: string   │
│ -职位           │      │ -_position: string      │
├─────────────────┤      ├─────────────────────────┤
│ +获取工作名称() │      │ +getName(): string      │
│ +展示工作()     │      │ +show()                 │
└─────────────────┘      └─────────────────────────┘
```

图 3-23　Job 伪类图及其实际类图

注意：属性或方法前面的"+"表示该属性或方法为共有的（Public）权限，而"-"表示该属性或方法为私有的（Private）权限。以下类图同理，不再赘述。

为了方便大家对类中各成员的了解，特别制作了表 3-4 来对 Job 做详细说明。

表 3-4　Job 属性表

成员	属性	功能
_id	工作编号	
_name	工作名称	
_salary	工作薪资	
_position	职位名称	
_description	工作内容描述	
_companyName	工作所属公司名称	
void show();		展示当前工作对象信息
string getName();		获取当前工作对象名称

（3）JobList

JobList 主要是系统中工作列表的一个集合类，JobList 的类图及其成员说明如图 3-24 所示。

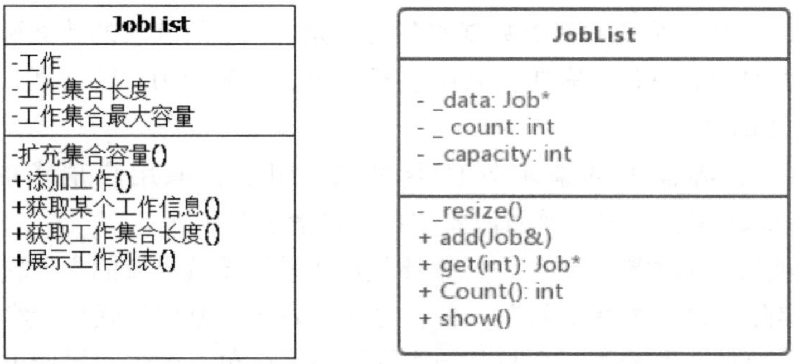

```
┌─────────────────────┐      ┌──────────────────────┐
│      JobList        │      │       JobList        │
├─────────────────────┤      ├──────────────────────┤
│ -工作               │      │ - _data: Job*        │
│ -工作集合长度       │      │ - _count: int        │
│ -工作集合最大容量   │      │ - _capacity: int     │
├─────────────────────┤      ├──────────────────────┤
│ -扩充集合容量()     │      │ - _resize()          │
│ +添加工作()         │      │ + add(Job&)          │
│ +获取某个工作信息() │      │ + get(int): Job*     │
│ +获取工作集合长度() │      │ + Count(): int       │
│ +展示工作列表()     │      │ + show()             │
└─────────────────────┘      └──────────────────────┘
```

图 3-24　JobList 伪类图及其实际类图

为了方便大家对类中各成员的了解，特别制作了表 3-5 来对 jobList 做详细说明。

表 3-5 JobList 属性表

成员	属性	功能
_data	工作对象	
_count	工作集合长度	
_capacity	工作集合最大容量	
void resize();		扩充工作集合容量
void add(Job& job);		给工作集合中添加一项工作
Job* get(int);		根据工作编号获取某项工作的信息
int Count();		获取当前工作集合长度
void show();		展示当前工作列表下所有工作的信息

（4）Category

Category 主要为系统中的工作分类，Category 的类图及其成员说明如图 3-25 所示。

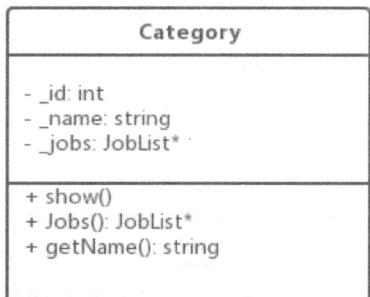

图 3-25 Category 伪类图及其实际类图

为了方便大家对类中各成员的了解，特别制作了表 3-6 来对 Category 做详细说明。

表 3-6 Category 属性表

成员	属性	功能
_id	工作分类的编号	
_name	工作分类的名称	
_jobs	当前分类下的工作信息列表	
void show();		展示当前分类下的所有工作信息
JobList* Jobs();		获取当前分类下的工作列表
string getName();		获取当前工作分类的名称

（5）CategoryList

CategoryList 主要为工作分类的一个集合类，该类类图及其成员说明如图 3-26 所示。

为方便大家对类中各成员的了解，特别制作了表 3-7 来对 CategoryList 进行详细说明。

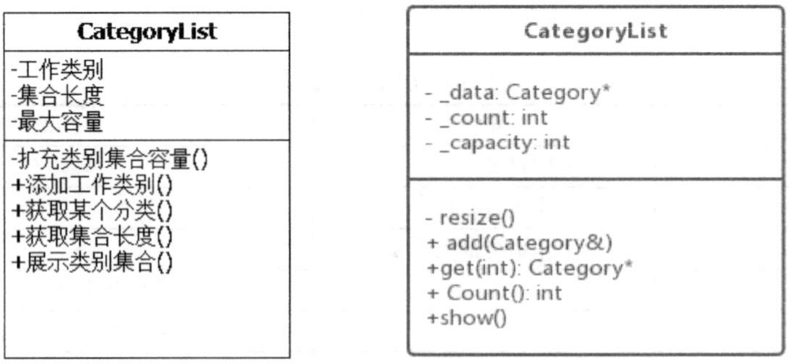

```
┌─────────────────────┐          ┌─────────────────────┐
│    CategoryList     │          │    CategoryList     │
├─────────────────────┤          ├─────────────────────┤
│ -工作类别           │          │ - _data: Category*  │
│ -集合长度           │          │ - _count: int       │
│ -最大容量           │          │ - _capacity: int    │
├─────────────────────┤          ├─────────────────────┤
│ -扩充类别集合容量() │          │ - resize()          │
│ +添加工作类别()     │          │ + add(Category&)    │
│ +获取某个分类()     │          │ +get(int): Category*│
│ +获取集合长度()     │          │ + Count(): int      │
│ +展示类别集合()     │          │ +show()             │
└─────────────────────┘          └─────────────────────┘
```

图 3-26 CategoryList 伪类图及其实际类图

表 3-7 CategoryList 属性表

成员	属性	功能
_data	工作类别	
_count	类别集合长度	
_capacity	工作类别集合的最大容量	
int Count();		获取当前工作类别的总数
void show();		展示所有分类下的工作信息
Category* get(int);		根据工作编号获取工作类别
void resize();		扩充分类集合容量
void add(Category&);		给工作类别添加一个分类

（6）User

User 即为 HR 用户，User 的类图及其成员说明如图 3-27 所示。

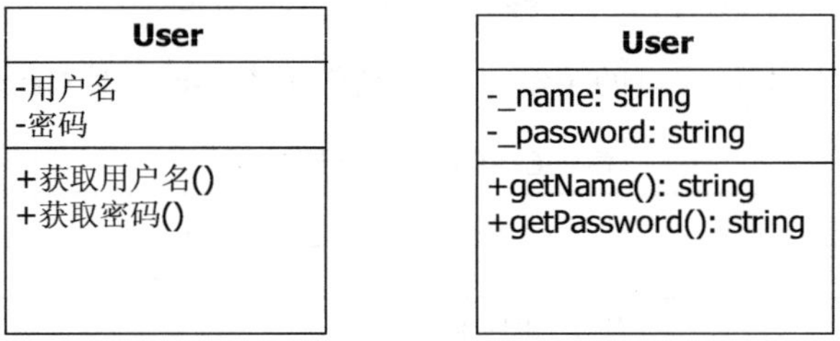

```
┌─────────────────────┐          ┌──────────────────────────┐
│        User         │          │          User            │
├─────────────────────┤          ├──────────────────────────┤
│ -用户名             │          │ -_name: string           │
│ -密码               │          │ -_password: string       │
├─────────────────────┤          ├──────────────────────────┤
│ +获取用户名()       │          │ +getName(): string       │
│ +获取密码()         │          │ +getPassword(): string   │
└─────────────────────┘          └──────────────────────────┘
```

图 3-27 User 伪类图及其实际类图

为了方便大家对类中各成员的了解，特别制作了表 3-8 来对 User 做详细说明。

表 3-8 User 属性表

成员	属性	功能
_name	用户账号	
_password	用户密码	
string getName();		获取用户账号
string getPassword();		获取用户密码

（7）UserList

UserList 是系统中用户列表的一个集合类，UserList 的类图及其成员说明如图 3-28

所示。

UserList
-用户 -集合长度 -集合最大容量
-扩充集合容量() +获取集合长度() +添加用户() +获取用户()

UserList
- _data: User* - _count: int - _capacity: int
- resize() + Count(): int + add(User&) +get(int): User*

图 3-28　UserList 伪类图及其实际类图

为了方便大家对类中各成员的了解，特别制作了表 3-9 来对 UserList 做详细说明。

表 3-9　UserList 属性表

成员	属性	功能
_data	用户	
_count	用户集合长度	
_capacity	用户集合最大容量	
int Count();		获取当前用户集合长度
void resize();		扩展用户集合容量
User* get(int i);		根据编号获取用户信息
void add(User& _user);		给用户集合添加一名用户

（8）DataProvider

DataProvider 是系统中提供数据服务的单元，该类图及其成员说明如图 3-29 所示。

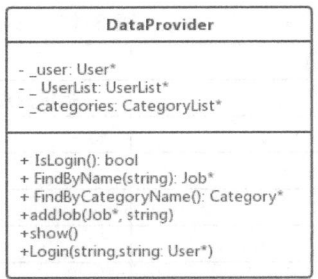

图 3-29　DataProvider 伪类图及其实际类图

为方便大家对类中各成员的了解，特别制作了表 3-10 来对 DataProvider 做详细说明。

表 3-10　DataProvider 属性表

成员	属性	功能
_user	存储登录用户的信息	
_userList	存储登录用户的信息列表	

成员	属性	功能
_categories	存储所有工作分类列表	
void show();		获取所有工作的信息
bool IsLogin();		检查用户是否登录
void addJob(Job* job, string CategoryName);		给某一个工作类别下添加一项工作信息
User* Login(string _name, string _pwd);		用户登录
Job* FindByName(string name);		根据工作名称进行搜索
Category* FindByCategoryName(string name);		根据分类名称进行搜索

(9) SystemUI

SystemUI 是一个界面上的请求处理器对象，用来获取用户请求的 ID，并协同 DataProvider 完成处理，返回需要的数据给请求者。

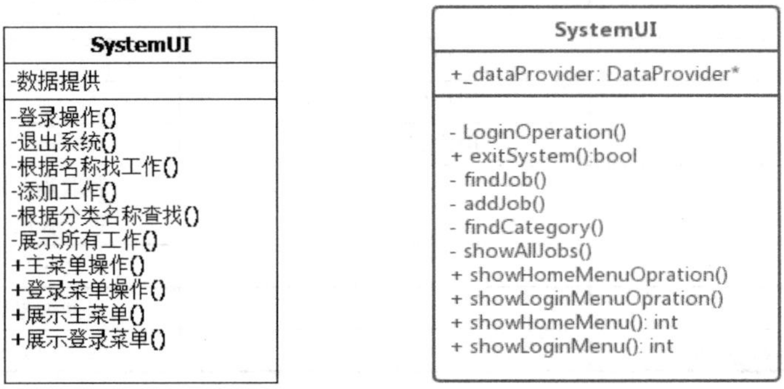

图 3-30　SystemUI 伪类图及其实际类图

为了方便大家对类中各成员的了解，特别制作了表 3-11 来对 SystemUI 做详细说明。

表 3-11　SystemUI 属性表

成员	属性	功能
_dataProvider	提供数据 DataProvider 类	
void LoginOperation();		用户登录操作
void exitSystem ();		退出系统
void findJob ();		根据名称找工作
void addJob ();		添加工作
void findCategory ();		根据分类名称查找
void showAllJobs ();		展示所有工作
void showHomeMenuOperation ();		展示主菜单操作
void showLoginMeunOperation ();		展示登录菜单操作
int showHomeMenu();		展示主菜单
int showLoginMeun();		展示登录菜单

3. 时序图设计

根据系统的业务流程，结合用例图，我们将为每个用例和业务创建时序图，以帮助读者理解系统事件的发生过程。其中，对每一个过程行为都已进行了编号，相信大家应该能很容易理解。

（1）用户登录时序图（见图3-31）

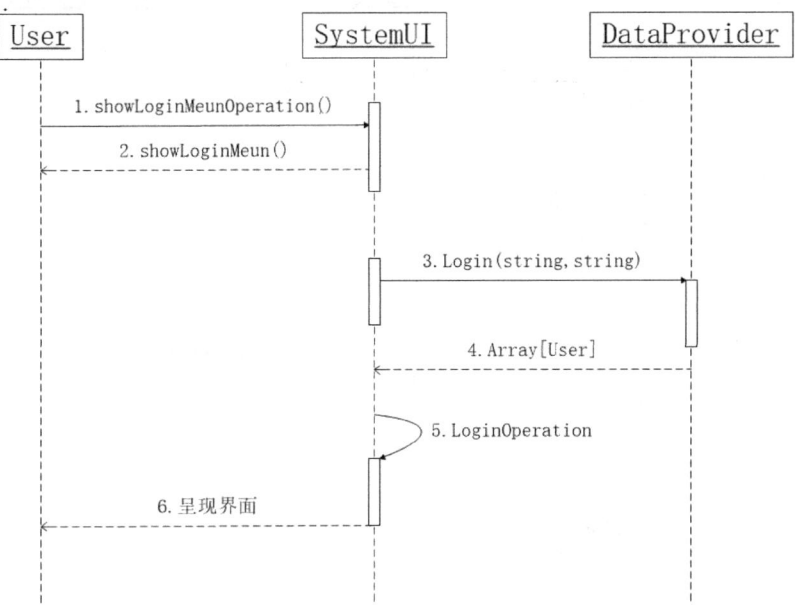

图3-31　用户登录时序图

（2）用户查看某分类下的所有工作时序图（见图3-32）

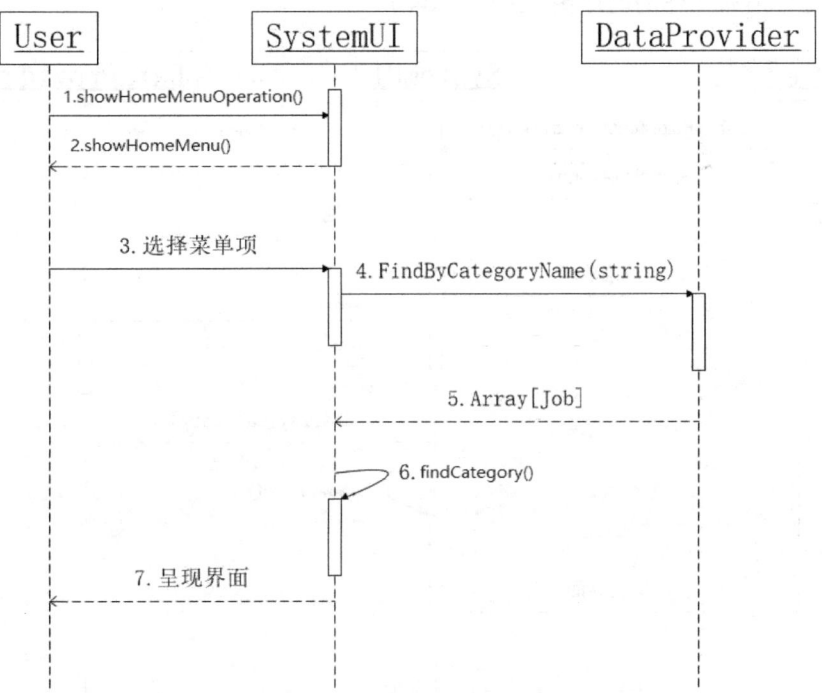

图3-32　用户查看某分类下的所有工作时序图

（3）根据工作名称搜索工作的时序图（见图3-33）

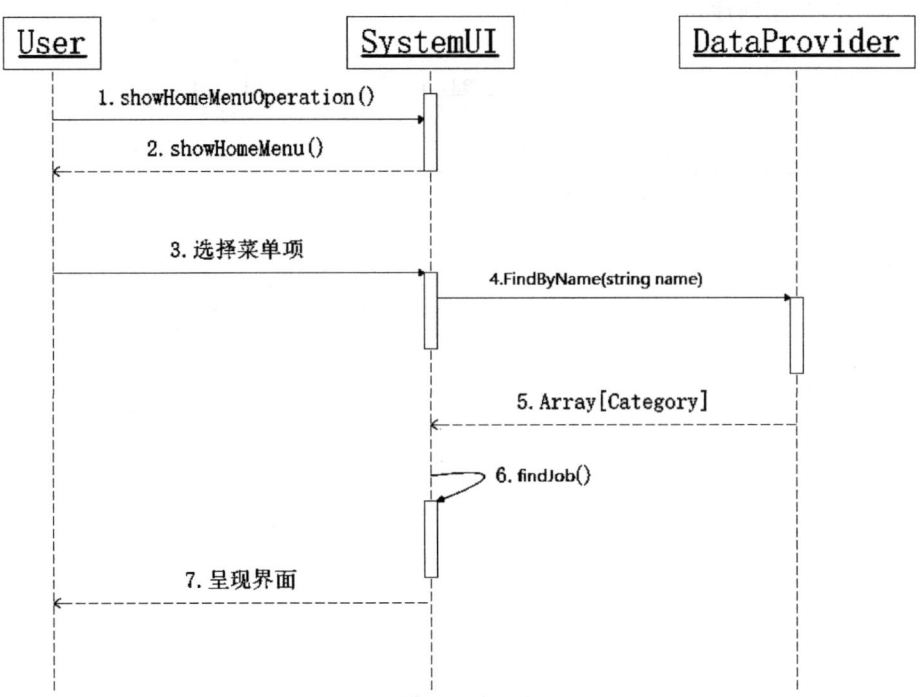

图3-33　根据工作名称搜索工作的时序图

（4）显示所有工作的时序图（见图3-34）

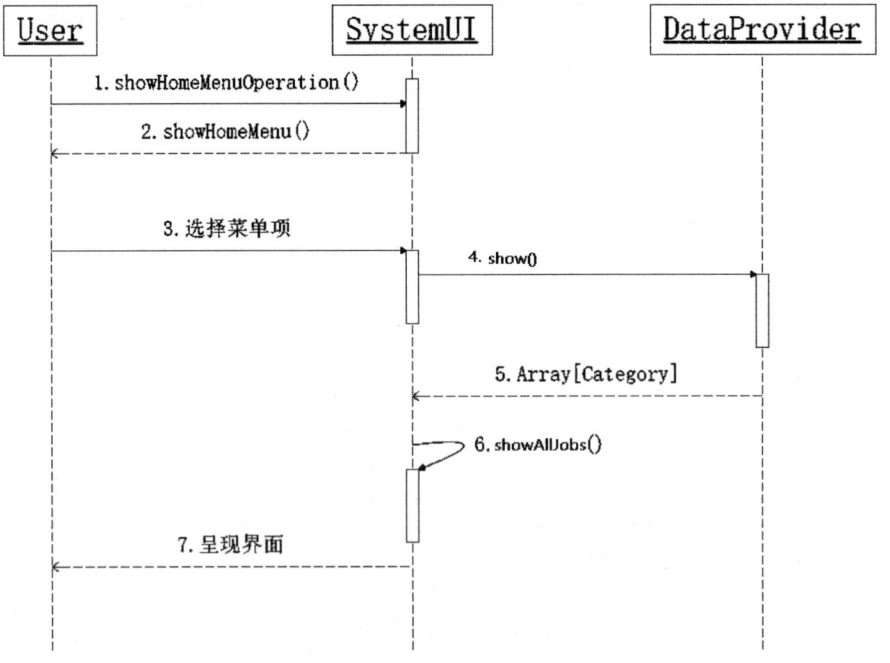

图3-34　显示所有工作的时序图

（5）用户添加工作的时序图（见图 3-35）

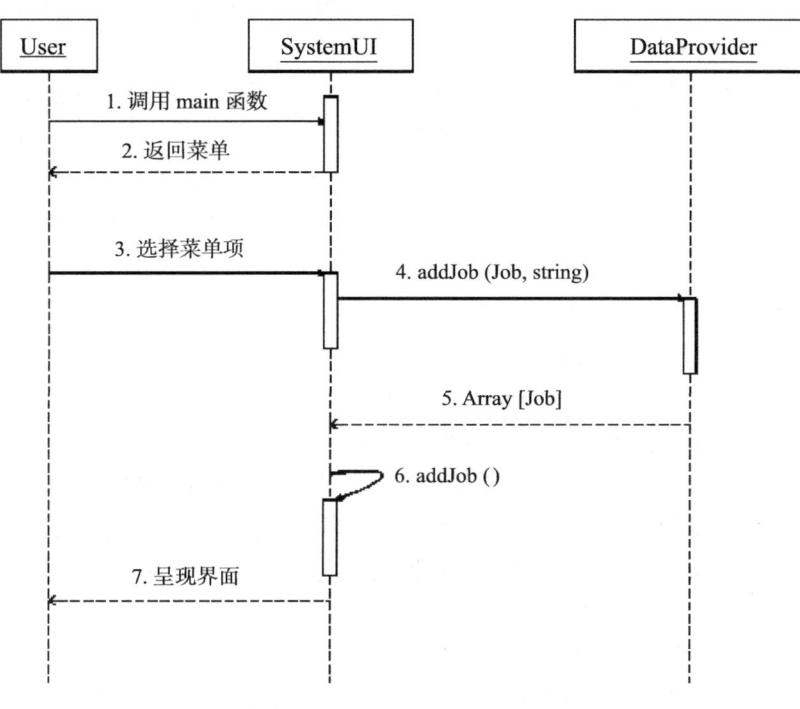

图 3-35　用户添加工作的时序图

3.3　本章小结

本章首先介绍了 UML 的概念以及 UML 所包含的部分模型图（类图、时序图、用例图），UML 总共包含 9 种模型图，本书只介绍了其中 3 种，另外 6 种感兴趣的读者可以自行查阅资料学习。了解了 UML 部分模型图之后，结合之前分析的项目案例结果，利用 UML 对系统进行分析与建模，整个过程可以分解成如下四步：①使用 UML 的用例模型确定目标系统的边界、主要功能和活动，以便准确、完整地识别系统的需求；②通过对用例模型的分析，从用例的描述中识别反映问题域本质的类和对象，并利用 UML 的类图以及它们之间的关系揭示系统的结构和组成；③利用 UML 动态模型中的时序图描述系统结构元素的动态特性和行为，实现重要的用例；④完成整个项目分析模型的最终设计。

现阶段，UML——标准化的建模语言，能够提供各种各样的模型图，因此能对软件的内容和工作的方法进行很好的阐述，从而可以先建立模块、后进行编码，也能在软件开发的开始，确保团队里的每个人对软件都有很好的详细及整体的认识，继而确保了整个软件结构的合理性。

关键点概括

1）UML 是面向对象的、通用的、标准的、可视化的建模语言，是面向对象技术领域中的重要成果。UML 为对象的结构模型和行为模型定义了语义。结构模型强调系统中对象的结构，它包括类、操作、属性和关系；行为模型强调系统中对象的行为，包括它们的交互作用、合作性和状态历史。

2）UML 类图表达的是对象模型的静态结构。其中一部分图形元素是基本的图形元素，如类、关联等，对于任何面向对象模型都必不可少。类图表达一组类及其联系，在类图中，一方面描述各个类本身的组成，即类的属性、操作和对对象的约束；另一方面描述系统中类之间的静态联系，主要的静态联系有关联、聚集、泛化（继承关系，在第 7 章会学习到）、依赖等。

3）时序图描述对象是如何交互的，并且将重点放在消息序列上。也就是说，描述消息是如何在对象间发送和接收的。时序图有两个坐标轴：纵坐标轴显示时间，横坐标轴显示对象。每一个对象的表示方法是：矩形框中写有对象和/或类名，且名字下面有下划线；同时有一条纵向的虚线表示对象在序列中的执行情况（即发送和接收的消息对象的活动），这条虚线称为对象的生命线。对象之间的通信用对象的生命线之间的水平消息线来表示，消息线的箭头说明消息的类型，如同步消息、异步消息或返回消息。浏览时序图的方法是，从上到下查看对象之间交换的消息，分析那些随着时间的流逝而发生的消息交换。

4）用例图是软件需求分析到最终实现的第一步，它反映了系统的功能要求，也就是外部要求，定义了系统将为用户做些什么。用例图显示谁将是相关的用户、用户希望系统提供什么服务以及用户需要为系统提供的服务，以便使用户更容易地理解这些元素的用途，也便于软件开发人员最终实现这些元素。

3.4 本章习题

1. 在绘制类图之前，需确定哪些内容？
2. 类与类之间的常见关系有哪些？请列举一个案例，使用类图表达出来。
3. 请结合时序图，将"去 ATM 机器上取钱"这个过程用时序图表达出来。
4. 学校需要开发一个图书管理系统，在系统中涉及图书管理员和读者这两种角色。其中图书管理员可创建、修改、删除读者信息；添加、编辑、删除书目信息；添加、编辑、删除图书信息。读者可进行借阅、预约、归还图书，以及取消书目预约这几个活动，请结合本章内容，绘制出图书管理员和读者的用例图。

第二部分

实　　践

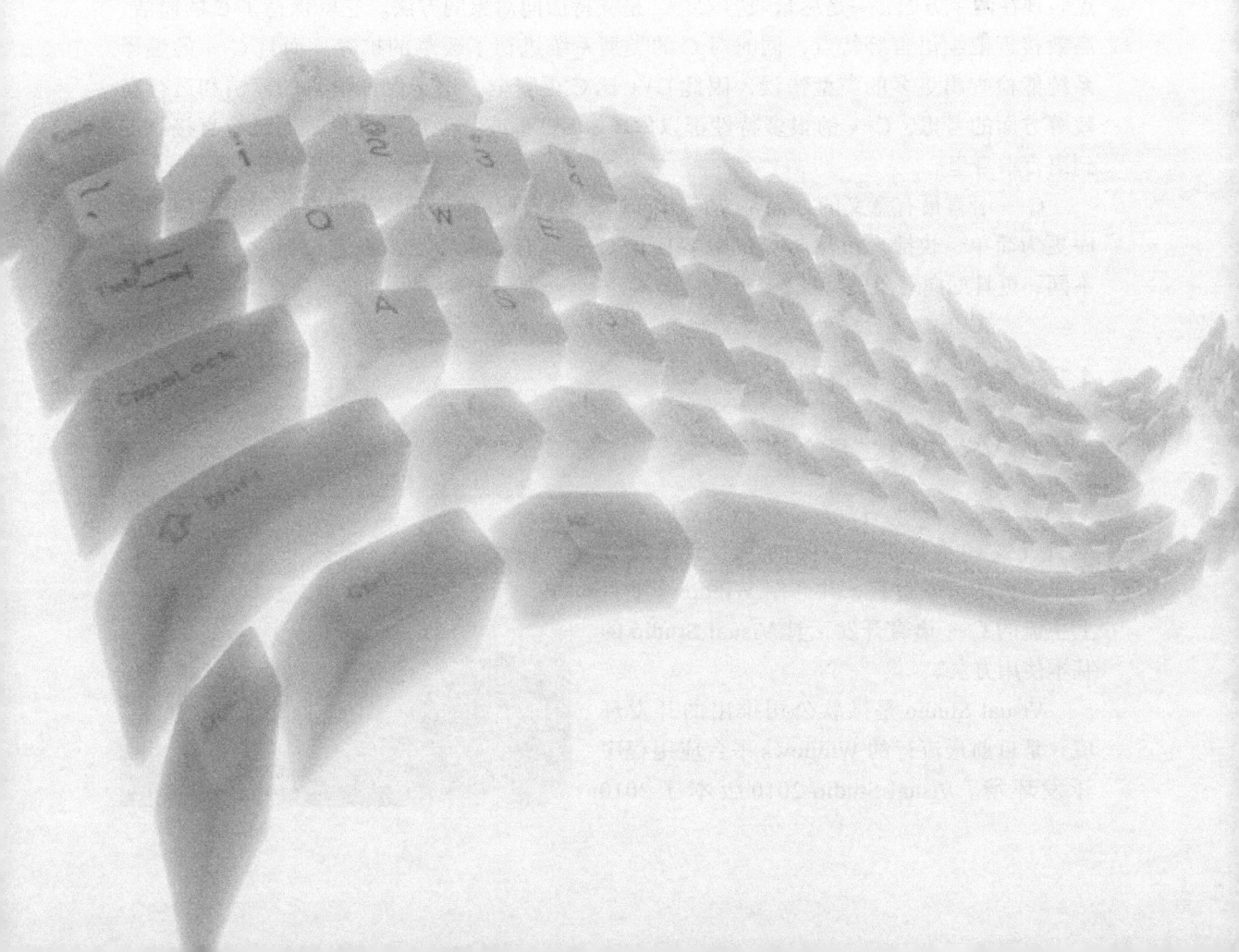

第 4 章　程序设计语言 C++ 初识

介绍完项目的设计部分，接下来将使用 C++ 语言来实现代码部分。首先通过介绍程序设计语言的发展史让大家对 C++ 语言有一个初步的认知。然后针对 C++ 的一些基础语法知识点进行解释，为读者实现项目的最终代码打下坚实的基础。

4.1　C++ 概述

1983 年，贝尔实验室的 Bjarne Stroustrup 在 C 语言基础上成功开发了 C++ 语言，该语言进一步扩充和完善了 C 语言，但几乎保留了 C 语言原有的所有优点，并在此基础上增加了面向对象的机制。因此 C++ 是一种面向对象的程序设计语言。

在计算机科学中，C++ 仍被称为 C 语言的上层结构。总的来说，C++ 语言的主要特点表现在两个方面：一是尽量兼容 C，二是支持面向对象的方法。它既保持了 C 的简洁、高效接近汇编语言等特点，同时对 C 的类型系统进行了改革的扩充。而且 C++ 的编译系统能检查出更多的类型错误，因此 C++ 比 C 更安全。出于保证语言的简洁和运行高效等方面的考虑，C++ 的很多特性都以库（如 STL）或其他形式提供，而没有直接添加到语言本身里。

C++ 语言最有意义的方面是支持面向对象的特征，使得开发人机交互类型的应用程序更为简单、快捷。虽然与 C 的兼容使得 C++ 具有双重特点，但它在概念上完全与 C 不同，更具面向对象的特征。

4.2　第一个 C++ 程序

4.2.1　VS 2010 工具介绍

要想学好 C++ 语言，选择一个好的 C++ 语言开发环境是很有必要的。本节先简介 C++ 语言的开发过程，并介绍 Windows 平台上主流的 C++ 语言开发工具 Visual Studio 的基本使用方法。

Visual Studio 是微软公司推出的开发环境，是目前最流行的 Windows 平台应用程序开发环境。Visual Studio 2010 版本于 2010

年 4 月 12 日发布，其集成开发环境（IDE）的界面被重新设计和组织，变得更加简单明了。

Visual Studio 的全称为 Microsoft Visual Studio，意思是"微软可视化工作室"，简称为 VS。它包含 VB、VC、VF、控件、数据库 ODBC 等开发工具，其中 VC 就是用来进行 C 和 C++ 开发的，表示 Visual C/C++。VS 是由微软公司开发的用于开发 Windows 程序的工具。要追溯它的版本信息，那就久远了。不过常用的版本有 VS 6.0、VS 2003、VS 2005、VS 2008、VS 2010。每一个版本中都会有一个 VC 开发组件或工具，用于 C 和 C++ 的开发的，我们在学习 C++ 语言的时候，使用的就是 VC 开发工具。

对于众多版本的 VS，你可以任选一个进行安装使用，它们之间的差别不是很大。不过，还是建议尽量选择较新的版本，因为更新的版本对于标准的支持往往比较好，而且功能会更强大，所以本书将使用 VS 2010 版本来进行开发。

4.2.2 编写第一个 C++ 程序 helloworld

1）单击 VS 2010 运行工具，打开后可以看到如图 4-1 所示的操作页面，新建一个工程。

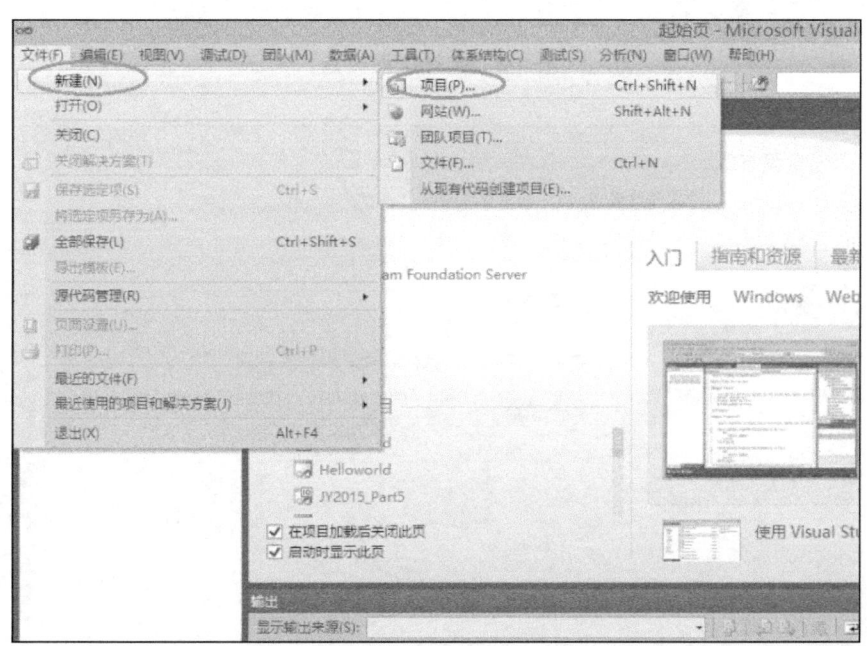

图 4-1 新建项目

2）选择工程类型为 win32 控制台应用程序，确定工程的存放位置（目录）以及项目名称，如图 4-2 所示。

3）单击"下一步"按钮，如图 4-3 所示。

4）在额外选项中选中"空项目"，单击"完成"按钮完成项目创建，如图 4-4 所示。

图 4-2　选择工程类型

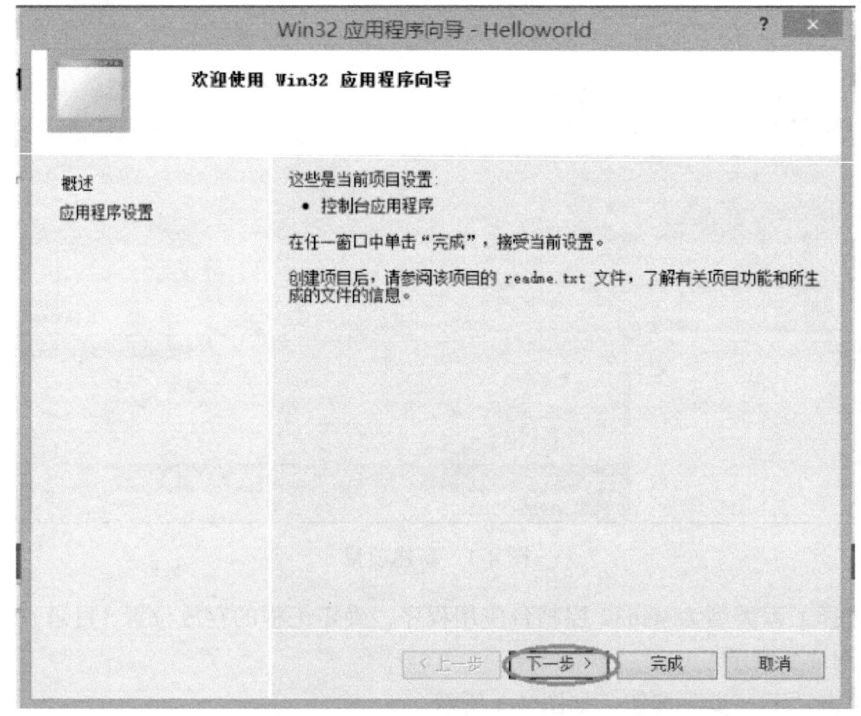

图 4-3　下一步向导图

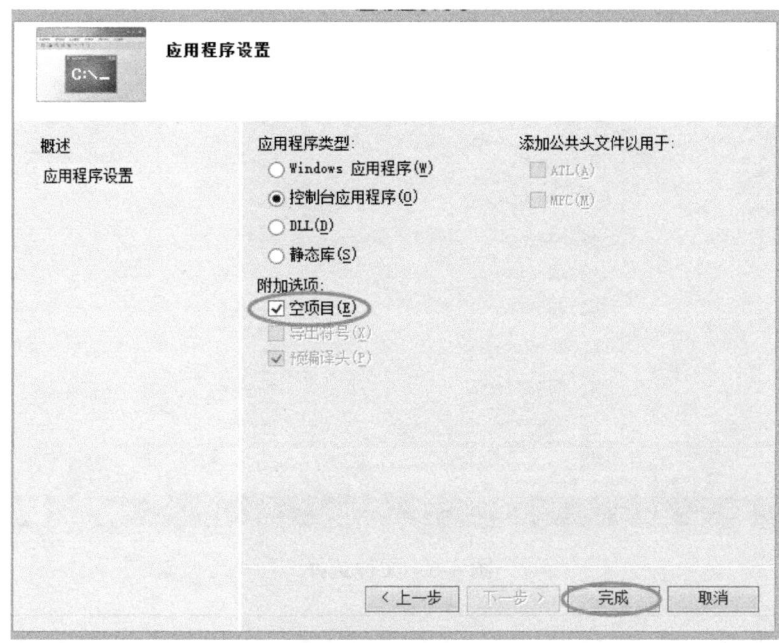

图 4-4 完成工程创建

5）向工程中添加源文件（helloworld.cpp），如图 4-5 所示。

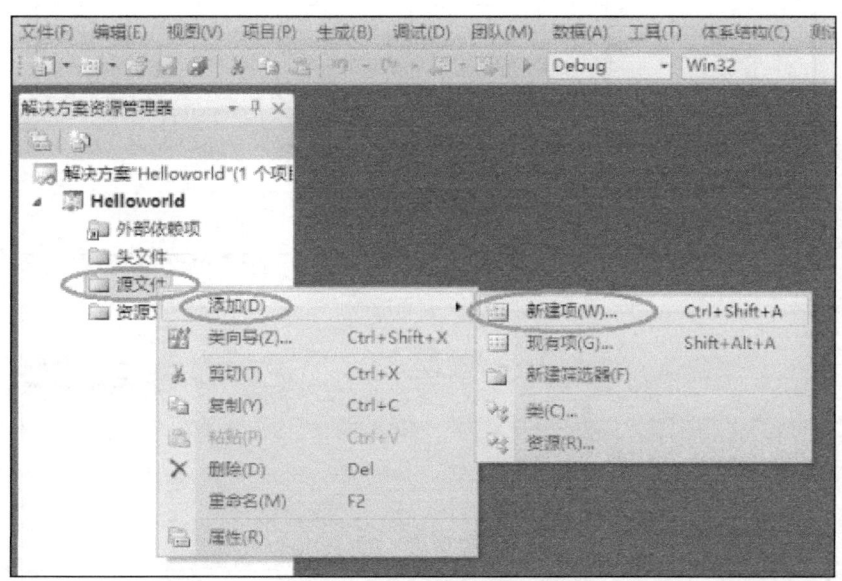

图 4-5 添加源文件

6）选择文件类型为"C++ 文件"，输入文件名"helloworld"，如图 4-6 所示。

7）工程和源文件都建好后，便可开始输入代码，如图 4-7 所示。

8）输入完代码，单击工具栏快捷键或者菜单栏，选择开始执行，观看运行结果，如图 4-8 所示。

图 4-6　文件选择

图 4-7　代码展示

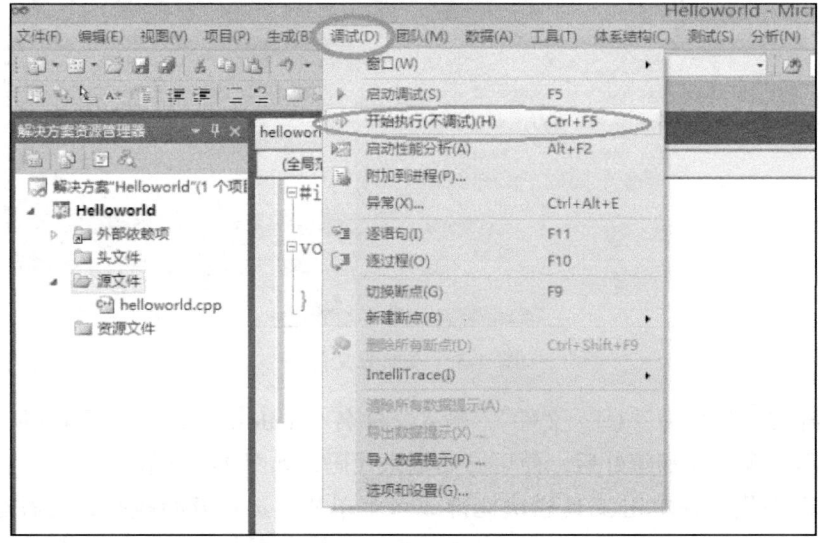

图 4-8　代码执行步骤

4.2.3 代码解释

读者应该不难发现，刚刚在 cpp 文件中输入了一段代码，并且运行出了 hello world 这么一段话，那么，这段代码的含义到底是什么？下面请先阅读该段代码。

```
#include <iostream>      // 语句 1
using namespace std;     // 语句 2

void main()              // 语句 3
{
cout << "hello world" << endl; // 语句 4
}
```

（1）语句 1 包含两部分知识：#include 与 iostream

- 在使用 C++ 语言库函数时，要用**预编译命令 "#include" 将有关的 "头文件" 包括到用户源文件中**。头文件包含所用到的函数有关的信息。例如使用标准输入输出库函数时，要用到 <iostream> 文件。#include 命令都放在程序的开头，因此这类文件被称为 "头文件"。
- iostream **是一个文件库，其表示输入输出流**，直接来说，就是 in（输入）、out（输出）、stream（流），取 in、out 的首字母与 stream 合成而来，用于处理 C++ 程序中的输入、输出。语句 4 中使用的输出流 cout 是在该文件中 "创建" 的。C++ 规定程序要使用某个 "事物"（例如 cout）将 "创建" 它的文件（例如 iostream），导入到程序中。因此这里要用语句 1 将 iostream 文件导入到程序中。

（2）语句 2 表示 "使用命名空间 std"

std 是一种命名空间，属于 iostream 库，在不同的命名空间下的 "事物" 可以重名，这样就不要绞尽脑汁地为很多类似的 "事物" 起不同的名字了，所以如果在程序中去掉语句 2，那么程序就搞不清 cout 在称呼哪个 "事物" 了。

例如：在现实生活中，很多城市（比如合肥和苏州）都有滨湖区，怎么区别它们呢？可以这样说，合肥的滨湖区和苏州的滨湖区，或者在引用它们的文章的开始处注明：

下面使用的都是苏州的名字（该部分等价于定义一个命名空间 "苏州"）：

… 滨湖区 … 建设 …

… 滨湖区 … 发展 …

这样，在省略号处描述的滨湖区指的都是苏州市的滨湖区，这就是语句 2 使用命名空间的思想。

同理，语句 2 使程序知道 cout 是命名空间 std 下的 cout，大家可以尝试去掉语句 2，那样要使用 cout 时就需要称呼它为 std::cout。"::" 是一个引用符号，后文会讲到。

可以使用图 4-9 来表示 iostream、std、cout 之间的关系。

（3）语句 3：定义函数 main

C++ 程序必须有一个且仅有一个函数 main 作为程序的入口，无论 main 函数在工程中处于什么位置，程序都将从 main 函数里的代码开始运行。main 函数里面的代码执行完毕，表示整个程序就执行完毕。在这里定义了该函数，并把希望程序运行的语句放在 main 函数内的一对大括号"{"和"}"之间。

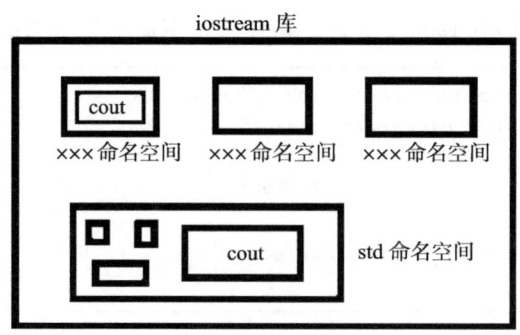

图 4-9　Iostream、std 与 cout 的包含关系

（4）语句 4 是这个小程序的核心功能语句

cout 是在 iostream 中定义的负责输出的对象，"cout<<"后面接字符串的含义是：**将该字符串输出到控制台上。**"<<endl"的作用是继续输出一个回车，这样内容输出完成后则会换行。

现在不要求读者能准确地理解程序中每条语句的含义。随着后续章节的学习，读者会达到那样的阅读水平。现在只要**记住**：

- 每个 C++ 程序都要定义一个 main 函数作为程序的入口。程序要执行的语句写在 main 函数的大括号内。每条语句都以分号结尾。为方便程序阅读，一般一条语句占一行。
- 如果程序有输入或输出的需要，必须使用"#include <iostream>"命令提供必要的信息，同时要用"using namespace std;"使其中的元素可见。

备注：用 #include 导入的文件可能存放于以下几种位置：比如当前工程的目录下，以及例如与 VS 2010 安装位置有关的目录下，假设当前 VS 2010 安装位置在 C:\Users\VS 2010\ 目录下，则导入的文件有可能也存放于该目录下。C++ 语言使用 #include " 文件名 " 和 #include < 文件名 > 这两种方法来减少寻找这些文件的时间。

#include "文件名" ➔ 先寻找工程当前目录，找不到时再在"安装目录"下寻找。**适用于导入用户自定义的、处在工程当前目录下的文件。**

#include < 文件名 > ➔ 不寻找工程当前目录，直接在"安装目录"下寻找。**适用于导入类似 iostream 等那些"标准库"中的文件。**

4.2.4　程序注释

程序注释是以特定格式出现在源文件中的文本，它不是程序执行语句的一部分，而是程序员解释执行语句的文字性说明。

C++ 程序中有两种注释：单行注释和多行注释。

1. 单行注释

//…

```
cout << "hi" << endl;      // 单行注释是不会被执行的
```

以连续两个双斜杠注释标识开始的一段文本，表示双斜杠到行尾的文字都是注释，不是程序语句。

2. 多行注释

/*…
　…
　…
*/

注释标识"/*"和"*/"对内的内容都是注释，并且其中的内容可以跨越多行。

注释的两个作用：
- 阐明一段比较难懂的程序代码的含义、流程或者在程序中的承接作用。
- 对若干条程序语句做注释，达到在不删除这些语句的前提下让程序不执行这些语句，这样在以后需要用到这些代码时，可以通过删除这些注释标识来恢复程序语句的执行，而不需要再写一遍代码。

例如下述代码：

```
/*
多行注释
这部分程序是不会执行的
所以可以有很多很多行
都不会影响程序本身
*/
cout << "hi" << endl;
```

4.3　C++ 编译过程

一个 C++ 语言程序从编写到最后得到运行结果要经历以下步骤：

1）用 C++ 语言编写程序。用高级语言编写的程序称为"源程序"，C++ 源程序以 ".cpp" 作为文件名后缀。

2）对源程序进行编译。为了使计算机能执行高级语言源程序，必须先用一种称为"编译器（Compiler）"的软件把源程序翻译成二进制形式的"目标程序"。

编译是以源程序文件为单位分别编译的。目标程序一般以 .obj 或者 .o 作为后缀。编译的作用是对源程序进行词法检查和语法检查。编译时对文件中的全部内容进行检查，编译结束后会显示所有的编译出错信息。**编译系统给出的出错信息一般分为错误（Error）和警告（Warning）。**

3）将目标文件连接起来。改正程序的所有错误并全部通过编译后，会得到一个或多个目标文件。此时要用系统提供的"连接程序"（linker）将一个程序的所有目标程序、系统的库文件以及系统提供的其他信息连接起来，最终形成一个可执行的二进制文件，它的后缀是 .exe，可以直接执行。

4）执行程序。运行最终形成的可执行的二进制文件（.exe 文件），得到运行结果。

5）分析运行结果。如果运行结果不正确，应检查程序或算法是否有问题。

程序编译流程如图 4-10 所示。

4.4　C++ 编程逻辑

通过以前的学习已经了解到计算机使用内存来存储所使用的数据，那么内存又是如何来存储数据的呢？以及如何使用内存中的数据呢？

4.4.1　程序中的简单数据存储

1. 程序数据在内存中存取

举个简单的例子，客户 M 去旅馆开房间。

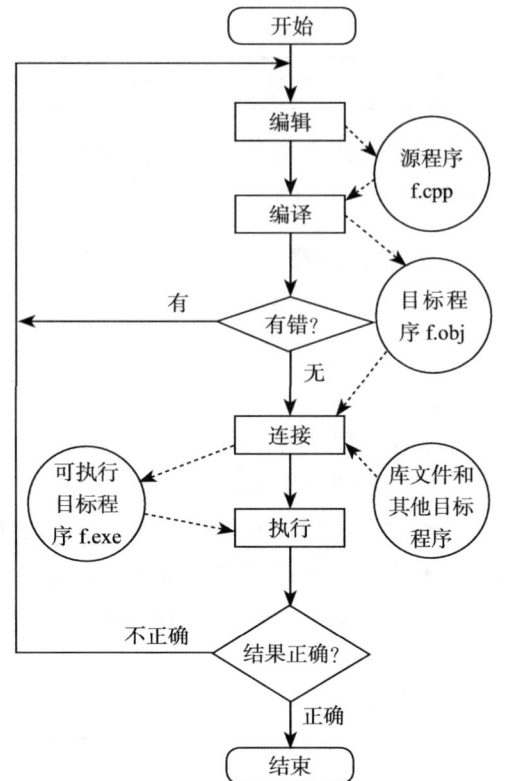

图 4-10　程序编译流程

- 首先客户 M 在前台选择要入住的是单人间、双人间还是套房，相当于选择房间类型。
- 前台根据房间类型从旅馆所有房间中为他随机开一间同类型的房间，假设该房间名为 room1。
- 客户 M 入住 room1。
- 客户 M 在入住 room1 期间有任何问题呼叫前台寻求帮助时，都会产生如下对话："您好，请问您是哪间房间的客人？""我是 room1 的客人"。
- 入住期间，客户 M 可以随时退房离开。
- 客户 M 不再住宿后，该房间仍有可能供其他客户住宿，即房间的客人可以随时发生变化。

通过这个例子，我们可以做以下几点总结：

- 内存和旅馆一样，会根据客户的需求类型随机开辟一块内存空间（即一间房间）。
- 内存中的数据可以随时发生变化，例如 room1 里面的客人会时时变化一样，我们把这种在程序运行过程中可能发生变化的数据称为**变量**。
- 每个房间都有一个房间名，同样每个变量都有一个变量名，例如 room1 就可以是一个变量名，但是房间必须取名 room1 吗？当然不是！如果客户喜欢，它可以给自己住的房间取任何名字。同理，**变量名也是由用户取的，只要遵守变量的命名规范**，至于想取什么变量名，随用户开心就好。
- 就像客户必须先说明房间类型，前台打开房间后才能入住一样，**变量也必须先声明后赋值**。
- **程序在找寻变量数值时是根据变量名来寻找的**，例如上述案例中前台并不关心room1 房间里住的是谁，她/他只需要知道房间名一样。

房间与变量的一一对应关系如图 4-11 所示。

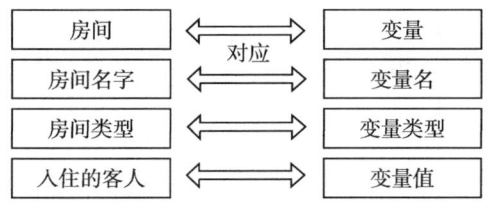

图 4-11　房间与变量的一一对应关系

2. 变量的命名规则

- 变量必须以字母或下划线开头。
- 变量可以包括数字、字母和下划线。
- 除了"_"符号以外，变量名不能包含任何特殊字符。
- 不能使用 C++ 语言的关键字，比如：int、class、public 等。
- 不含空格。

变量名称的举例如下：

正确的有 Jim、jim123、jim_123。

错误的有 123、ji#m123、1_m。

另外，变量命名时还必须**注意**：

- 变量必须先定义，后使用。
- 变量名是区分大小写的。例如 intage 和 intAge 是两个不同的变量。
- 变量名的命名最好要具有一定的含义，以便让阅读者做到见名知意。
- 建议变量名的长度最好不要超过 8 个字符。

3. 数据类型

与同一个旅馆却有多种不同房间类型一样，生活中这样的案例也很多，例如同样是数字组成的数据，账号、密码和余额有什么区别呢？

答：账号、密码不能进行加减等算术运算，而余额可以。甚至对于同样由 6 位阿拉伯数字组成的密码和余额，我们的读法都不一样……

为什么？

因为在我们的大脑里已默默地赋予账号、密码与余额不同的类型。同样的道理，在计算机编程语言的世界里，每一个数据都有它的类型，具有相同类型的数据才能彼此操作，比如你不会对账号这种数据进行加减乘除等操作。

在 C++ 中，常见的数据类型如图 4-12 所示。

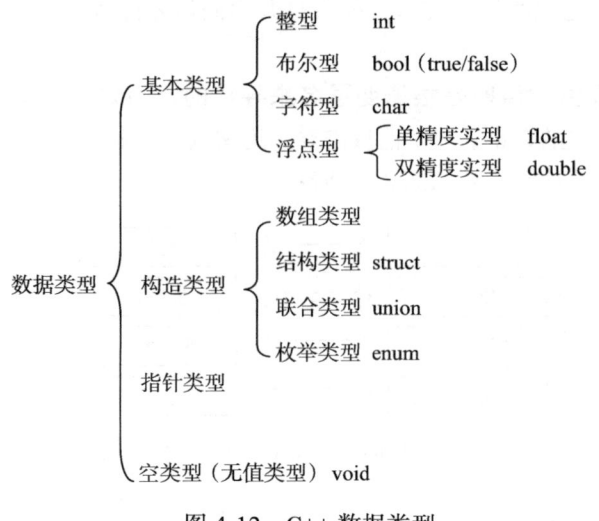

图 4-12　C++ 数据类型

注意：C++ 标准库定义了一种 string 类，string 类并不是基本的数据类型，该类定义在头文件 <string> 中，因此如果代码需要使用 string，就必须先对其进行预编译，即 #include <string>，而 string 则表示是 C++ 中的字符串，专门用来操作字符序列，并且所有的字符串类型数据必须用双引号来表示。

与不同的房间类型的占地面积也不同一样，不同的数据类型占的存储空间也不同，在 C++ 中，要求对用到的所有变量做强制定义，也就是必须"先定义，后使用"。定义变量的一般格式是**"变量类型　变量名;"**。

如上述案例中的密码定义：

string　password;　//定义一个字符串类型的变量，变量名为 password

然后给这个变量进行赋值，在 C++ 中，**赋值符号为等号"="，并且在赋值的过程中，是将右边的值赋值给左边**。

password = "abc123";　// 给变量 password 赋值一个字符串 abc123

也可以根据需求，只定义变量而不赋值。同时，还可以将定义和赋值通过一句话直接实现。

（1）存款定义并赋值

float money = 100;　//定义一个浮点型变量 money，并赋值 100

（2）旅馆房间定义并赋值

string　room1 = "M";//房间 1 当前入住的是客人 M

还可以一次性定义多个变量，定义格式为"变量类型　变量名表列;"。

变量名列表指的是一个或多个变量名的序列。如：

```
float    a,b,c,d,e;      // 定义a、b、c、d、e为单精度型变量
```

4. 常量

与变量相反，在生活中有一种值，一旦被创建，便永远不会被改变，例如一个人的出生日期，从这个人出生开始，这个时间就永远不会发生改变。同样，C++中有一种标识符，它的值在运行期间恒定不变，专门用来存放程序运行过程中永不可变之值。我们把这样的数据称为常量。

常量定义格式为"const（数据类型）常量名 = 常量值;"。例如：

```
const    int    num = 7 ;    // num是一个常量，在整个程序运行过程中都不能被改变
```

4.4.2 输入与输出

C++并没有直接定义进行输入或输出（IO）的任何语句，这种功能是由标准库提供的，IO库提供了大量的设施，然而对于许多应用，包括本书的例子而言，编程者只需要了解一些基本概念和操作。本书的大多数例子都使用了处理格式化输入和输出的iostream库。

在标准库中，处理输入时使用名称为 cin（读作 see-in）的 istream 类型对象，这个对象也称为标准输入；处理输出时使用名称为 cout（读作 see-out）的 ostream 类型对象，这个对象也称为标准输出。 一般情况下，系统将这些对象与执行程序的窗口联系起来，这样，当我们从 cin 读入时，数据从执行程序的窗口读入，当写到 cout 时，输出写至同一窗口。

下面我们来看一段代码：

```cpp
#include <iostream>

void main(){
        std::cout << "输入两个数字:" << std::endl;
        int num1,num2;
        std::cin >> num1 >> num2;
        std::cout << "两个数分别是: " << num1 << "和" << num2 <<std::endl;
        std::cout << "它们的和是: " << num1+num2 << std::endl;
}
```

执行该程序将首先在用户屏幕上显示提示语：

输入两个数字:

然后程序等待用户输入，如果用户输入：

1 3

接着敲回车键，则程序产生下面的输出：

两个数分别是：1 和 3
它们的和是：4

1. 输出流

main 函数体中第一条语句执行了一个表达式。该语句的表达式使用输出操作符在标准输出上输出提示语：std::cout << " 输入两个数字 :" << std::endl；。

这个语句用了两次**输出操作符（<<）**。每个输出操作符实例都接受两个操作数：左操作数必须是 ostream 对象（std::cout）；右操作数是要输出的值（需要输出的内容）。操作符将其右操作数写到其左操作数的 ostream 对象。

在 C++ 中，每个表达式都会产生一个结果，通常是将操作符作用到其操作数上所产生的值。当操作符是输出操作符时，结果是左操作数的值，也就是说，输出操作返回的值是输出流本身。

既然输出操作符返回的是其左操作数，那么就可以将输出请求连接在一起。输出提示语等价于（std::cout << " 输入两个数字 :")<< std::endl；，因此该部分可拆分成以下两段代码：

```
std::cout << " 输入两个数字 :";
std::cout << std::endl;
```

endl 是一个特殊值，称为操纵符，具有输出换行的效果。

2. 输入流

在输出提示语后，先定义两个名为 num1 和 num2 的变量来保存输入，然后读取输入：std::cin >> num1 >> num2；，**用户在实际输入两个数字时，中间要用空格或回车键隔开。**

输入操作符（>>） 的行为与输出操作符相似。它接受一个 istream 对象作为其左操作数（std::cin）；接受一个对象作为其右操作数（num1 或 num2）。它从 istream 操作数读取数据并保存到右操作数中。像输出操作符一样，输入操作符返回其左操作数作为结果。

由于输入操作符返回其左操作数，所以可以将输入请求序列合并成单个语句，换句话说，这个输入操作等价于：

```
std::cin >> num1;
std::cin >> num2;
```

输入操作的效果是：从标准输入中读取两个值，并将第一个存放在 num1 中，第二个存放在 num2 中。

3. 命名空间的使用

相信细心的读者一定注意到这个程序中使用的是 std::cout 和 std::cin 以及 std::endl，而不是 cout 和 endl。其实，之前在写第一个 C++ 程序时就提到过，std 是一个命名空间。现在来回顾一下之前所画的关系图 4-9。

由图 4-9 可知，iostream 库很大，也包含很多个 cout，既然如此，那么同样在 iostream 库中的两个 cout，该怎么进行区分呢？这时命名空间的功能就体现出来了，前缀 std:: 表明 cout 和 cin 以及 endl 是定义在命名空间 std 中的。使用命名空间的目的在于避免与库中定义的同名关键字发生冲突。

不过标准库使用命名空间的副作用是：当使用标准库中的名字时，必须明确地表达出使用的是命名空间 std 下的名字。 std::cout 的写法中使用了作用域操作符（::)，这表示使用的是定义在命名空间 std 中的 cout。

其实可以直接在代码开始阶段就标注出所使用的 cout、cin 以及 endl 均是来自于 iostream 文件内的 std 命名空间。命名空间的定义格式为"**using namespace 空间名称;**"。

最终修改代码如下：

```
#include <iostream>
using  namespace  std;
void main(){
        cout << "输入两个数字:" << endl;
        int num1,num2;
        cin >> num1 >> num2;
        cout << "两个数分别是: " << num1 << "和" << num2 <<endl;
        cout << "它们的和是: " << num1+num2 << endl;
}
```

4.4.3 控制语句

控制语句用于控制程序的流程，以实现程序的各种结构方式，它们由特定的语句定义符组成，且可分成以下 3 类：①条件判断语句：if 语句、switch 语句；②循环执行语句：for 语句、while 语句、do...while 语句；③转向语句：break 语句、continue 语句、goto 语句（如果滥用此语句，会使程序流程无规律、可读性差，因此本书对此不做介绍）等。

1．条件判断语句

（1）if 语句

场景 1：X 银行在其官方网站展示活动页面，如果信用卡持卡人持卡已满 8 年，便可以获得"越久越尊贵"礼品。

问题一：如何将业务处理的过程用流程图表示出来？

流程图如图 4-13 所示。

问题二：如何将流程图中的逻辑用程序代码表示？

分析：假设持卡年限用变量 year 表示，那么 year>=8 表示持卡人拥有了获取礼物的资格，这样就能得到该银行赠予的礼物。

特点：①有条件，即持卡年限大于等于 8 年（year>=8）；
②只考虑一种情况。

综上：可使用 if 分支语句当中的单分支。

语法：if 单分支语句语法，具体如下。

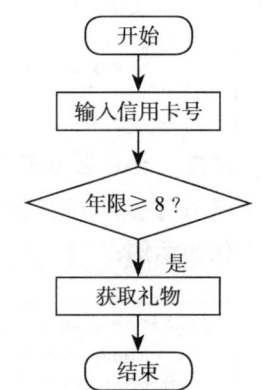

图 4-13　信用卡业务单分支处理流程

```
if (条件A) {
    当满足条件A(即A为 true 时)执行的代码;
}
```

注意:if表示假如,即一个判断的开始。if中的条件A只有true和false两种可能,因为是判断语句,if只识别真或假,即true/false(又可用1/0表示),而不识别其他结果。

代码示例:

```
#include <iostream>
using namespace std;

void main(){
    int year;  // 用户持卡的年份
    cout << "请输入持卡年份: " << endl;
    cin >> year;  // 将用户输入的数字存入year变量中
    if(year >= 8){
        cout << "恭喜您,拥有获取礼品的资格!" << endl;
    }
}
```

场景2:在场景1中,持卡人持卡已满8年,可获得"越久越尊贵"礼品资格,那么,如果持卡人持卡未满8年,则没有礼物。

问题一:如何将场景2的逻辑用程序代码表示?

分析:假设持卡年限使用变量year表示,那么year>=8表示持卡人拥有了获取礼物的资格,否则没有获取礼物的资格。

特点:① 只有一个条件(year>=8)
　　　　② 考虑两种情况

综上:使用if分支语句当中的双分支。

语法:if双分支语句语法

```
if(条件 A){
    当满足条件 A(即 A 为 true 时)执行的代码;
}else{
    当不满足条件A(即A为false时)执行的代码;
}
```

注意:else表示否则,即条件A为假。如果要是用else关键字,必须要有与之对应的if关键字,且if在前else在后。

代码示例:

```
#include<iostream>
using namespacestd;
void main(){
    int year; // 用户持卡的年份
    cout<< "请输入持卡年份:"<<endl;
    cin>>year; // 将用户输入的数字存入 year 变量中
```

```
    if(year>=8){
        cout<<"恭喜您，拥有获取礼品资格！"<<endl;
    }else{
        cout<<"很抱歉，您没有有获取礼品资格！"<<endl;
    }
}
```

思考：如何将上述代码用流程图表示出来？

场景3：X银行的信用卡持卡人由于使用年限的不同，兑换美的电饭煲时所需的积分数量也不同，这时可以通过 if 多分支语句实现。

问题一：如何用流程图表示 X 银行的工作人员完成上述业务的过程？

流程图如图 4-14 所示。

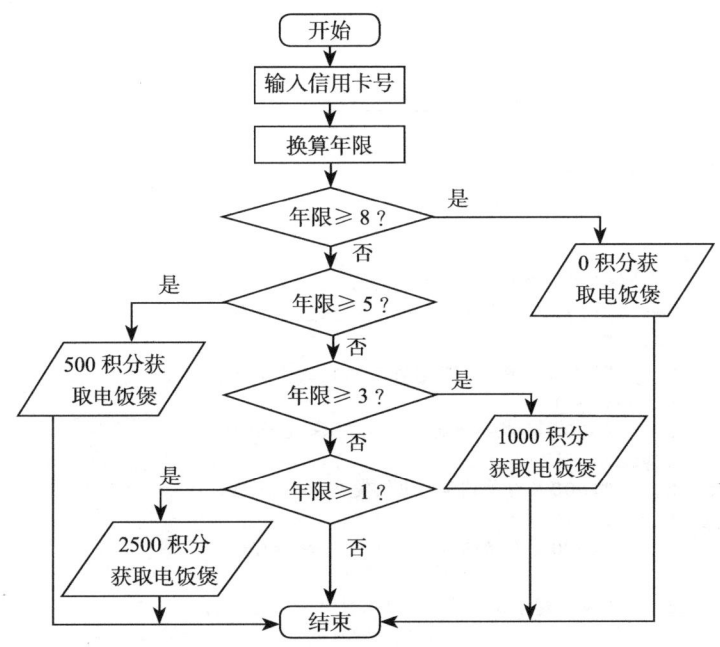

图 4-14 信用卡业务多分支处理流程

问题二：如何将流程图中的逻辑用程序代码表示？

分析：假设持卡人的使用年限值用变量 year 表示，那么 1≤year<3，2500 积分换购美的电饭煲；3≤year<5，1000 积分换购美的电饭煲；5≤year<8，500 积分换购美的电饭煲；year≥8，0 积分换购美的电饭煲。

特点：①有多个条件；②考虑了多种情况。

综上：可使用分支语句当中的多分支。

语法：if 多分支语句语法，具体如下。

```
if (条件 1) {
    条件 1 为 true 时执行的代码；
} else if (条件 2) {
    条件 1 为 false,但条件 2 为 true 时执行的代码；
} else if (条件 3) {
    条件 1 和条件 2 均为 false,但条件 3 为 true 时执行的代码；
}
……
else {
    上述条件 1、2、3……均为 false 的情况下所执行的代码；
}
```

注意：使用多分支判断语句时，是自上而下进行判断。例如，判断条件 2 时，必须先判断条件 1，如果条件 1 为 false，则按照顺序，再判断条件 2，如果条件 1 为 true，则直接运行条件 1 下的代码，运行结束后，直接跳出判断部分，不再执行条件 2 的判断。

代码示例：

```cpp
#include <iostream>
using namespace std;

void main(){
    int year;   // 用户持卡的年份
    cout << "请输入持卡年份: " << endl;
    cin >> year;   // 将用户输入的数字存入 year 变量中
    if(year >= 8){
        cout << "0 积分换购美的电饭煲 " << endl;
    }else if(year>=5){
        cout << "500 积分换购美的电饭煲 " << endl;
    }else if(year>=3){
        cout << "1000 积分换购美的电饭煲 " << endl;
    }else if(year>=1){
        cout << "2500 积分换购美的电饭煲 " << endl;
    }else{
        cout << " 对不起,您未达到活动条件 " << endl;
    }
}
```

（2）switch 语句

场景 4：X 银行根据用户持卡年限的不同，把用户等级进行划分，并根据不同用户级别，发放节日红包，红包金额如下：

普通用户，刷卡金 100 元；

银牌用户，刷卡金 500 元；

金牌用户，刷卡金 1000 元；

钻石用户，刷卡金 2000 元。

分析：在编程的世界里，用户等级通常使用数字来表示。例如：1 表示普通用户，2 表示银牌用户，3 表示金牌用户，4 表示钻石用户。使用 grade 表示级别，那么上面的业务过程可表示为：

grade==1：发放刷卡金 100 元

grade==2：发放刷卡金 500 元

grade==3：发放刷卡金 1000 元

grade ==4：发放刷卡金 2000 元

特点：

①也属于分支结构；

②全部是等值比较。

综上：C++中对于完全等值比较的分支结构通常使用 switch…case。

语法：switch 语句语法，具体如下。

```
switch（表达式）
{
case 常量表达式 1：
    满足常量表达式 1 时执行的语句；
case 常量表达式 2：
    满足常量表达式 2 时执行的语句；
……
default：
    所有常量表达式均不满足时执行的语句；
}
```

代码示例：

```cpp
#include <iostream>
using namespace std;
void main(){
    int grade;   // 用户持卡的级别
    cout << "请输入持卡级别：" << endl;
    cin >> grade;
    switch(grade){
    case 1:
        cout << "普通用户,发放刷卡金100元" <<endl;
        break;
    case 2:
        cout << "银牌用户,发放刷卡金500元" <<endl;
        break;
    case 3:
        cout << "金牌用户,发放刷卡金1000元" <<endl;
        break;
    case 4:
        cout << "钻石用户,发放刷卡金2000元" <<endl;
        break;
    default:
        cout << "对不起,输入有误" <<endl;
        break;
    }
}
```

注意：① switch 语句和 if 语句不同，它会执行每一个 case 语句，例如判断 case 1 语句成立后，程序将执行 case 1 以内的语句，执行完后再次判断 case 2，以此类推。因此，为避免不必要的重复，节省时间，通常会在每一个 case 语句后添加一个 break 语句，这样，在执行完当前的 case 语句后，就会跳出判断，不再执行其他 case 语句。② default 可有可无，但是为了保持程序的严谨性，一般加上 default。

2. 循环执行语句

（1）for 语句

场景 5：要求控制台输出 100 遍 "hello world!"。

分析：对于具有规律性的重复操作，在程序中可通过重复执行某些语句来实现。

特点：根据循环条件是否满足要求，决定是否重复执行同样的事情。

语法：for 语句语法，具体如下。

```
for (表达式1; 表达式2; 表达式3) {
    循环体;
}
```

参数：表达式 1：循环变量的初始化（初始值）。

表达式 2：循环条件（终止值）。

表达式 3：循环变量的变化。

for 语句的执行过程：

1）计算表达式 1。

2）计算表达式 2。如果表达式 2 的条件成立，即循环条件成立，就执行一次循环体。

3）计算表达式 3。为下一次判断循环条件是否成立做准备，到此完成一次循环。

4）第一次循环结束以后，接着每次都是从计算表达式 2 开始进入下一次循环，直到表达式 2 不成立时结束循环。

代码示例：

```cpp
#include <iostream>
using namespace std;

void main(){
    for(int i = 0; i < 100; i++){
        cout << "hello world" << endl;
    }
}
```

（2）while 语句

场景 5：要求控制台输出 100 遍 "hello world"，并用另一种语法来实现。

语法：while 语句语法，具体如下。

```
while (循环条件A) {
    当循环条件A为true时要执行的代码;
}
```

注意：while语句中，首先判断循环条件A是否成立，如果成立，则执行循环体，并且在执行完后再次判断循环条件A，如此反复，直到条件A不成立为止，结束循环。

代码示例：

```
#include <iostream>
using namespace std;
void main(){
    int i = 0;
    while(i < 100){
        cout << "hello world" << endl;
        i++;
    }
}
```

（3）do...while 语句

场景5：要求控制台输出100遍"hello world!"，再换另一种语法来实现。

语法：do...while语句语法，具体如下。

```
do{
    第一次无条件执行循环体一次,
    后期当循环条件A为true时执行;
} while (循环条件A)
```

注意：在do...while语句中，首先无条件执行循环体一次，然后再判断循环条件A是否成立，如果成立，则再次执行循环体，如此反复，直到条件A不成立为止，结束循环。

代码示例：

```
#include <iostream>
using namespace std;
void main(){
    int i = 0;
    do{
        cout << "hello world" << endl;
        i++;
    }while(i < 100)
}
```

while和do...while的区别是：while是先判断，再执行；do...while是先执行，再判断。

3. 转向语句

（1）break 语句

场景5：要求控制台在输出100遍"hello world!"的循环过程中，在输出68个后停止所有输出。

特点：在条件明确的情况下终止整个循环。

语法：break 关键字一般用于控制语句当中，表示直接终止当前循环。

代码示例：

```
#include <iostream>
using namespace std;
void main(){
    for(int i = 1; i <= 100; i++){
        if(i == 68){  break;  }
        cout << i << "循环:" << endl;
        cout << "hello world" << endl;
    }
}
```

（2）continue 语句

场景 5：要求控制台在输出 100 遍 "hello world!" 的循环过程中，在输出第 68 个时暂停一次，然后从第 69 个开始继续输出。

特点：在条件明确的情况下暂停当前循环，并重新进行下次循环。

语法：continue 关键字一般用于控制语句当中，表示中断当前循环，直接继续下次迭代。

代码示例：

```
#include <iostream>
using namespace std;
void main(){
    for(int i = 1; i <= 100; i++){
        if(i == 68){  continue;  }
        cout << i << "循环:" << endl;
        cout << "hello world" << endl;
    }
}
```

4.4.4 一维数组

如果一个班级有 10 个学生，在某次考试后，需要获取每个学生的成绩，那么该如何处理？在 C++ 中，若要在一个变量中存储多个值，解决方法是创建数组。**数组是构造数据类型的一种，是用于描述类型相同且彼此有某种联系的一批数据的数据结构。**

1. 一维数组的定义

一维数组用于描述一行或者一列数据。

定义一维数组的一般格式为 "**类型标识符　数组名 [常量表达式]；**"。例如：

```
int stu_scores[10];
```

它表示数组名为 stu_scores，此数组存放的数据为 int 型，有 10 个元素。

关于一维数组的**几点说明**：

1）数组命名规则和变量命名规则相同，遵循标识符定名规则。

2）用方括号括起来的常量表达式表示下标值，以下写法都是合法的：

```
int stu_scores[10];
int stu_scores[2*5];
int stu_scores[n*2];   // 假设前面已定义了n为常变量
```

3）常量表达式的值表示元素的个数，即数组长度。数组长度一旦确定，就不允许改动。

例如，在"int stu_scores[10];"中，10 表示 stu_scores 数组有 10 个元素，下标从 0 开始，这 10 个元素是：stu_scores[0]、stu_scores[1]、stu_scores[2]、stu_scores[3]、stu_scores[4]、stu_scores[5]、stu_scores[6]、stu_scores[7]、stu_scores[8]、stu_scores[9]。注意最后一个元素是 stu_scores[9] 而不是 stu_scores[10]。

4）常量表达式中可以有常量、常变量和符号常量，但不能有变量。也就是说，C++ 数组的大小一般情况下不允许是变化的。例如，下面这种定义数组的方式是错误的：

```
int n;
cin>>n; // 输入 stu_scores 数组的长度
int stu_scores[n]; // 错误！企图根据 n 的值决定数组的长度
```

	数组 a
2000	a[0]
2002	a[1]
2004	a[2]
2006	a[3]
2008	a[4]
2010	a[5]
2012	a[6]
2014	a[7]
2016	a[8]
2018	a[9]

图 4-15 数组 a 在内存中的存储情况

5）数组是有类型属性的。同一数组中的每一个元素都必须属于同一数据类型。一个数组在内存中占一个连续的存储单元。如果有一个含有 10 个整型数的数组 a，假设数组的起始地址为 2000，则该数组在内存中的存储情况如图 4-15 所示。

2. 一维数组的初始化

1）在定义数组时分别对数组元素赋予初值。例如：

```
int arr[10]={0, 1, 2, 3, 4, 5, 6, 7, 8, 9};
```

2）可以只给一部分元素赋值。例如：

```
int arr[10]={0, 1, 2, 3, 4};
```

3）如果想使一个数组中的全部元素值为 1，可以写成：

```
int arr[10]={1, 1, 1, 1, 1, 1, 1, 1, 1, 1};
```

而不能写成：

```
int arr[10]={1*10};    // 不能给数组整体赋初值
```

4）在对全部数组元素赋初值时，可以不指定数组的长度。例如：

```
int arr[5]={1, 2, 3, 4, 5};
```

也可以写成：

```
int arr[]={1, 2, 3, 4, 5};
```

3. 一维数组的长度

如果已知某数组的名字和类型，如何查知其元素的数量呢？

在 C++ 中，可以使用 sizeof() 求数组的长度，sizeof() 的格式为 " sizeof(数组名) / sizeof(数组类型)"，示例代码如下：

```
int score[]={78, 90, 77, 60, 70};
int len = sizeof(score)/sizeof(int);   // len = 5
```

4. 一维数组的遍历

若班上的学生成绩都储存在了数组 score 中，那么该如何得到班级所有学生的成绩呢？要得到所有学生的成绩，也就是要求遍历数组 score。访问数组元素的方式是 "数组名 + 下标"，如 score[0]、score[1]、score[2]、score[3]、score[4]，其中，只有下标会有规律地变化。因此，可以将下标作为控制变量，使用 for 循环遍历并输出索引数组的所有值。

代码示例：

```
#include <iostream>
using namespace std;
void main(){
    int score[] = {78, 90, 77,60, 70};
    int len = sizeof(score)/sizeof(int); // 求出数组长度
    for(int i = 0; i < len; i++){
        cout << "当前输出的值是:" << score[i] << endl;
    }
}
```

5. 一维数组的其他操作

若班上的学生成绩都储存在了数组 score 中，这时如果想要查找一个数据，或者更改一个数据，那么该如何操作呢？

可使用代码示例：

```
#include <iostream>
using namespace std;

void main(){
    int score[] = {78, 90, 77,60, 70};
```

```
    int len = sizeof(score)/sizeof(int);
    cout << "该数组中一共有 " <<len<<"个数字,";
    cout << "请输入你要查找的数的索引（索引从0开始）:";
    int num = 0;
    cin >> num;
    if(num < 0 || num >= len){
        cout << "对不起,您的序号有误!" <<endl;
    }else{
        cout << "您要查找的数字是:" << score[num] << endl;
    }
}
```

4.4.5 函数

在实际应用中，程序会变得越来越大，越来越复杂，程序中的部分功能可能会被反复用到，并且程序中的某些功能一旦写好，就不需要改变，即使在修改整个程序时也希望不要干扰它们。这如同需要建造一个城堡时，给我们的却全是一些原始材料（木头）一样，复杂度和困难度都是可想而知的。那么如果是这样，该怎么办呢？

是的，可参考**积木**的概念。如果原材料已经被加工成各式各样的积木，那么"建造城堡"就会显得相当简单，甚至同一块积木在不同的地方都可以发挥作用。如同积木在系统中相对独立一样，我们将独有某一功能的代码封装起来，也就是将这部分功能从系统中"分离"出来，做成一个"积木"（见图4-16）——函数。

C++语言对于"积木"的制作，有些严格的规定，只有满足这些语法规定的"积木"，才可以使用。

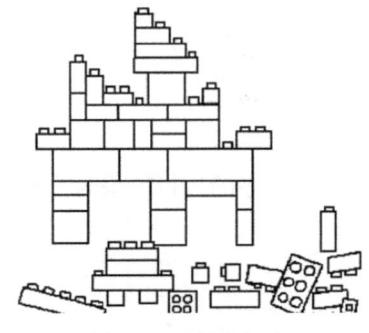

图4-16 积木组合

1. 函数的声明与定义

C++语言在封装函数时，要对函数进行声明与定义。

封装一个函数时，首先要告诉计算机已编写好了一个函数，即这个函数是存在的，这称为函数的声明（Declaration）。其次，要告诉计算机这个函数是怎么运作的，这称为函数的定义（Definition）。

（1）函数的声明的格式

返回值类型 函数名（形式参数列表）；

函数声明如同变量声明一样，是一条语句，所以在语句结尾要加上分号，函数名的命名规则与变量名的命名规则一致。例如：

    void Sum(int a,int b);

在上述函数声明中，Sum 是函数名，也就是这一块"积木"的名字，void 表示函数返回值为空，Sum 后面的括号是填写参数表的地方，整个函数一共有两个参数，并且两个参数都是 int 类型，分别为 a 和 b。关于函数返回值、参数，后面会进一步讲解。

（2）函数定义的格式

```
返回值类型  函数名（形式参数列表）{
            // 这里编写函数的主体
}
```

函数的定义格式与声明格式基本类似，仅仅是将声明中的分号改成大括号，并在大括号内编写需要实现的代码，例如：

```
void Sum(int a, int b){
    int c = a + b;
    cout << c << endl;
}
```

这个求和函数 Sum 的功能就编写完成了，那么该怎样使用这个函数呢？

2. 函数调用

首先来看一段代码：

```
void main(){
    Sum(1, 2);
    Sum(2,4);
    Sum(3,6);
}
```

该程序的运行结果为：

3
6
9

从中可以看出函数调用的一般形式为"**函数名（实际参数）；**"。

通过上述调用函数的代码可以发现它**以下几个特点**：

- 函数调用可以重复多次，并可根据功能需求的不同在系统中的任意地方调用。
- 函数可以传递不同的实际参数，但参数的个数和类型必须和函数定义的保持一致。
- C++语言的函数调用遵循先定义、后调用的原则。如果对某函数的调用出现在该函数的定义之前，则必须用说明语句对函数进行声明。
- 一般把调用者称为主调函数，把被调用者称为被调函数。在上述案例中，由 main 函数调用 Sum 函数，那么调用者 main 函数称为主调函数，被调用者 Sum 函数称为被调函数。

3. 函数的参数

从参数角度分析，函数可分为有参函数和无参函数。顾名思义，有参函数即为有参数的函数，无参函数为没有参数的函数。上述求和函数就是一个典型的有参函数。

回顾之前所编写的 Sum 函数的声明、定义与调用：

- Sum 函数的声明为"void Sum(int a, int b);"。
- Sum 函数的定义为"void Sum(int a, int b){ ……… }"。
- Sum 函数的调用为"Sum(1, 2);"。

首先，在函数的声明与定义中可以发现均出现了 int a、int b 这类参数，且无论是参数 a 还是参数 b，都只知道它们的数据类型和名字，却不知道它们具体的数值是多少，我们把这种出现在函数里的只能知道个数和类型，却不知道具体数值的参数称为**形式参数，简称形参**。

其次，在函数的调用中，我们发现函数小括号内写的不再是 a 和 b，而是 1 和 2 这样的具体数值，我们把这样的参数称为**实际参数，简称实参**。

关于函数的形参和实参，有几点值得注意：

- 在未出现函数调用时，函数定义中指定的形参并不占用内存中的存储单元。只有在发生函数调用时，形参才被分配到内存单元。在调用结束后，形参所占用的内存单元也被释放。因此，形参只在函数内部有效，函数调用结束后，便不能再使用该形参变量。
- 实参可以是常量、变量或者表达式，但要求它们必须有确定的值，在调用时可按顺序将实参的值赋给形参，即 1 赋值给 a，2 赋值给 b。
- 在被定义的函数中，必须指定形参的个数以及类型，每个形参之间以逗号隔开。
- 形参和实参在数量、类型、顺序上应该严格保持一致。
- C 语言规定，实参变量对形参变量的数据传递是"值传递"，即单向传递，只由实参传给形参，而不能由形参传回来给实参，C++ 延续了这个规定。
- 在调用函数时，给形参分配存储单元并将实参对应的值传递给形参（实际上是对实参的复制）。调用结束后，形参单元被释放，实参单元的内容保留并维持原值。因此，在执行一个被调用函数时，形参的值即使发生改变，也不会改变主调函数实参的值。

4. 函数的返回值

理解了函数的声明并实现了调用之后，现在来思考一个问题，之前的 Sum 函数的功能是对函数调用时传入的具体数值进行求和并输出，可是往往在真实项目中，我们所需要的功能不仅仅是将结果输出，而是利用计算结果再次进行其他操作，例如现在需要用程序来进行 1+2+3 的求和运算怎么办？

通过分析，可以调用两次 Sum 函数：第一次是"Sum（1，2）;"，求出 1+2 的和；第二次"Sum（【上一次 1+2 的和】，3）;"，求出最终结果。

这时可发现，我们需要获取 Sum（1，2）的计算结果，而不是只输出结果，换句话说，**需要函数在计算结束之后再返回计算结果，我们把这样的数值称为函数的返回值**。

回顾之前函数的定义格式：

```
返回值类型  函数名（形式参数列表） {
        // 这里编写函数的主体
}
```

按照返回值来分，函数可分为有返回值的函数和返回值为空的函数，刚才实现的 Sum 函数就是一个典型的返回值为空的函数，即返回值类型为 void，那么有返回值的函数该怎么修改呢？

首先来看一段代码：

newSum 函数的声明为

```
int  newSum(int a, int b);
```

newSum 函数的定义如下：

```
int  newSum(int a, int b){
    int  c = a + b;
    return  c;
}
```

从上述代码可以看出，返回值类型不再是 void 而是变成了 int，这就表明该函数返回的是一个 int 类型的结果数据，而在 newSum 函数定义中的最后一行可看到"return c;"，这就表明整个函数返回的计算结果就是变量 c 所存的数值。

现在再来实现 1+2+3 求和。

首先获得 1+2 的结果，即调用 newSum 函数，调用后需要声明一个变量来接收函数返回的值。由于函数返回的是一个 int 值，因此接收它的变量也应该是 int 类型。

```
int result1 = newSum(1,2);// 求出 1+2 的和，然后将结果返回给 result1
```

然后将已获得值的 result1 再次作为求和的第一个参数进行计算，并将结果保存起来。

```
int result2 = newSum(result1,3);// 求出 rsult1+3 的结果并返回至 result2 中
```

最后，result2 即为所求的 1+2+3 的结果。

关于函数的返回值，有几点值得注意：

- return 表示从被调函数返回到主调函数继续执行，返回时有且只能有一个返回值。
- 对于返回值类型为 void 的函数而言，可以没有 return 语句，但任何一个返回类型不是 void 的函数必须返回一个值，而且返回值类型需与函数声明以及函数定义的返回类型一致。
- 在函数体内可以编写多个 return 语句，而有效的且可执行的 return 语句只有一个，当程序在运行过程中遇到第一个 return 语句时，就会直接结束当前函数并返回结果。

4.4.6 指针与引用

什么是指针？假设你要我借一本书给你，我拿着书到了你的宿舍，但是你正巧不在，于是我把书放在你的第 2 层 3 号书架上，并写了一张纸条放在你的桌上。纸条上写着：你要的书在第 2 层 3 号书架上。当你回来时，看到了这张纸条，就可知道书的位置。

想一想这张纸条的作用。纸条本身不是书，它上面也没有放着书。那么你是如何知道书的位置呢？因为纸条上写着书的位置嘛！其实这张纸条就是一个指针。它上面的内容不是书本身，而是书的地址，你通过纸条这个指针可找到我借给你的这本书。

1. 指针的概念与声明

那么 C++ 中的指针又是什么呢？现在来看一个 C++ 中整型数据指针的声明：

```
int  * pi;
```

pi 是一个整型变量的指针，但是你以为 pi 一定是个很特别的东西吗？其实，pi 也只不过是一个变量而已，与之前所说的变量并没有实质的区别。

图 4-17 所示为变量在内存中的存储情况：int i = 30、char a = 't'、int *pi。

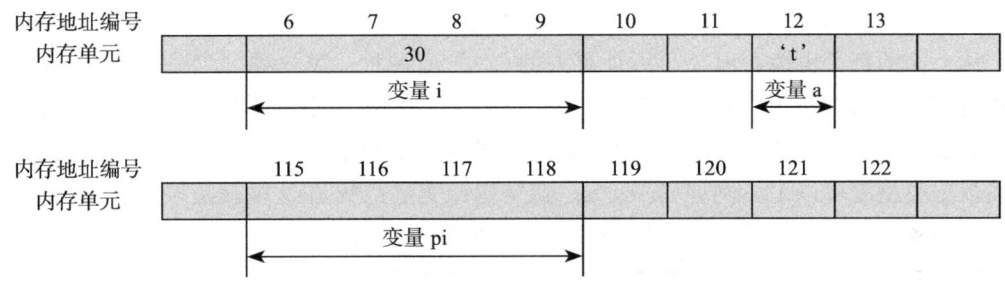

图 4-17　变量 i、a 和 pi 的内存图

由图 4-17 可以看出，我们使用 int *pi 声明指针变量，其实就是在内存的某处声明一个一定宽度的内存空间，并把它命名为 pi。可从图 4-17 中看出 pi 与前面的 i、a 变量有什么本质区别吗？ pi 也只不过是一个变量而已，那么它又为什么会被称为指针呢？关键是让这个变量存储什么内容，使用下面语句让 pi 成为真正意义上的指针。

```
pi = &i;
```

上述代码中，**& 是取地址符**，**&i 表示返回 i 变量的地址编号**。整条代码的意思就是把 i 的地址编号赋值给 pi，也就是在 pi 中写上 i 的地址编号，结果如图 4-18 所示。

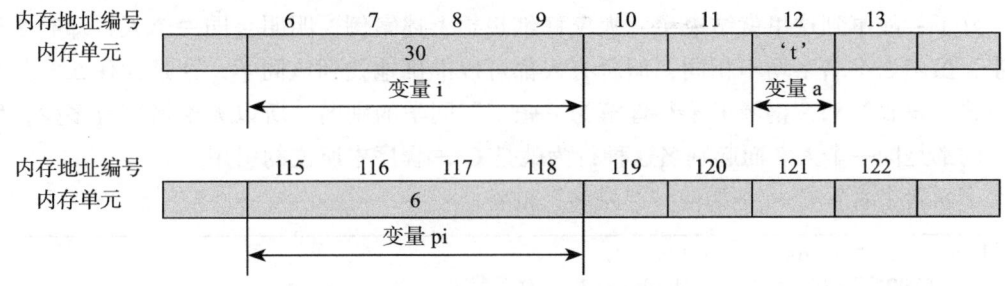

图 4-18　给变量 pi 赋值后的内存图

你看，执行完 pi=&i 后，在图 4-18 所示的系统中 pi 的值是 6。这个 6 就是 i 变量的地址编号，这样 pi 就指向变量 i 了。现在想想 pi 与那张纸条有什么关系？很明显 pi 就

是那张纸条，上面写着 i 的地址，而 i 就是那个本书。

因此，我们把 pi 称为指针。**指针变量所存的内容就是内存的地址编号**。但是内存单元是有限定的，pi 是一个整型指针，因此 pi 所指向的内存单元必须保存的也是一个整型数据。

最后只需要通过指针 pi 来访问到这个 i 变量即可。

```
cout<<*pi<<endl;
```

那么此处的 *pi 是什么意思呢？你只要这样读它：**pi 内容所指的地址的内容**就是 pi 这张"纸条"上所写的位置上的那本"书"——变量 i。pi 所存的数据是为 6 的地址编号，也就是说 pi 指向内存编号为 6 的地址。*pi 就是它所指地址的内容，即地址编号 6 上的内容，也就是 30 这个值，所以这条语句会输出 30。

换句话说，"cout<<*pi<<endl;"完全等价于"cout<<i<<endl;"。

从上面的例子也能看出，与指针有关的"*"有两种：**第一种"*"是定义一个变量为指针变量，仅仅出现在定义语句中；第二种"*"是访问指针所指向的内存空间的值。**那么怎么区别当前的"*"是第一种还是第二种呢？很简单，只需要观察"*"前面是否存在数据类型就可以了。例如 char *x; 就是指针变量；*x 在这里就是取 x 所指向的值。

思考题：你能直接看出下面代码输出的结果是什么吗？

```
int    a = 10;
int    *pa=&a;
*pa=20;
cout<<a<<endl;
```

2. 引用的概念及使用

什么是引用？假设 302 班有一位同学名叫张三，而他恰好也是这个班的班长，并且由于张三从小就弹得一手好钢琴，因此班里的人又称他为"钢琴王子"。某一天放学 302 教室的门口围着一群女生正在叽叽喳喳地说个不停，其中有一位女生问道："听说这个班有一位钢琴王子，不知道是谁？"，这时坐在教室第一排的同学听到后便回头大喊："班长！有女生打听你呢！"这时，班上所有的同学都坏笑着看向张三同学。

好了，故事到这里就结束了，大家仔细想想上述案例，明明是同一个人，却有 3 种名字，虽然 3 个名字均不相同，但所有人都可以准确地找到该同学，这是为什么？其实可以将"班长"和"钢琴王子"理解为"张三"同学的别名，所以无论名字有多少，但指向的都是同一个人。而起别名这种行为就是 C++ 程序中所说的引用。

下面就来看看 C++ 是如何"起别名"的？

```
string    zhangsan   = "张三";
string    &banzhang  = zhangsan;    // 语句1
string    &qingewangzi = zhangsan;  // 语句2

cout << zhangsan << endl;      // 输出结果为：张三
cout << banzhang << endl;      // 输出结果为：张三
cout << qingewangzi << endl;   // 输出结果为：张三
```

从语句 1 和语句 2 可以看出，分别给 zhangsan 所存的值起了两个别名，而在新的别名前面仅仅是添加了一个 & 符号。对此，可能有读者会问，& 不是取地址吗？怎么又变成起别名了呢？

其实 "&" 有两种含义：**第一种 "&" 是取地址符；第二种 "&" 表示引用，即起别名**。那么怎么区别当前的 "&" 是第一种还是第二种呢？很简单，只需要观察 "&" 前面是否存在数据类型就可以了。例如 char &x; 就是引用；而 &x 就是取 x 的地址。

思考题：

题 1：该段代码的输出结果是多少以及原因为何？

```
int    a = 10;
int    &b=a;
b = 20;
cout<<a<<endl;
```

题 2：该段代码的输出结果是多少以及原因为何？

```
int    a = 10;
int    *pa = &a;
int    &b = a;
int    *pb = &b;
a = 20;
cout<<    a    <<endl;
cout<<    b    <<endl;
cout<<    *pa <<endl;
cout<<    *pb <<endl;
```

4.5 本章小结

本章主要介绍 VS 2010 工具以及如何使用该工具新建一个 C++ 工程，当一个 C++ 工程代码完成后，如何利用 VS 2010 工具进行编译和调试运行。同时本章重点针对 C++ 的基础语法进行介绍。通过学习，读者不难发现 C++ 语言沿袭了 C 语言提供的绝大部分功能和语法规定，同时在此基础上做了不少扩充。

关键点概括

1）VS 2010 工具到目前为止一共有 5 个版本，分别是：专业版、高级版、旗舰版、学习版和测试版。专业版面向个人开发人员，提供集成开发环境、开发平台支持、测试工具等。高级版为可创建可扩展、高质量程序的完整工具包，相比专业版增加了数据库开发、TFS（Team Foundation Server）、调试与诊断、MSDN 订阅、程序生命周期管理。旗舰版为面向开发团队的综合性 ALM 工具，相比高级版增加了架构与建模、实验室管理等。测试专业版为简化测试规划与人工测试执行的特殊版本，包含 TFS、ALM、MSDN 订阅、实验室管理、测试工具。学习版 Visual Studio 2010（Express）是一个免费工具，在原来已有产品的基础上提供了新的集成开发环境，更适合像爱好者等非专业开发人员使用。

2）C++ 语言与 C 语言的区别：
- C++ 的输入输出。C++ 为了方便用户，除了可以利用 printf 和 scanf 函数进行输出和输入外，还增加了标准输入输出流 cout 和 cin。cout 是由 c 和 out 两个单词组成的，代表 C++ 的输出流；cin 是由 c 和 in 两个单词组成的，代表 C++ 的输入流。它们是在头文件 iostream 中定义的。
- 用 const 定义常变量。C++ 提供用 const 定义常变量的方法，如："const float PI = 3.14；"定义了常变量 PI，它具有变量的属性，有数据类型，占用存储单元，有地址，可以用指针指向它，只是在程序运行期间此变量的值是固定的，不能改变。const 方便易用，避免了用 #define 定义符号常量的缺点。
- 函数原型声明。在 C++ 中，如果函数调用的位置在函数定义之前，则要求在函数调用之前必须对所调用的函数做函数原型声明，这不是建议性的，而是强制性的。这样做的目的在于使编译系统对函数调用的合法性进行严格的检查，尽量保证程序的正确性。
- 函数的重载。C++ 允许在同一作用域中用同一函数名定义多个函数，这些函数的参数个数和参数类型不相同，这些同名的函数能实现不同的功能。这就是函数的重载，即一个函数名多用。
- 函数模板。C++ 提供了函数模板（function template）。所谓函数模板，实际上是建立一个通用函数，其函数类型和形参类型不具体指定，用一个虚拟的类型来代表。这个通用函数就称为函数模板。凡是函数体相同的函数都可以用这个模板来代替，不必定义多个函数，只需在模板中定义一次即可。在调用函数时系统会根据实参的类型来取代模板中的虚拟类型，从而实现不同函数的功能。

4.6 本章习题

1. 从键盘输入一个正整数，再按数字的相反顺序输出。比如：输入 123，输出 321。
2. 编写一个程序，判断一个 5 位数是不是回文数。例如：12321 是回文数，个位与万位相同，十位与千位相同。
3. 编写一个程序，用键盘输入一个摄氏温度，输出其对应的华氏温度（华氏温度 =9* 摄氏温度 /5+32）。
4. 编程输出 1000 以内的所有素数。
5. 编写程序，把由 10 个元素组成的一维数组逆序存放再输出。
6. 现要实现一个评分系统，一共有 5 个评委打分，评分规则为：5 个分数中，去掉一个最高分，去掉一个最低分，余下分数的平均分为最终分。已知分数范围为 0～10，允许输入小数。完成该评分系统的代码，要求 5 个评委的分数保存在数组中。
7. 某公司的员工工资计算方法如下：一周内工作时间不超过 45 小时，则按正常工作时间计酬；超出 45 小时的工作时间部分，按正常工作时间报酬的两倍计酬。员工按进公司时间分为新职工和老职工，进公司不少于 4 年的员工为老职工（包括 4 年），4 年以下的为新职工。新职工的正常工资为 50 元 / 小时，老职工的正常工资为 70 元 / 小时。请编写代码，按该计酬方式计算员工一周的工资。

8. 学校在开学时设计了课程表，确定了每天上课的内容，以下是某班级上课的课表：

周一	周二	周三	周四	周五	周六	周日
C语言	软件工程	英语	政治	体育	休息	休息

分别使用 if 语句和 switch 语句完成以下功能：输入星期，显示对应的课程名称。

9. 有 5 个人坐在一起，问第 5 个人多大，他说比第 4 个人大 2 岁；问第 4 个人多少岁，他说比第 3 个人大 2 岁；问第 3 个人多少岁，又说比第 2 个人大 2 岁；问第 2 个人多少岁，说比第 1 个人大 2 岁；最后问第 1 个人，他说是 10 岁。请问第 5 个人多大？编写程序实现该要求。

10. 相传古代印度国王舍罕要褒奖聪明能干的宰相达依尔（国际象棋的发明者），问他需要什么，达依尔回答说："国王只要在国际象棋棋盘上的第一个格子中放一粒麦子，第二个格子中放两粒，第三个格子中放 4 粒，以此类推，每格是前一格的两倍，一直放到 64 格，我就感恩不尽了"。国王答应了，结果，全印度的粮食用完还都不够。国王很纳闷，怎么也算不清这笔账，请用代码来算一下（1m^3 的面积需用小麦大约 1.42×10^8 粒）。

11. 为教师编写一个程序，该程序使用一个数组存储 30 个学生的考试成绩，并给各个数组元素指定一个 1～100 的随机值，然后计算平均成绩。

12. 对于 a[]={32,3,45,23,45,1,23,15,26}，找出最大数和最小数，并把它们从大到小排列起来。

13. 用指针方法编写一个程序，输入 3 个整数，并将它们按由小到大的顺序输出。

14. 输入一行文字，找出其中的大写字母、小写字母、空格、数字及其他字符的个数，用编程实现。

15. 编写一个使用指针的函数，交换数组 a 和数组 b 中的对应元素。

第 5 章　类与对象的实现

之前讲了 C++ 相关的基础语法部分，接下来将项目设计部分所涉及的内容通过 C++ 编程语言最终实现出来，大家可以在实现的过程中很好地将之前所学过的基础语法与思维建模结合到一起，完成一个完整项目的开发。

5.1　综合实例 1——LostCraft 游戏项目

5.1.1　类的构成

设计篇针对 LostCraft 游戏案例进行了分析，识别出了很多对象，并在这些对象的基础上进行了抽象，构建了 4 个类：英雄类、技能类、怪物类、场景类。同时针对这 4 个类进行了类图设计。

通过类图的设计可知，一个类由**属性**和**操作**两个部分组成。

- 具有相同特性（属性）和行为（操作）的对象的抽象就是类。
- 类具有属性，它是**对象状态**的**抽象**，用**数据结构（普通变量）**来描述类的属性。
- 类具有操作，它是**对象行为**的**抽象**，用**操作名和实现该操作的方法（函数）**来描述。

在实际项目的设计过程中，根据项目的具体需求来设计一个类，因此允许所设计的类不包含属性或者操作，甚至可以两者都不包含，仅仅是一个空类。

定义类的一般格式：

```
class< 类别 >
{
访问权限 :
    属性 ;
    操作 ;
};
```

- class 是定义类的关键字，表示现在要定义一个类。
- < 类名 > 为一个合法的标识符，是程序设计者为类定义的名称，该类的命名规范与变量的命名规范相同。
- 一对大括号表示类的边界，边界内是类的说明部分，称为**类体**。
- **访问权限**用于标出所使用的属性和方法的相关权限，访问权限分为三种，分别为 private、public、protected。
- 在类体的后面有**一个分号**，表示类定义的结束。

下面就通过 C++ 语法来实现 LostCrat 游戏的类的声明与实现，首先来实现最简单的技能类。

5.1.2 技能类的声明与实现

在实现技能类之前,首先创建一个工程项目 LostCraft,在这里为了方便起见,我们不再选择空项目,而是直接单击"完成"。在项目创建完成后,找到"stdafx.h"文件并打开,之后添加整个项目中可能用到的一些头文件,例如 <iostream>、<string> 文件,如图 5-1 所示。

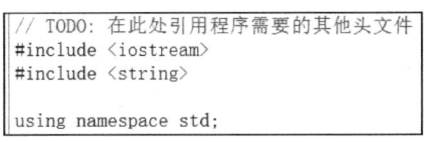

图 5-1 头文件示例

接着找到"头文件"文件夹,右击鼠标新建,并选择一个 .h 文件,命名为 Craftsmanship,表示技能类,如图 5-2 所示。

图 5-2 新建技能类文件的操作

单击"添加"按钮后,便在项目工程中成功添加了一个头文件,如图 5-3 所示。

图 5-3 技能类文件展示

通常我们将类的声明全部写在头文件（.h）中，而实现的部分写在源文件（.cpp）文件中，下面就在Craftsmanship.h中声明第一个类——技能类。

技能类的声明：

```
                                  class Craftsmanship
                                  {
                                  public:
                                      string name;          // 技能名称
                                      int consumption;      // 技能所消耗的MP值
                                      int ATK;              // 技能攻击力
                                      int cooling;          // 技能规定冷却时间
                                      int available;        // 技能所需英雄等级
                                      int action;           // 技能冷却回合

                                      Craftsmanship(void);
                                      ~Craftsmanship(void);
                                  };
```

```
Craftsmanship
+name : string
+consumption : int
+ATK : int
+cooling : int
+available : int
+action : int
+Craftsmanship()
+~Craftsmanship()
```

- **class 表示定义一个类。**
- **Craftsmanship 表示类名**，类名可自行命名，一般建议使用英文字母，而不要使用中文或者任何带有特殊字符的类名，防止引起字体乱码等错误。
- **{ XXX } 内的 XXX 为该类的说明部分。**
- **"{ XXX };"大括号结尾处的分号";"表示整个类定义完成**，切勿忘记。
- **public 是访问权限的一种，表示公共的**。访问权限一共有3种，该部分会在后几章进行介绍，现在可以暂时全部使用public（注意：如果访问权限没有写，则默认为私有的 private）。
- **"string name;""int consumption;"等都是该类中设计的属性**，该部分也是由用户根据项目需求自己设计和定义的。
- **"Craftsmanship(void);"声明一个构造函数**。该函数较为特别，它的名字与类同名，且函数本身没有返回值。该函数将会在第6章进行介绍，在此只需要按照书中的样式编写出来即可。
- **"~Craftsmanship(void);"声明一个析构函数**。该函数也较为特别，它的名字与类同名，且函数名前有一个小波浪号，函数本身没有返回值。同样，该函数将会在第6章进行介绍，在此只需要按照书中的样式编写出来即可。

下面是关于类的实现的几点重要说明：

1）**如果一个类仅仅被声明了却没有实现的话，不可以使用**。例如"int a;"仅仅定义了一个变量a，但却没有对a进行赋值，所以使用"cout << a;"语句时会报错。

2）**在一个类中，属性变量只能被声明，不可以进行初始化**。例如以下代码是错误的：

```
class   Student{
public:
    string name = "小明";    // 在类中进行赋值是错误的！！
};
```

3）在一个类中，函数可以在类中声明，也可以实现。因此，所谓类的实现实际上就是对函数功能的实现。例如以下代码是正确的：

```
class  Student{
public:
    // 在类中只声明一个函数是合法的
    void  SetName();
    // 在类中直接实现一个函数也是合法的
    void  SelfIntroduce(){
        cout << "我是一名学生！" << endl;
    }
};
```

4）虽然可以在类中直接实现函数功能，但为了便于阅读程序，提高程序的可读性，通常在类中只做声明而不实现。与一本书的章节目录做类比，一本完整的书就相当于一个项目工程，而书中的章节目录就相当于类，每一个小节标题就是该类中的属性或行为。因此，大家会发现，我们真正阅读实际内容的时候，并不是阅读目录，而是通过目录去找具体小节内容，如图 5-4 所示。

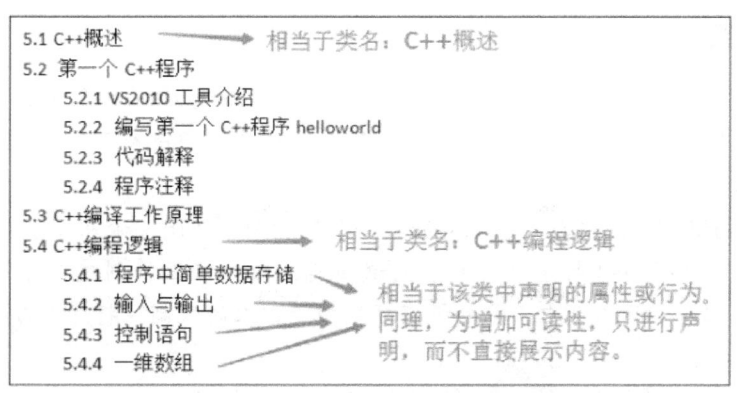

图 5-4　目录框架与类图框架对比

5）刚刚所说的通过小节目录去查找具体内容，其实就相当于在类外实现一个函数功能，至于如何实现，后面会做介绍。**可惜凡事不是绝对的，通常，如果该类中的函数功能较少也较为简单，为方便起见，我们也会偶尔将函数直接在类中实现。**

说了这么多，现在就来具体实现技能类吧！

仔细观察技能类，会发现该类中有 6 个属性、两个行为（构造函数和析构函数较为特殊，它们不属于技能类中的设计部分，但从 C++ 语法来看，它们需要存在），因此实现技能类就是对该类中的函数进行实现，稍微修改一下构造函数"Craftsmanship(void);"和析构函数"~Craftsmanship(void);"即可，也就是将它们由声明更改为函数实现。

技能类的实现代码如下：

```
class Craftsmanship
{
```

```
public:
    string name;
    int consumption;
    int ATK;
    int cooling;
    int available;
    int action;
    /*
    以下这两个函数虽然只是将分号改成了大括号，
    但它们已经不是声明，而是函数实现了~
    */
    Craftsmanship(void){
    }
    ~Craftsmanship(void){
    }
};
```

虽然在语法上感觉只是小小的变化，可是性质已经发生了巨大的转变，下面就通过这个技能类，去模拟创建出游戏中的那些炫酷的技能对象。

5.1.3 对象实例化

回顾之前所讲的类与对象之间的关系，一个类可以创建出无数个对象，在 LostCraft 游戏中，技能类应该创建出 8 个技能对象，这 8 个技能对象都有对应的属性值，如第 3 章的表 3-2 所示。

以**寒冰掌**为例，下面就教大家如何通过一个技能类创建出一个寒冰掌对象！

注意：为了讲解知识点并方便大家测试功能，因此这里将创建对象的代码写在了 main 函数中，但在实际项目中，需要根据项目功能需求的限制，将这部分代码放在项目的其他合适地方。

首先找到 main 函数所在的文件（LostCraft.cpp）并打开，然后在 main 函数上方先写下："#include "Craftsmanship.h""，此做法的原因很简单，之前讲过，C++ 是一个强类型语言，每一个语法的使用都有严格的要求，就像要使用 cout 就必须引入 <iostream> 一样，若要使用 Craftsmanship 这个类，就必须引入声明该类的文件，即 Craftsmanship.h 文件。由于 Craftsmanship.h 文件是用户自定义的文件，因此引用时使用双引号 ""。

然后在 main 函数中添加如下内容：

```
#include "stdafx.h"
#include "Craftsmanship.h"

int _tmain(int argc, _TCHAR* argv[])
{
    Craftsmanship ice_palm;        // 创建一个寒冰掌对象,对象名为 ice_palm
    ice_palm.name = "寒冰掌";       // 该对象的名称属性赋值为 "寒冰掌"
    ice_palm.available = 1;         // 该对象的技能所需英雄等级数属性赋值为 1
```

```
        ice_palm.consumption = 5;    // 该技能对象所消耗的MP值属性赋值为5
        ice_palm.ATK = 12 * 2;;      // 假设英雄当前等级为2,该技能对象的攻击力属性为12*2
        ice_palm.cooling = 1;        // 该对象规定的冷却回合数属性赋值为1

        cout << "技能名称:" << ice_palm.name << endl;
        cout << "技能所需的英雄等级数:" << ice_palm.available << endl;
        cout << "技能所消耗的MP值:" << ice_palm.consumption << endl;
        cout << "技能当前攻击力(假设英雄当前等级为2):" << ice_palm.ATK<< endl;
        cout << "技能规定的冷却回合数:" << ice_palm.cooling << endl;

        return 0;
    }
```

代码编写完后运行一下,运行结果如图5-5所示,那么恭喜你成功创建了一个对象!

下面就来解释上述main函数中的代码。

对象是类的具体化,类的实例是对象,因此创建一个对象的过程又可以称为**对象实例化**。其定义格式为:

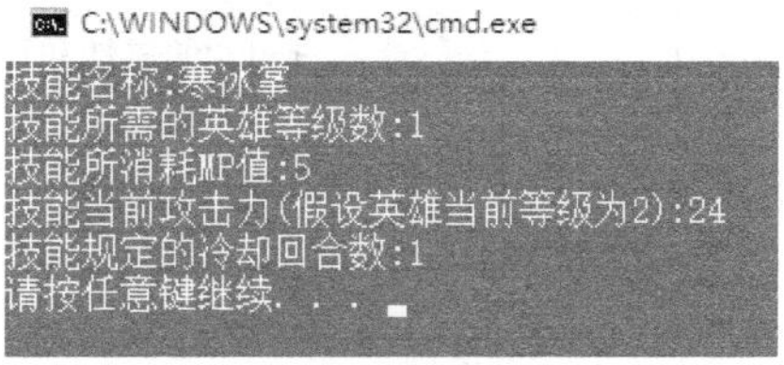

图 5-5 程序运行效果

《存储类型》<类名> <对象名1>《,<对象名2>,…》

1)《存储类型》是可选的,默认为自动(auto)类型。
2)<类名>为用户自定义的类的名字。
3)<对象名>是所要创建的对象的名字,它可以为任意的合法标识符。

例如上述代码中,"Craftsmanship ice_palm;"表示创建了一个ice_palm对象。

其实通过代码不难发现,对象实例化其实和创建一个变量几乎是一模一样的。不信?那我们就用"int a;"来做个对比吧,见表5-1。

表 5-1 "int a;"与"Craftsmanship ic_palm;"对比

语法	int a;	Craftsmanship ice_palm;
功能	创建一个int类型的变量a	创建一个Craftsmanship类型的对象ice_palm
数据类型	int类型,该类型属于C++基本数据类型之一	Craftsmanship类型,该类型由用户自行定义在Craftsmanship.h文件中
数据名称	a是一个变量名,由用户自行命名	ice_palm是一个对象名,由用户自行命名

怎么样,这样一对比,对象实例化的语法是不是就变得非常简单了?同样,在定义变量的时候,可以一次性定义多个同样的变量类型,例如:int a,b,c。遵循对象实例化的定义格式,我们也可以**一次性创建出多个对象,每个对象之间用逗号隔开**,例如:

```
Craftsmanship  ice_palm,stone_attack,fire_attack;// 创建出3个技能对象
```

再回到之前的代码,当创建出ice_palm对象后,就要为这个对象的属性进行赋值,回顾一下之前所写的代码"ice_palm.name = "寒冰掌";""ice_palm.available = 1;"发现每一次赋值的格式基本上都是相同的,都是"**对象名.属性名 = 具体数值;**",这是什么意思呢?

原来，在 C++ 语法中，"."代表引用对象中的某一个成员，注意这里说的是成员而不单单是指属性，所以说"."不仅仅可以引用对象中的属性，还可以调用该对象中的函数（构造函数和析构函数除外）。

因此"ice_palm.name ="寒冰掌";"可以理解为：将寒冰掌这 3 个字赋值给 ice_palm 这个对象中的 name 属性。

用图 5-6 总结一下 Craftsmanship 类、ice_palm 对象、name 属性以及寒冰掌数值的关系。

图 5-6 类、对象与属性行为的关系

思考：通过 Craftsmanship 实例化出两个具体的对象，即"Craftsmanship ice_palm, stone_attack;"，那么"ice_palm.cooling = 3;"和"stone_attack .cooling = 3;"的含义一样吗？

答案是不一样。

例如：一个学生类创建出张三、李四两名学生对象，这两个学生的年纪都是 20 岁，难道就能说明张三和李四是一样的吗？同样的道理，虽然 ice_palm 和 stone_attack 都是由 Craftsmanship 类创建的，但其本质上就是两个不同的对象，虽然它们的 cooling 属性都赋值为 3，但究其根本，这两者其实都是独立的个体，只不过有个数值恰好相同而已。

随堂练习：请按照上述方法，在 main 函数中实例化一个"石破惊雷"技能对象，并给该对象赋值，然后输出该技能对象的所有属性值。

5.1.4 其他类的声明

通过上述内容的学习，读者应该已经可以独立完成一个类的声明与实现了。下面就将剩余的几个类也进行声明，通过声明和类实现，来强化对类和对象的理解。

首先练习英雄类的声明，在资源管理器中找到"头文件"文件夹，右击鼠标选择新建，并选择一个 .h 文件，命名为 Hero，表示英雄类。然后单击"添加"按钮，在项目工程中成功添加一个 Hero.h 头文件。

注意：一般来说头文件 (.h) 和源文件 (.cpp) 的名称没有要求必须和类名完全一致，但是为了提高代码的可读性，通常建议在给文件取名时，使名称能够显示该文件的含义或功能。

英雄类的声明：

Hero
+name : string
+level : int
+HP : int
+MP : int
+crafts[NUM_CRAFTS] : Craftsmanship
-iAttack : int
+Hero()
+~Hero()
+initHero()
+choice()
+attack(in mon : Monster &)
+isAlive() : bool
+levelUp(in up : int)
+levelDown()
-settlement(in level : int)

```cpp
#pragma once
#include  "Craftsmanship.h"
#include  "Monster.h"

class Hero{
public:
    string name;
    int level;
    int HP;
    int MP;
    Craftsmanship crafts[8];

    void    initHero();
    void    choice();
    void    attack(Monster& mon);
    bool    isAlive();
    void    levelUp(int);
    void    levelDown();
private:
    int     iAttack;
    void    settlement(int level);
public:
    Hero(void);
    ~Hero(void);
};
```

- #pragma once 是一个比较常用的 C++ 杂注，只要在头文件的最开始加入这条杂注，就能够保证当前的头文件只被编译一次，即避免多次编译。
- #include "Craftsmanship.h" 表示引入头文件。之前也解释过，C++ 中每一个语法的使用都有严格的要求，就像要使用 cout 就必须引入 <iostream> 一样，所以要使用 Craftsmanship 这个类，就必须引入声明该类的文件，即 Craftsmanship.h 文件，后面类似的头文件的引入将不再单独解释。Hero 类中使用的 Craftsmanship crafts[8] 实质上定义了一个技能数组，该数组的类型为 Craftsmanship 型，数组名为 crafts，数组长度为 8，表示该英雄类最多拥有 8 个技能。
- #include "Monster.h" 表示引入头文件，双引号表示该文件是用户自己定义的。因为 Hero 类中使用了"void attack(Monster& mon);"这句话，(**注意，这时候还没有编写怪物类 Monster，所以程序会在该句话上报错，表示未定义标识符。**) 所以，这时候大家就需要新建一个 Monster.h 文件，并声明一个怪物类。
- private 是访问权限的一种，表示私有的。

下面结合之前所设计的类图完成怪物类和场景类的声明。

怪物类的声明：

Monster
+name : string +level : int +HP : int +ATK : int
+Monster() +~Monster() +initMonster(in optional : int) +attack(in h : Hero &) +isAlive() : bool

```cpp
#pragma once
class Hero;

class Monster{
public:
    string name;
    int level;
    int HP;
    int ATK;

    void initMonster(int);
    void attack(Hero &h);
    bool isAlive();

    Monster(void);
    ~Monster(void);
};
```

- **class Hero 是类的前置声明**。怪物类中使用了"void attack (Hero &h);"这句话，这时有读者可能会问，之前不是说使用 include 吗？是的！可是这里的情况较为特殊，大家试想一下，Hero 类中使用了 Monster 类，现在 Monster 类里又使用了 Hero 类，如果都使用 include 进行引用，则会出现循环引用的情况，类似于进入一种死循环。因此可使用另一种方式来解决该问题，这种方式便是类的前置声明。

什么时候使用类的前置声明而不使用 include 引用？ 类的前置声明和函数的前置声明很类似，即在使用前先前置声明一下类。假设有 A、B 两个类，A 类需要引用 B 类，且 B 类也需要引用 A 类，这样就会造成循环。如果使用常规的 include 方法，则始终无法解决这一问题。而用 C++ 中提供的类的前置声明可解决这个问题。注意，如果不是循环引用，大可不必使用前置声明类。

场景类的声明：

Scenario
+myHero : Hero +myMonster : Monster +state : bool +round : int
+Scenario() +~Scenario() +initScenario() +choice() : int +challenge() : bool +showInfo() +showInfo(in name : string)

```cpp
#pragma once
#include "Hero.h"
#include "Monster.h"

class Scenario{
public:
    Hero myHero;
    Monster myMonster;
    bool state;
    int round;

    void initScenario();
    int choice();
    bool challenge();
    void showInfo();
    void showInfo(string name);

    Scenario(void);
    ~Scenario(void);
};
```

- Hero myHero；表示场景类中的一个英雄对象，但它不是对象实例化，而仅仅是一个普通的变量属性声明，这个变量的类型是 Hero 类型，变量名为 myHero，这个英雄对象具体是谁，就要看当时场景对象所传递的具体英雄对象是谁。
- Monster myMonster；表示场景类中的一个怪物对象，但它也不是对象实例化，它的含义和用法与 "Hero myHero；" 一致，大家可把它当作一个普通的属性变量来看待。

好了，这时候所有的类都声明结束了，那么便可用对象实例化方法在 main 函数里创建一个英雄对象或者一个怪物对象。此时会发现，整个程序连编译都无法通过，这是为什么呢？

因为当前的英雄类、怪物类和场景类都仅仅是声明，却没有被实现，每个类里面的函数都是空的，连类本身都是不完整的，所以不能创建出完整的对象。下面就挑几个函数来实现一下。

5.1.5 对象间的协作实现

与技能类不同，英雄类、怪物类以及场景类都不是完全独立的类，它们之间或多或少有某种关联，例如英雄类中有 "void attack(int index，Monster& mon)；"，该函数表示英雄的攻击行为，其攻击对象为怪物，而具体攻击的是哪种怪物，则是通过索引 index 来表示的，这就是对象间协作关系的一种很好体现。

下面就对各个类中的一些重要函数进行讲解，至于其他的功能部分，大家可以动脑思考然后自己动手实现。

1. 场景类中的初始化场景功能

之前介绍过，在类中通常只进行声明功能，而实现的部分在另外的地方实现，那么现在就来实现一下场景类中的初始化场景功能，即 "void initScenario()；"。

首先在资源管理器中找到 "源文件" 文件夹，右击鼠标新建，并选择一个 .cpp 文件，命名为 Scenario，表示用于实现场景功能的文件。然后单击 "添加" 按钮，在项目工程中成功添加一个 Scenario.cpp 源文件。

然后在新建的 Scenario.cpp 文件内先写入两行代码：

```
#include "stdafx.h"        // 引入该文件是因为一些公用文件已写入该文件中
#include "Scenario.h"      // 引入该文件是因为该文件中将使用 Scenario 类
```

最后，分析并添加初始化场景功能的代码。

应该在游戏一启动时就调用初始化场景功能函数，目的在于模拟一个游戏环境，并表示游戏已经开始运行，因此该功能非常简单，即输出一个欢迎语表示游戏已正式启动。

```
void Scenario::initScenario()
{
    cout << "============================"        << endl;
```

```
            cout << "====        拯救世界吧,少年!      ===="        << endl;
            cout << "============================"              << endl;
            system("pause");
            system("cls");
        }
```

与之前在类体中直接实现函数不同,在类体中直接实现函数的时候,不需要在函数名前加上任何辅助性修饰的内容,因为函数属于哪一个类是不言而喻的,**但如果该函数在类外实现,则必须在函数名前面加上类名,予以限定。**

- **"::"是作用域限定符或作用域运算符,用它来声明函数是属于哪一个类的。** 例如 initScenario 前一定要加上" Scenario::"标明其作用域,此时表示当前实现的 initScenario 函数是属于 Scenario 类的。
- **类函数必须先在类中做原型声明,然后才能在类外实现**,也就是说如果在 Scenario 类中都没有声明"void initScenario();"这个函数,也就意味着这个函数在 Scenario 类中就不存在,那么也就不可能在类外实现。
- **system("pause");** 就是从程序里调用 pause 命令,而这个系统命令的**功能是,在命令行上输出一行类似于"请按任意键继续"的文字,等待用户按一个键,然后返回。**
- **system("cls");** 就是从程序里调用 cls 命令,而这个系统命令的**功能是清屏,即清除所有显示的信息。**

代码完成后,便可进行一个简单的功能测试,目的在于检测代码的正确性,包括语法正确性以及逻辑正确性,通常建议每写完一个函数功能就进行一次测试,避免后期出现大量 BUG 的情况。

下面就来教大家如何进行某一个单独功能的测试!

因为现在需要测试 Scenario 类中的 initScenario 方法,但请仔细观察现在的项目,真正完成的类只有技能类,而场景类只实现了一个初始化功能,怪物类和英雄类甚至都还只是处于声明状态,所以代码本身连最基本的编译都无法通过,也就无法测试某一个功能。

第一步,将 Monster 类和 Hero 类里面的所有代码利用多行注释给注释掉,切记不能删除,因为这两个类后期仍需使用,一旦删除,后期还需要重新编写,会浪费时间,增加工作量,以 Monster 类举例。

```
/*
#pragma once
class Hero;

class Monster
{
    ......
};
*/
```

第二步，注释掉场景类中所有未实现的函数（构造函数和析构函数除外），以及涉及 Hero 类和 Monster 类的所有代码，然后将构造函数和析构函数在类体中更改为实现。

```
#pragma once
//    #include "Hero.h"              该行涉及 Hero 类，注释掉
//    #include "Monster.h"           该行涉及 Monster 类，注释掉

class Scenario
{
public:
    //  Hero myHero;                  该行涉及 Hero 类，注释掉
    //  Monster myMonster;            该行涉及 Monster 类，注释掉
    bool state;
    int round;

    void initScenario();
    //  int choice();                 以下函数均未实现，还会导致编译不通过，注释掉
    //  bool challenge();             同上
    //  void showInfo();              同上
    //  void showInfo(string name;    同上

    Scenario(void){}                  // 将构造函数更改为实现状态
    ~Scenario(void){}                 // 将析构函数更改为实现状态
};
```

最后一步，找到该项目中的 main 函数，并在 main 函数中添加测试功能的代码。

```
#include "stdafx.h"
#include "Scenario.h"
int _tmain(int argc, _TCHAR* argv[])
{
    Scenario s;          // 创建一个场景对象，并命名为 s
    s.initScenario();    // 调用 s 对象中的 initScenario 函数，用于测试功能是否正确
    return 0;
}
```

运行代码，如果这时控制台出现第 1 章的图 1-2 所示的页面，则说明 Scenario 类编写正确，且 Scenario 类中的 initScenario() 函数功能编写正确。

测试结束后，一定要将代码还原至测试之前的模样，防止后期继续编码时出现错误。

现在知道如何测试一个函数功能了吧！那么，场景类中剩下的函数实现部分就交给你们自己完成啦，记得每写完一个函数就测试一次。

2. 英雄类中的初始化英雄功能

下面在英雄类中实现初始化英雄功能，即"void initHero();"功能。

首先在资源管理器中找到"源文件"文件夹，右击鼠标新建，并选择一个 .cpp 文件，命名为 Hero，表示用于实现英雄功能的文件。然后单击"添加"按钮，在项目工程中成功添加一个 Hero.cpp 源文件。

然后在新建的 Hero.cpp 文件内先写入两行代码：

```
#include "stdafx.h"        // 引入该文件是因为一些公用文件已写入该文件中
#include "Hero.h"          // 引入该文件是因为该文件中将使用 Hero 类
```

最后，来分析初始化英雄功能，并添加初始化英雄功能的代码。

1）初始化英雄功能函数应该在游戏正式开始且需要新建一个英雄玩家的时候调用，其功能是给英雄这个对象的各个属性进行基本赋值，例如英雄玩家的名称、HP 值、MP 值以及等级等，包括英雄玩家所用的 8 个战斗技能相关的所有数据。其初始化的目的在于模拟出该游戏中的英雄玩家。

2）首先应该让用户为英雄取名，该部分通过 cin 的方式将用户输入的名称保存至英雄类中的 name 属性中。

3）然后为英雄类中的其他属性附初始值，例如游戏刚开始时默认英雄等级为 1。

4）接着为英雄类中的技能属性赋值。在英雄类中，技能列表是按照数组的方式存储的，而技能本身又是一个类（相当于一个容器），技能类中有技能相关的所有属性，而我们要做的，就是初始化英雄类中技能列表里的所有技能属性。英雄类、技能列表以及技能类三者的关系如图 5-7 所示。

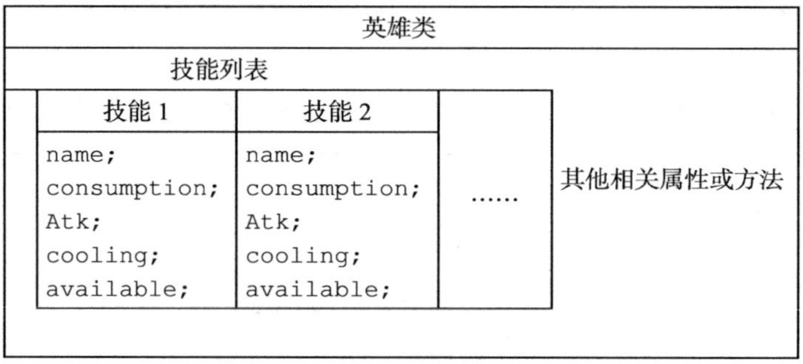

英雄类			
技能列表			
技能 1	技能 2	……	其他相关属性或方法
name; consumption; Atk; cooling; available;	name; consumption; Atk; cooling; available;		

图 5-7　英雄类、技能列表与技能类的关系

5）最后输出初始化成功的语句，并停留在该页面。

```
void Hero::initHero()
{
    cout << "请输入英雄的名字:";
    cin >> name;
    level = 1;
    HP = 2000;
    MP = 50;
    string craftnames[8] = {"普通击打","寒冰掌","石破惊雷","赤火焰烧",
"月蚀镰刀","圣光冲击","天师灵助","天威庇佑"};
    int availables[8] = {1,1,5,10,20,30,35,45};
    int mps[8] = {0,5,10,20,40,60,80,100};
    int atks[8] = {10,12,15,18,20,22,25,30};
    int coolings[8] = {0,1,3,3,4,4,5,5};

    for (int i = 0; i != 8; i++){
```

```
            crafts[i].name = craftnames[i];
            crafts[i].available = availables[i];
            crafts[i].consumption = mps[i];
            crafts[i].ATK = atks[i]*level;
            crafts[i].cooling = coolings[i];
            crafts[i].action = 0;
        }
        cout << "英雄：" << name << "初始化成功！ " << endl;
        system("pause");
    }
```

该方法中的最大技巧也是难点的部分就在于技能列表的属性赋值，按照之前所讲的方法，如果一个一个地手动赋值，那么所编写的**第二种代码应该如下所示**：

```
crafts[0].name = "普通击打";    // crafts 是定义在英雄类中的技能列表数组名
crafts[0].available = 1;        // crafts[0] 表示英雄的第一个技能
crafts[0].consumption = 0;      // 初始化第一个技能的属性
crafts[0].ATK = 10*level;       // level 是英雄当前的等级，是英雄类中的属性
crafts[0].cooling = 0;          // 该句话表示技能 1 的冷却时间为 0
crafts[0].action = 0;           // action 表示技能还需冷却的时间，因此设置为 0

crafts[1].name = "寒冰掌";      // crafts[1] 表示英雄的第二个技能
crafts[1].available = 1;        // 初始化第二个技能的属性
crafts[1].consumption = 5;      // 该句话表示技能 2 的消耗 MP 值为 5
crafts[1].ATK = 12*level;
crafts[1].cooling = 1;
crafts[1].action = 0;
……
```

不难发现，如果在代码中使用第二种方法来实现技能列表的赋值语句，那么代码量将会成倍增加，并且无限重复。因此通过仔细观察会发现，每一个技能里需要赋值的属性是一样的，例如每个技能里都需要为 name 属性赋值，但每一个 name 本身的值又不同，那怎么办呢？这里有一个简单的编程技巧，可以将所需要赋值的内容本身设置成一个数组，例如"int mps[8] = {0,5,10,20,40,60,80,100};"表示按照技能 1～8 的顺序，分别将 8 个技能所消耗的 MP 值进行排列。最后只需要通过循环语句，将技能列表也按照技能 1～8 的顺序循环，通过 crafts[i] 获取每一个技能，然后利用"crafts[i].consumption = mps[i];"，将之前设置的数值赋值到当前的技能属性中。

3. 英雄类中的攻击怪物行为

找到 Hero.h 文件并打开，在类中找到"void attack(Monster &mon);"函数，它就是下面要讲的英雄攻击怪物的功能函数。

接着找到 Hero.cpp 文件并打开，现来分析该攻击功能，并添加该功能的代码。

1）iAttack 表示所使用的技能索引，假如 iAttack 为 0，则表示使用第一个技能进行攻击，即普通击打。

2）Monster &mon 表示被攻击的怪物对象。有读者可能会表示看不懂，怎么参数变成了一个对象？其实这里包含两个知识点：① Monster &mon 在这个函数中本身就是一

个形参，和之前所学的变量参数没有任何区别，例如有一个形参是 int a，那么 Monster 就相当于 int，表示数据类型，只不过一个是用户自己定义的类型，另一个是 C++ 固有的基本数据类型；而 mon 就相当于 a，只不过是一个形参名字而已。② Monster &mon 这里传的是一个引用，还记得之前所讲解过的知识点吗？传引用实质上就是起别名，该句话表示无论最终实际传递参数的是谁，都给它起一个别名——mon。

3）了解 Monster & mon 参数的含义之后，首先英雄通过 iAttack 从技能列表 crafts 中找到需要进行攻击的技能，即 crafts[iAttack]。

4）然后获取该技能的攻击力，即 crafts[iAttack].ATK。

5）下面开始进行攻击，我们无法展示攻击的过程，但是可以展示攻击后的结果，即当前怪物的血量，也就是 mon.HP 会下降，下降多少？结合之前所讲解的，当前怪物血量的下降值就是英雄使用技能的攻击值，即 mon.HP - crafts[iAttack].ATK。

6）怪物血量下降后，应该更新一下数据。假设当前怪物血量为 100，受到 10 点攻击后，不能只计算 100-10 就完了，应该将 100-10 后的结果数据更新到怪物的血量数据中，即怪物受到攻击后的血量为 90，即 mon.HP -= crafts[iAttack].ATK。

7）英雄攻击怪物后，不仅怪物的血量要下降，英雄本身使用技能时也会消耗 MP 值，英雄消耗的 MP 值就是技能所需要的 MP 值，即 MP -= crafts[iiAttack].consumption。

8）每个攻击技能都有对应的冷却时间 cooling，而在技能类中利用 action 来表示该技能还需多少次可以解冻，也就是使用倒减的方式，当 action 等于 0 的时候表示冷却完成。假设石破惊雷技能的 cooling 为 3，表示需要该技能冷却 3 次，由于第一次技能的使用不能算在冷却时间里，因此包括当前回合，石破惊雷的技能需 4 次才可以再次使用，因此 cooling 和 action 的数值关系变化如表 5-2 所示。

表 5-2　冷却次数与剩余解冻次数算法表

回合数	cooling	当前 action	是否可以使用技能	英雄攻击后 action 值	每一回合结束时 action 值减少一次冷却时间
1	3	0	√	3+1=>4	4-1=>3
2	3	3	×	×	3-1=>2
3	3	2	×	×	2-1=>1
4	3	1	×	×	1-1=>0
5	3	0	√	3+1=>4	4-1=>3
……					

其中，每一回合结束时，action 值减少一次冷却时间，该功能应该在怪物反击结束时执行，因此不属于当前的英雄攻击怪物行为。在这些变化量中，需要关注的就是英雄攻击后 action 值的变化，即 crafts[iAttack].action = crafts[iAttack].cooling + 1;

```
void Hero::attack(Monster &mon)
{
    mon.HP -= crafts[iAttack].ATK;
    MP -= crafts[iAttack].consumption;
    crafts[iAttack].action = crafts[iAttack].cooling + 1;
}
```

4. 怪物类中的初始化怪物功能

在 Monster.h 文件中找到 "void initMonster(int option);" 函数，然后新建一个 Monster.cpp 文件并打开，添加好相关头文件后，再来分析该攻击功能，并添加该功能的代码。

1）该函数中有一个参数，option 是一个整型变量，表示怪物在怪物列表中的索引号，即该函数是根据怪物索引号来初始化对应的怪物对象。

2）与之前所讲解的技能列表相似，怪物也有好几种，因此同之前技能列表的赋值方法类似，先创建几个数组用于保存怪物的基本属性初始值，与技能列表不同的是，怪物不需要全部初始化，而是根据 option 索引号，给指定的怪物赋初始值即可。

```cpp
void Monster::initMonster(int optional)
{
    string names[5] = {"巴尔坦虫怪","格斯安鱼怪","泰斯鸟怪","绿头猿怪","赤龙怪(BOSS)"};
    int levels[5] = {1,5,10,30,50};
    name = names[optional];
    level = levels[optional];
    HP = 100 * level;
    ATK = 20 * level;
}
```

怪物类中的攻击英雄行为：

```cpp
void Monster::attack(Hero &h)
{
    h.HP -= ATK;
}
```

3）对于怪物攻击英雄功能，只需要将英雄的血量减去怪物的攻击力并更新数据即可。

5.2 综合实例 2——HR 服务平台项目

5.2.1 类的声明与实现

根据之前对该平台的分析，该平台一共设计了 8 个类，分别是：SystemUI、DataProvider、User、UserList、Category、CategoryList、Job、JobList。

下面就针对其中的一个类：User 类，进行代码实现，包括该类的声明与实现，其余类的声明就由大家自己根据类图去完成。

大家已经会建立新的 .h 和 .cpp 文件了，下面就教大家一种更简单的创建类的方法。首先创建一个工程项目，命名为 HRServerPlatform，项目创建好后，找到 "stdafx.h" 文件并打开，然后添加整个项目中可能会用到的一些头文件。接着找到 "头文件" 文件夹，右击鼠标选择"添加",然后再选择"类",这时会弹出一个对话框,此时选择"C++类",然后单击"添加"按钮,如图 5-8 所示。

图 5-8　新建 C++ 类的操作

单击"添加"按钮后,在类名中输入"User",然后单击"完成"按钮,如图 5-9 所示。

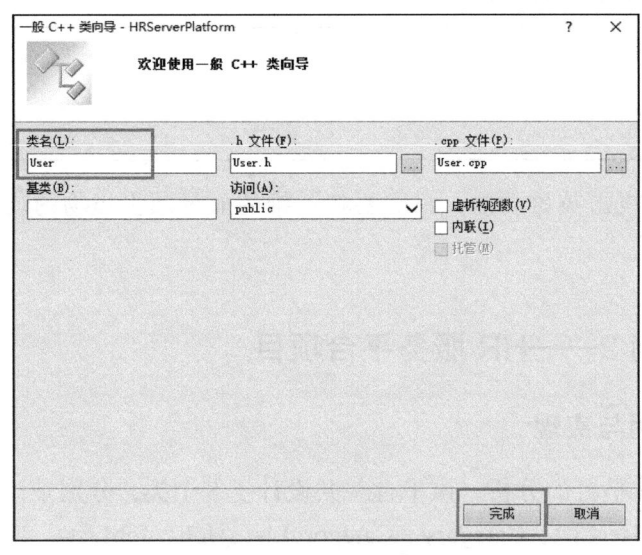

图 5-9　添加类名的操作

这时会发现,头文件中已自动生成了"User.h"文件,且源文件中已自动生成"User.cpp"文件。下面进行代码编写。

1)首先打开"User.h"文件,然后添加 User 类的声明代码。

用户类的声明:

User
-_name: string
-_password: string
+getName(): string
+getPassword(): string

```
#pragma once
#include "stdafx.h"

class User
{
public:      // 注意：该部分与类图不符
    string _name;
    string _password;
Public:
    string getName();
    string getPassword();

    User();
    ~User();
};
```

注意：之前解释过，类图中 _name 和 _password 属性前面的减号"-"表示该属性为私有（即 private），可是代码中却将这两个属性设置为公有（即 public），这里之所以这样修改，是考虑到大家还没有接触过私有属性的使用，因此特意将它们设置为 public 权限，待第 6 章学习过后，会把 _name 和 _password 属性恢复成类图中的私有权限。

2）然后打开"User.cpp"文件，添加 User 类的函数实现代码。

```
string User::getName()
{
    return _name;
}
string User::getPassword()
{
    return _password;
}
User::User()
{
}
User::~User()
{
}
```

- getName() 函数用于获取 User 类中的 _name 属性值。
- getPassword() 函数用于获取 User 类中的 _password 属性值。

5.2.2 对象实例化之 new 运算符

5.1.3 节已介绍如何实现对象实例化，下面就来测试一下 User 类的代码编写的是否正确吧！首先在 HRSeverPlatform 项目中新建一个 cpp 文件，在该文件中编写一个空的 main 函数，然后在 main 函数中创建一个 User 对象，再给 User 对象的两个属性进行赋值，最后通过函数获取这两个属性值并输出。如果输出成功，则说明 User 类已编写正确，反之，则存在错误。

```
User Lucy;
Lucy._name = "HR";
Lucy._password = "123";
```

```
cout << "用户名为:" << Lucy.getName() << endl;        // 用户名: HR
cout << "密码为:" << Lucy.getPassword() << endl;      // 密码: 123
```

以上述代码为例,现在我们看看,计算机是怎么处理对象创建和赋值这几句话的呢?

对象实例化其实就是在内存里开辟一个空间,以存放这个对象的基本信息,对于这些普通变量,计算机将其全部放在内存的**栈**内。那么,什么是栈呢?栈(Stack)又名堆栈,它是一种运算受限的线性表。对应限制是仅允许在表的一端进行插入和删除运算。这一端称为栈顶,相对地,另一端称为栈底。向一个栈插入新元素又称为进栈、入栈或压栈,它是把新元素放到栈顶元素的上面,使之成为新的栈顶元素;从一个栈删除元素又称为出栈或退栈,它是把栈顶元素删除掉,使其相邻的元素成为新的栈顶元素。

创建 Lucy 对象的内存示意如图 5-10 ~ 图 5-12 所示。

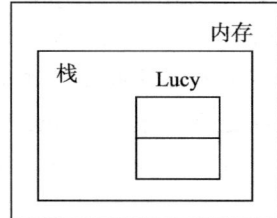

图 5-10　Lucy 对象的存储示意

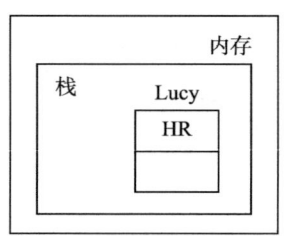

图 5-11　name 属性值的存储示意

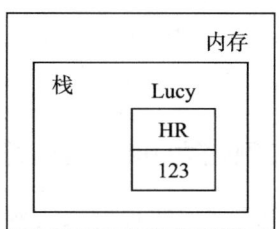

图 5-12　_password 属性的存储示意

栈存储方式具有如下几个问题:

1) 栈在内存中虽然存取速度较快,但在内存中所占的位置却非常之小,假设一次性声明 100 000 个 User 对象,栈中放得下吗?该如何解决?

2) 栈中变量内存的分配与销毁都是由操作系统完成的,开发者无权干涉。针对上个问题,如果在存放第 99 990 个用户对象时,栈满了,那么要想把第 99 991 个用户的对象信息存放在栈里，操作系统就会跑出栈溢出的问题，所以当需要大量地创建对象，并且后续还要继续访问对象时，栈就会力不从心。

究竟可不可以解决上述问题呢？答案是肯定的，不过在解决此问题之前，首先来看一个场景：某大学机电学院图书馆最近采购了一大批图书，原来存放图书的箱子已经装不下了，此时学校决定采购一个大书架，将所有的图书全部存放到书架上。图书存放问题确实解决了，但是面对如此之多的书籍，查找想要的图书也就变得困难了。针对此问题，常用的方法就是将每本图书的 ISBN 和存放的位置分别写在每张卡片上，以后要查阅图书时，可直接查阅卡片。

这是最常见的生活案例，读了此案例，聪明的读者有没有发现可用什么方法解决栈存储带来的问题呢？既然栈的存储空间较小，那么可以改变数据的存储方式，把占用空间比较大的那一部分单独存放，而通过一个引用（指针）去链接单独存放的那部分数据，我们**把单独存放数据的那块内存称为"堆"，存储指针的那块内存称为"栈"**，存放变量位置的东西称为**指针**，指针和堆的示意如图 5-13 所示。

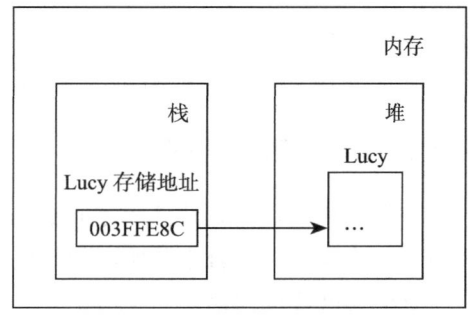

图 5-13　Lucy 对象的指针和堆的存储示意

在 C++ 中，堆存储的对象实例化是通过关键字 new 来实现的。当使用关键字 new 时，它实际上做了三件事：**获得一块内存空间（在堆上）、调用构造函数（第 6 章讲解）、返回正确的指针**。它对应的代码表示为"User *Lucy = new User();"，这声明了一个指针对象 Lucy，在内存堆区保存 Lucy 这个学生对象的所有信息，在栈中保存 Lucy 的堆地址。

使用 new 关键字创建对象实质上是创建一个指针，因此我们在调用指针对象里的属性或方法时，不再使用"."，而是**使用另外一个箭头符号"->"来获取信息**。

下面将之前对象实例化的代码通过 new 关键字再来实现一遍。

```
User    *Lucy = new    User();
Lucy -> _name =   "HR";
Lucy -> _password = "123";
cout << "用户名为: " << Lucy -> getName()   << endl;        // 用户名: HR
cout << "密码为: " << Lucy -> getPassword() << endl;        // 密码: 123
```

5.2.3　对象资源回收之 delete 运算符

与在栈里创建对象不同，在堆里开辟的内存空间，其回收功能是由程序员自己完成的，操作系统不负责，用户当指针对象不再使用时，用户必须将它手动回收销毁。

与 new 创建对象资源相对应，delete 关键字负责将此资源回收。如果只一味地开辟占用内存的资源，那么再大的内存也将被耗之殆尽，所以 delete 的用处不可小视。

delete 关键字的一般格式为"delete 对象名;"。

在使用完之前的声明定义的 Lucy 指针对象后，需要用 delete 来销毁 Lucy 所引用的对象，具体代码如下所示。

```
User   *Lucy = new  User();
…………              // 该部分为 Lucy 对象的使用
delete  Lucy;      // Lucy 对象使用完成后，手动删除该对象
```

之前讲过 new 在创建对象时，调用构造函数，与构造函数相对应的就是之前一直没讲过的析构函数，那么析构函数是否与 delete 关键字有关呢？绝对有关。析构函数用于释放类里指针属性的资源空间。也就是说，如果类里存在指针属性，那么在析构函数内，需要 delete 这个指针属性。当然这部分内容将会在第 6 章做详细描述。

5.2.4　对象间的协作实现

按照之前的类图设计已经完成 User 类的声明实现，接下来实现 UserList 类。读者可根据这两个类，再结合之前所画的其他类图，尝试着去完成其他类的声明与实现。

UserList 类的声明：

UserList
-_data: User
-_count: int
-_capacity: int
-resize()
+Count(): int
+add(User&)
+get(int): User*

```
#pragma   once
#include "User.h"

class UserList
{
private:
    User*   _data;
    int     _count;
    int     _capacity;

    void resize();
public:
    UserList();
    ~UserList();

    int    Count();
    void   add(User& _user);
    User*  get(int  i);
};
```

UserList 类的实现有一定的难度，主要难在有些读者对函数知识点与逻辑关系的结合的综合理解能力较弱，因此对于该类的所有功能函数，这里都将进行逐一说明。

1）回顾该类存在的意义以及该类中所有属性与行为的定义目的。

UserList 是用户列表的集合类，即将多个用户对象作为一个集合单独封装在单独类中，UserList 属性表见第 3 章的表 3-9。

2）"int Count();" 函数的实现。

功能：获取当前用户集合的长度。

实现逻辑：考虑到 _count 是私有权限，外部无法访问，所以需要通过定义一个公有

的函数将该类中的私有属性 _count 获取出来。

实现代码：

```
int UserList::Count()
{
    return _count;
}
```

3)"void resize();"函数的实现。

功能：扩展用户集合的容量。

实现逻辑：考虑到 C++ 语言中规定数组的长度一旦被定义就无法修改的前提，我们无法直接通过修改数组长度来完成扩展，因此需要借助一个临时数组进行变通转换。

- 首先将当前可存放的用户最大数目 _capacity 扩展两倍。
- 新建一个临时的指针数组（temp），其长度为最新的最大用户数（即已扩展两倍的长度），该数组的作用就是临时存放原用户指针数组（_data）中的数据。
- 将之前 _data 数组里的所有数据复制一份至临时 temp 数组中。
- 删除原 _data 指针里的原始的所有用户数据。
- 将最新的 temp 数组复制到空的 _data 数组中。至此，_data 数组的数据不变，且数组长度已扩展两倍。

实现代码：

```
void UserList::resize()
{
    _capacity *= 2;
    User* temp = new User[_capacity];
    memcpy(temp, _data, _count*sizeof(*_data));
    delete[] _data;
    _data = temp;
}
```

4)"User* get(int i);"函数的实现。

功能：根据编号获取用户信息。

实现逻辑：参数 i 表示从指针数组 _data 中获取索引为 i 的用户，即 _data[i]，并且返回 User* 指针，所以返回的是地址，因此在 _data[i] 前需要添加一个 & 符号。

实现代码：

```
User* UserList::get(int i)
{
    return  &_data[i];
}
```

5)"void add(User& _user);"函数的实现。

功能：给用户集合添加一名用户。

实现逻辑：参数 _user 是一个 User 对象引用，表示需要添加的用户对象。

- 首先判断当前用户集合的个数是否已达到最大值。

- 如果达到最大值，则扩展当前用户集合数组的个数，即调用 resize() 函数。
- 如果没有达到最大值，则将 _user 对象添加至用户指针数组中。
- 添加成功后，当前用户个数加 1，即执行 _count++。

实现代码：

```
void  UserList::add(User& _user)
{
    if (_count == _capacity)
    {
        resize();
    }
    _data[_count++] = _user;
}
```

这样，User 类和 UserList 类就全部完成了声明与实现。下面按照老规矩，可通过编写测试代码来检测 User 类与 UserList 类是否编写正确。

同样，为了最小化代码量，可直接将检测代码写在 main 函数中进行测试。**注意：为了方便测试，请大家先将 User.h 和 UserList.h 中的 private 权限修改为 public 权限，否则以下代码运行时将会报错，测试结束后可再更改至 private。针对私有权限的知识我们将在第 6 章进行讲解。**同时大家可以参考这两个类的代码编写完成其他类的声明与部分函数实现。

```
UserList *userList = new UserList();// 先创建一个用户集合容器对象
userList->_count = 0;               // 表示当前集合中还没有任何用户
userList->_capacity = 5;            // 表示当前集合最多可添加 5 个用户
userList->_data = new User[userList->_capacity];   // 创建出 5 个用户指针数组

User   *Lucy = new   User();        // 创建一个用户 Lucy
Lucy -> _name =  "HR";              // 该用户的用户名设置为 HR
Lucy -> _password = "123";          // 该用户的密码设置为 123
userList->add(*Lucy);               // 将该用户添加至用户列表中

// 以下输出语句均用于测试功能是否正确
cout << "当前用户总数为 :" << userList->Count() << endl;
cout << "第一个用户的用户名为: " << userList->get(0)->getName() << endl;
cout << "第一个用户的密码为: " << userList->get(0)->getPassword() << endl;
```

5.3 本章小结

本章主要介绍了如何利用 C++ 语法实现类的声明与对象实例化，并且通过两种不同的方式（使用 new 运算符和不使用 new 运算符）来实例化对象，解释这两种方式的本质不同，并通过不同的案例从对象类型、内存分配以及使用区别等 3 个方面进行说明。

很多读者刚学 C++ 时，很不习惯用 new，那是因为他们并不了解 new 运算符的特征。在较大的项目设计中，一般建议使用 new 运算符。使用 new 创建一个指向类对象的指针，在使用完后需使用 delete 删除，这跟申请内存类似，当然这都跟 new 的用法有关。但是，并不是所有的场合都应该使用 new 运算符，比如在有频繁调用的场合，使用局部 new 类对象就不是个好选择，使用全局类对象或一个经过初始化的全局类指针似乎更加高效。

关键点概括

1）C++ 中的内存分配方式有 3 种：
- 从静态存储区域分配。在编译程序的时候就已经分配好内存，这块内存在程序的整个运行期间都存在。例如全局变量、static 变量。
- 在栈上分配内存，也称为自动存储。在执行函数时，函数内局部变量的存储单元都可以在栈上创建，函数执行结束时这些存储单元自动被释放。栈内存分配运算内置于处理器的指令集中，效率很高，但是分配的内存容量有限。
- 从堆上分配，也称为动态内存分配。这种堆对象被创建在内存中一些空闲的存储单元里，程序在运行的时候用 malloc 或 new 申请任意大小的内存，程序设计者自己负责在何时用 free 或 delete 释放内存。动态内存的生存期由程序设计者决定，使用起来非常灵活，但问题也最多。

2）运算符 new 的用法。new< 类型说明符 >(< 初始值列表 >) 表明在堆中建立一个由 < 类型说明符 > 给定类型的对象，并且由括号中的 < 初始值列表 > 给出被创建对象的初始值。如果省去括号和括号中的初始值，则被创建的对象选用缺省值。new< 类型说明符 >[< 算术表达式 >] 表明创建一个由 < 类型说明符 > 给定类型对象数组。使用 new 运算符创建对象时，可以根据其参数来选择适当的构造函数。

3）运算符 delete 的用法。delete< 指针名 > 表明释放使用 new 运算符创建的堆对象的存储空间。delete[]< 指针名 > 用于释放对象数组的存储空间。此时在指针名前只加一对方括号，并且不管所删除数组的维数，可忽略方括号内的任何数字。

4）在 C++ 对象实例化过程中不使用 new 运算符和使用 new 运算符的区别在于以下几点：
- 前者是一个类对象；后者是一个指向类对象的指针。
- 前者在栈中分配内存；后者为动态内存分配。在一般应用中没有什么区别，但动态内存分配会使对象的可控性增强。
- 前者的作用域限制在定义类对象的方法中，当方法结束时，类对象也被系统释放；后者创建的是指向类对象的指针，作用域变成全局，当程序结束时，必须用 delete 删除，系统不会自动释放。

5.4 本章习题

1. 现有一个汽车类，属性为：汽车品牌、颜色、是否带天窗等，行为有：发动（Start）、行驶（Driving）。

要求：1）定义汽车类。

2）请在测试类的 main 中实例化两个汽车对象，如黑色的带天窗的宝马 X6，并将它的属性打印输出，调用 Start 和 Driving 方法（方法实现使用控制台打印模拟）。

2. 实现一个 Year 类，它有一个属性就是年值（如：2013），还有一个行为（判断是否为闰年）。

要求：1）实现这个 Year 类，给属性赋值，并打印输出。

2）实现判断是否为闰年的方法，并验证。

3. 某学院 13 级计算机专业有 10 个班级，请根据下述要求设计程序。

要求：1）请设计一个学生类，包含学号、姓名。

2）设计一个班级类，包含班级名称、所在专业等，并具有添加和删除学生的行为（设计类时考虑班级和学生的关系是 1:n）。

4. 现在要做一个连连看游戏，在其中定义一个游戏中的图标类，在该类中定义图标的颜色、数字等属性；还要定义一个游戏类，里面要有抵消图标的行为。

要求：1）设计图标类，并初始化两个图标对象，同时给属性赋值。

2）设计游戏类，编写抵消方法，如果形参中两个图标对象的颜色和数字相同，就输出"图标销毁~~~"。

5. 观看以下程序，该程序运行有问题，请改正 main 函数中的错误：

源程序文件 main.cpp 的代码清单如下：

```
#include<iostream.h>
class MyCount
{
public:
    MyCount () {member=3;}
    void SetMember(int m) {member=m;}
    int GetMember()const  {return menber;}
    void print() const {cout<<"member="<<member<<endl;}
private:
    int member;
};
void main()
{
    MyCount *obj;
    obj.member=5;
    obj.print();
}
```

6. 请根据描述设计并实现一个手机商城中的搜索功能。

要求：1）设计出一个手机类，包括该手机的品牌、价格等属性和打印其基本信息的行为。

2）设计出一个用户类，包括用户的各个属性和搜索行为（记录搜索历史）。

3）设计一个搜索历史类，包括时间、搜索的手机品牌。

4）编写一个 main 函数，创建用户实例"李四"，并将李四的搜索历史打印输出。

7. 现在市面上计算机的品牌多种多样，让消费者眼花缭乱，对此，某 IT 公司开发了一款统计分析软件，从价格、销量、好评、发行时间等多个角度提供准确的数据分析。

要求：1）设计一个计算机类，包含品牌、价格、销量、好评和发行时间等属性。

2）设计一个统计类，可以对计算机进行价格排序、销量排序、好评排序和发行时间排序。

第 6 章　深入学习面向对象函数

现在相信大家已经可以成功地实例化一个对象啦！那么针对一些有操作行为的对象，我们是否能够更好地处理它们的函数部分呢？接下来将深入地介绍面向对象中所涉及的一些常用的高级函数，并通过知识点的整合最终实现示例项目。

6.1　综合实例 1——LostCraft 游戏项目

6.1.1　成员函数介绍

什么是成员函数呢？其实在前方就使用到了成员函数，还记得之前介绍过的类的一般定义格式吗？

```
class  <类名>
{
访问权限：
    属性；
    操作；
};
```

在代码实现的过程中，"操作"部分就是通过函数来实现的，那么，我们就**把这种属于一个类的函数称为成员函数**。

类的成员函数（简称**类函数**）是函数的一种，它的用法和作用与一般函数基本上是一样的，也有返回值和函数类型，唯一的区别是：**它属于一个类的成员，出现在类体中**。并且成员函数根据访问权限的不同，调用时的权限以及作用域也是不同的。

作为程序设计人员，多了解一些专业名词是有好处的，并且应该学会让自己的编程风格和编程术语更加专业化和规范化。

6.1.2　函数重载

观察游戏的运行效果图（见图 6-1），发现在每一轮战斗开始时，首先会显示当前回合数以及英雄和怪物的基本信息，并且每一次攻击后都会显示发动攻击的对象名以及攻击结束后的基本信息。

通过图 6-1 不难发现，两者唯一的区别就是第一种显示的是攻击回合数，而第二种显示的是当前发起攻击的对象。但归根结底，它们的功能都是显示英雄和怪物的最新

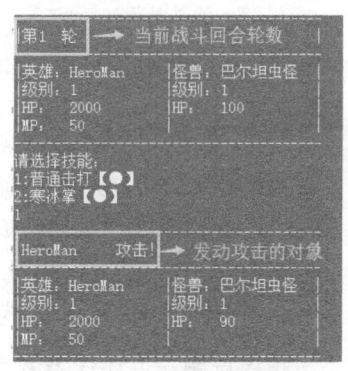

图 6-1　游戏运行部分效果

信息。结合现实中的思维过程，针对同一种行为，对其的称呼应该也是一样的。同理，对于同样的功能函数，它们的命名方式也应该一样。

因此在场景 Scenario 类中设计了如下两个功能函数，并都命名为 showInfo()。

```
void showInfo();                    // A
void showInfo(string name);         // B
```

以上这种代码实现方式，就称为**函数重载**。

函数的重载又称为函数名重载（或函数重名），是指同一个函数名可以有多种函数实现，或者说实现不同功能细节的函数可以具有相同的函数名。

两个函数使用同样的名字，就如同一个班级里有两个叫"张三"的学生一样，应该怎么区分它们呢？换句话说，函数重载的实现条件是什么？在什么条件下函数既能实现重名，又能在使用时不产生混淆呢？

再看上述代码可发现，虽是同名函数，但两者所传递的参数却不相同，因此可以推断出**实现函数重载的条件为：参数列表不同。**

通过对比 A 代码和 B 代码，可发现条件（即参数）个数不同，能以此来区分这两个函数。

（1）参数个数不同

```
void showInfo();
void showInfo(string name);
```

既然是通过参数列表来区分，那么除参数个数不同之外，还可用其他的条件来区分吗？此时我们再添加一个 C 代码，而通过对比 B 代码和 C 代码，可发现条件（即参数）类型不同，也可以用来区分函数。

（2）参数的类型不同

```
void showInfo(string  name);
void showInfo(int  num);    // C 代码只是用于知识点讲解，无需添加到代码中
```

思考：函数重载的实现条件是参数列表不同，那么如果参数列表相同，而返回类型不同，还可以区分函数吗？例如下面的两段代码：

```
// 第一个"显示信息"              // 第二个"显示信息"
void showInfo(){                int  showInfo(){
    cout << "第一个showInfo";       cout << "第二个showInfo";
}                                   return 0;
                                }
```

当调用 showInfo() 的时候，程序调用的会是哪个 showInfo() 方法呢？

这时会发现仅仅靠函数返回值的不同并不能区分两个函数。

```
void  showInfo();    // 代码A
int   showInfo();    // 代码B
```

错误说明：上述代码 A 和代码 B 的参数列表都一样，都未传递参数，而返回值却不一样，但是它们**并不是函数重载**，因为在函数调用的时候，都是运用"showInfo();"来

调用函数的，当没有在代码中定义任何变量来接收函数返回值时，就不能确定调用的是哪一个函数。

函数重载本身就是 C++ 中的一种语法，至于功能如何实现，可根据该函数在项目中的功能需求由用户自行设计完成，因此对于场景类中的这 3 个 showInfo() 函数功能的实现，就请大家结合游戏功能需求来实现吧。

6.1.3 构造函数

在案例 1 中不难发现除了技能类之外，几乎每一个类都有一个初始化的功能，例如场景类中的 initScenario() 函数，该函数在创建了场景对象之后会被调用。

```
Scenario s;
s.initScenario();
```

其实在 C++ 语法中，有一种函数，它们不需要用户在代码中手动调用，而是会在对象创建的时候自动调用，一般用于完成一些对象的初始化，这种函数被称为**构造函数**。

那么，到底什么是构造函数？构造函数是如何运行的呢？

以场景 Scenario 类为例，首先将 void initScenario() 函数里所有的代码复制到构造函数 Scenario(){} 中，然后删除 initScenario() 函数，声明和实现部分都要一并删除。修改完后的代码如下所示：

```
Scenario::Scenario(void)
{
    cout << "============================" << endl;
    cout << "====  拯救世界吧,少年!  ====" << endl;
    cout << "============================" << endl;
    system("pause");
    system("cls");
}
```

接着对此代码进行测试，在 LostCraft.cpp 文件中找到 main 函数，并在其中编写一句话 "Scenario s;"，这时会发现，控制台运行出来的程序和之前的没有任何区别！

那么，**什么是构造函数呢**？

```
Scenario s;              // 创建对象 s 时,系统会自动调用 Scenario 中的构造函数
s.Scenario();            // 错误! 构造函数不允许被手动调用
```

- **构造函数是一种特殊的成员函数**，与其他成员函数不同，构造函数是由系统在创建对象时自动调用的，且构造函数不允许被手动调用。
- **构造函数的特点**：与类同名，没有返回值。注意，函数没有返回值和返回值为空是两个概念，不可混淆。

```
Scenario(){ ... }        // 表示函数没有返回值
void   test(){ ... }     // 表示当前函数的返回值为空
```

- **构造函数的优势在于减轻了代码量负担，使得对象初始化功能变得更加简单便捷。**

- **构造函数的功能是由用户定义的，用户可根据初始化的要求设计函数体。**

构造函数作为成员函数的一种，其功能几乎和成员函数一致。构造函数也分为有参构造函数和无参构造函数，只不过构造函数不允许手动调用，因此在创建对象的时候会与之前有所不同。

构造函数的一般格式为"**构造函数名（类型 1 形参 1，类型 2 形参 2，…）{}**"。

例如之前在初始化怪物时所设计的函数"void initMonster(int option);"，该函数虽然也是初始化功能，但与场景类初始化和英雄类初始化不同，该类需要传递一个整型参数。

下面来修改怪物类的构造函数。

- 遵循不删除默认构造函数的扩展原则，我们在 Monster 类中新添加一个 Monster 的有参构造函数声明，即"Monster(int option);"。
- 然后打开 Monster.cpp 文件，添加 Monster::Monster(int option){} 的构造函数。
- 将原"void initMonster(int option);"中的代码复制到 Monster::Monster(int option){} 里，并删除"void initMonster(int option);"函数，包括类中的声明以及类外的实现部分。

```
Monster::Monster(int optional)
{
    string names[5] = {"巴尔坦虫怪","格斯安鱼怪","泰斯鸟怪","绿头猿怪","赤龙怪(BOSS)"};
    int levels[5] = {1,5,10,30,50};
    name = names[optional];
    level = levels[optional];
    HP = 100 * level;
    ATK = 20 * level;
}
```

这样就完成了一个有参构造函数的声明与实现。那么，如何实例化一个有参数的对象呢？

定义对象的一般格式为"**类名 对象名（实参 1，实参 2…）;**"。

```
// 表示创建一个索引编号为 0 的怪物，即第一种怪物巴尔坦虫怪
Monster  mon(0);
```

注意：构造函数定义了几个形参，实例化对象时就必须用几个参数，且实参的传递顺序也必须和形参顺序保持一致。

例如：实例化一个 Boy 类对象。

- ✓ Boy(string name, int age, string sex){} ➔ Boy boyA("小迟", 24, "男");
- ✗ Boy(string name, int age, string sex){} ➔ Boy boyA("小迟", "男", 24);
- ✗ Boy(string name, int age, string sex){} ➔ Boy boyA("小迟");
- ✗ Boy(){} ➔ Boy boyA("小迟");
- ✓ Boy(){} ➔ Boy boyA;

关于有参构造函数和无参构造函数的几点总结：

- Monster(int option) 这类有参数的构造函数称为**有参构造函数**。
- Monster(void) 这类没有参数的构造函数称为**默认构造函数**，又称**为无参构造函数**，其中 void 可加可不加。
- 如果在类中没有编写任何构造函数，则只能创建无参的对象，且当对象实例化时系统会自动默认并添加该类的无参构造函数。

6.1.4　C++ 封装机制的 private 权限

面向对象中有一个很关键的思路，即团队一起完成一件事情，但某团队人员无需了解其他团队人员完成的细节和内在特征。

1）隐藏核心功能，无需知道与自己无关的内部细节。

比如：U 盘（见图 6-2）。通过 U 盘可以存取数据，但是不关心 U 盘本身的实现方式。

2）了解隐藏了功能的对象之间如何协作。

比如：U 盘与计算机。U 盘本身的实现方法已被隐藏，同样，计算机本身的实现方法也被隐藏，但这两者之间却可以实现数据的存取，这就是一种协作。

3）**封装，即隐藏细节，只暴露出最终实现的公共接口**。

比如：U 盘与计算机的 USB 接口。都被隐藏了功能的对象要完成相互协作，就必须有对应的公共接口。U 盘的插口就是 U 盘暴露出来的公共接口，而计算机的 USB 接口则是计算机暴露出来的公共接口。U 盘与 USB 接口的对接示意如图 6-3 所示。

图 6-2　U 盘简化图

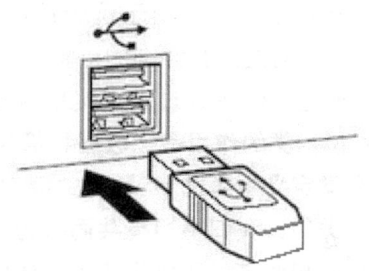

图 6-3　U 盘与 USB 接口的对接示意

正如上述所说的，在现实生活中有许多要隐藏的信息，那么把这种隐藏的行为通过代码的方式实现出来时，如何不让别人知道代码的内部实现过程？对此，引入了三种访问权限：public、private、protected。**当类中没有明确设置访问权限时，自动默认为私有的 private 权限**。

public：表示**公共的**，对于加上这个修饰的类或属性操作，可以在同一个类或者别的类里面访问。例如：之前在英雄类中定义的 name 属性，它就是公有属性。

```
class Hero{
public:                     // 以下属性和方法都是公有的
    string   name;
    void test(){
```

```
        cin >> name;  // 正确，可在自己类中直接使用
    }
};
```

下面在 main 函数中实例化一个对象：

```
Hero   myHero;
```
✓ `myHero.name = "良辰";`   // 外部可以对公有的 name 属性进行操作
✓ `myHero.test();`   // 外部可以对公有的 test 函数进行操作

private：表示**私有的**，对于加上这个修饰的类或属性操作，只能在同一个类里访问，在同包 (packet) 和别的包（包括别的类）里都不能访问。

```
class Hero{
private:                       // 以下属性和方法都是私有的
    string   name;
    void test(){
        cin >> name;           // 正确，可在自己类中直接使用
    }
};
```

下面在 main 函数中实例化一个对象：

```
Hero   myHero;
```
✗ `myHero.name = "良辰";` // 外部不可以对私有的 name 属性进行操作
✗ `myHero.test();`   // 外部不可以对私有的 test 函数进行操作

protected：表示**保护的**，对于加上这个修饰的类或属性，只能在类和同包中访问，在别的包中不能访问。由于这个访问权限比较特殊，为了使得它的功能体现得更加明显，第 8 章将对此进行详细的讲解。

综上所述，C++ 通过类来实现封装，把数据和与这些数据有关的操作封装在一个类中，或者说，**类的作用是把数据和算法封装在用户声明的抽象数据类型中**。

- 在类定义中通过 private 关键字对成员进行封装。
- 在类中，我们**将拥有共同行为的部分抽象出来，并通过成员函数进行实现**，即把一些相对来说能成为一个整体的代码打包在一起，只通过一些数据接口和外界通信。很显然，这是封装的一种体现：隐藏内部细节，只暴露对外接口。

```
class Hero{
private:
    string   name;
public:
    void test(){
        cin >> name;
    }
};
```

在上述代码中，name 是被我们隐藏起来的属性，而 test 函数就相当于一个暴露在外的公共接口，如果现在要给 Hero 里面的 name 属性赋值，就可以编写如下代码：

```
Hero   myHero;
```

```
myHero.test();          // 通过调用公共的函数，对私有的name进行赋值
```

- 编写实际代码时，**将类的声明部分与成员函数实现部分进行分离**。如果一个类只被一个程序使用，那么类的声明和成员函数的实现可以直接写在程序的开头，但是如果一个类被多个程序使用，这样做的重复工作量就很大，效率也很低。在面向对象的程序开发中，一般是将类的声明（其中包含成员函数的声明）放在指定的头文件中，用户如果想用该类，只要把有关的头文件包含进来即可，不必在程序中重复书写类的声明，以减少工作量，提高编程效率。同时，将实现部分与声明部分分离，也是封装的一种体现。

综上，我们已经全部完成了整个案例 1 的知识点讲解，大家可以开动脑筋，结合之前所学过的所有内容，去完成整个游戏的开发。

6.2 综合实例 2——HR 服务平台项目

6.2.1 封装技巧的 get 和 set 方法

仍然以该项目中的 User 类举例，在第 5 章中，为方便测试，我们将这个类中所有的私有属性或方法均修改成公有，但按照项目的实际设计，仍应该恢复它们的私有权限。

```
class User
{
private:
    string _name;
    string _password;
public:
    string getName();
    string getPassword();

    User();
    ~User();
};
```

其实从该类中就已经发现，如果将 _name 和 _password 更改为私有属性以后，又想在外部直接获取 _name 和 _password 的值，那是不可能的，因为这两个属性已经被 User 类隐藏在自己的类中了。此时的 _name 和 _password 就相当于 U 盘里存储的数据，因此需要设计一个"U 盘接口"用以获取数据，因此"U 盘接口"必须是公共的，即 public 权限。同时 U 盘中的数据不仅可以获取，也可以存储。为了方便起见，一般建议设置两个函数来表示存和取，其中存函数建议使用 set 命名，而取函数则建议使用 get 命名。

因此 User 类可重新设计为 。

```
class User
{
private:
    string _name;
    string _password;
```

```
public:
    void  setName(string  n);              // 语句 1
    string getName();                      // 语句 2

    void  setPassword(string  p);          // 语句 3
    string getPassword();                  // 语句 4

    User();
    ~User();
};
```

观察并对比语句 1、2 和语句 3、4，发现 set 方法和 get 方法的格式是不一样的，set 的函数返回值一般为空，有参数；而 get 一般没有参数，却有返回类型。

- set 函数表示存储功能，既然是存储，一定是将外部的数据存储至内部，因此函数需要参数，同时存储功能是"进"的功能，因此不需要返回值。
- get 函数表示获取功能，既然是获取，则不需要从外部传入任何内容，因此函数不需要参数，同时获取功能是"出"的功能，因此需要返回值。
- 语句 1 的功能是将外部数据 n 赋值给内部数据 _name。

```
void  User::setName(string  n){
    _name = n;
}
```

- 语句 2 的功能是将内部数据 _name 提取出来。

```
string  User::getName(){
    return  _name;
}
```

- 语句 3、语句 4 同理，语句 3 表示存储功能，语句 4 表示获取功能。

注意：set 和 get 函数的命名格式一般建议为 set + 属性名、get + 属性名，以便于理解。但需要强调的是，set 和 get 都不过是函数的名字而已，因此这两类函数可由用户自己命名，没有强制要求必须使用 set 或 get，只要该函数接口是 public 类型的，功能能够正常实现，函数名是什么无所谓。

```
class User
{
// 省略了该类的其他属性和方法，只保留 _name 用于展示效果
private:
    string _name;
public:
    // 该语句就相当于原 set 函数，功能不变，只是换了名字
    void  test1(string  n){
        _name = n;
    }
    // 该语句就相当于原 get 函数，功能不变，只是换了名字
    string  test2(){
        return  _name;
```

```
        }
    };
```

最后，有读者可能会觉得奇怪，为什么在 HR 服务平台项目中，User 类只设置了 get 函数，而没有 set 函数，是程序员遗忘了吗？显然不是的，**任何一个类有哪些属性和功能是由项目需求本身决定的**，程序员会根据项目需求设计不同的类和属性方法。在 User 类中目前只需要使用获取功能，所以就只编写了 get 函数，如果后期项目中有存储功能的需求，则可以再添加 set 函数。

6.2.2 引用技巧的 this 指针

同样，以 User 类举例，思考一个问题，之前讲过，函数的形参名实际上就是一个名字而已，可以由用户任意取（前提是遵循变量的命名规范），那么如果将刚才假设的 set 函数的形参也命名为 _name，这时会出现什么情况呢？

```
void  User::setName(string  _name){
    _name = _name;  // 语句 1
}
```

思考：语句 1 到底是将外部数据 _name 赋值给内部数据 _name，还是将内部数据 _name 赋值给外部数据 _name？

估计大家这时已经晕了，试想一下，作为程序员都已经分不清赋值对象了，那么程序本身在当前就更分不清了。不用担心，下面会介绍一个简单地将两个 _name 区分开的方法。

在这里可以通过 C++ 中的 this 指针来做一个简单的指向，有了这个指向，无论是程序员还是程序语法本身，都可以区分开这两个 _name，请看如下代码：

```
void  User::setName(string  _name){
    this -> _name = _name;  // 语句 1
}
```

为了在类中直接引用将要实例化的对象属性或方法，以及当参数与属性名称一样的时候便于区分，this 指针诞生了，它时时刻刻指向对象本身，实实在在地代表着对象。另外，**this 指针只能在类的成员方法里使用**。

上述代码中，this 指针是在 User 类的成员方法 setName 函数中实现的，因此 this 指针将指向 User 类中的成员属性和方法。在 "this -> _name = _name；" 语句中，由 this 指向的 _name 表示 User 类中的属性，而等号另一边的则是形参 _name。赋值语句从右向左赋值，因此该句话表示形参值赋值给成员属性值。

6.2.3 构造函数的重载

之前已讲解了构造函数一般用于实现初始化功能，那么在实际项目中，往往不同的对象,其初始化方法也不同,这时构造函数就出现了有参和无参的区分,那么如果在一个实际项目中,需要创建多个不同的对象该怎么办呢?

C++语法中规定,在一个类中可以定义多个构造函数,以便对对象提供不同的初始化方法,供用户选择。构造函数作为函数的一种,也是可以重载的,**即构造函数具有相同的名字(即类名),而参数的个数或参数的类型不相同,这称为构造函数的重载。**

6.1.2节所介绍的函数重载的知识也适用于构造函数,此时废话不多说,仍然以User类和UserList类为例,分析一下相关代码吧。

案例代码1:利用构造函数的重载实现User类的不同初始化。

```cpp
// User.h
class User{
public:
    string _name;
    string _password;
public:
    string getName();
    string getPassword();

    User();
    User(string, string);
    ~User();
};
```

```cpp
// User.cpp
#include "User.h"
User::User(){
    // 以下代码仅用于讲解该案例
    cout << "我是无参构造函数" << endl;
}
User::User(string _name, string _password){
    this -> _name = _name;
    this -> _password = _password;
    // 以下代码仅用于讲解该案例
    cout << "我是有参构造函数" <<endl;
}
string User::getName(){
    return _name;
}
string User::getPassword(){
    return _password;
}
User::~User(){
}
```

下面用对象实例化的两种方法来实例出4个用户对象,并观察运行结果。

```cpp
User  userA;
User  userB("B","123");

User  *userC = new User();
User  *userD = new User("D","123");
```

运行结果:

我是无参构造函数
我是有参构造函数
我是无参构造函数
我是有参构造函数

案例代码2:利用构造函数的重载实现UserList类的不同初始化,其他功能省略。

```cpp
// UserList.h
class UserList
{
private:
```

```cpp
// UserList.cpp
#include "UserList.h"
UserList::UserList(){
    this->_count = 0;
```

```cpp
    User*   _data;
    int     _count;
    int     _capacity;

    void resize();
public:
    UserList();
    UserList(int);
    ~UserList();

    int   Count();
    void  add(User& _user);
    User* get(int i);
};
```

```cpp
    this->_capacity = 10;
    this->_data = new User[10];
    User *user = new User("HR", "123");
    this->_data[_count++] = *user;

    // 以下代码仅用于讲解该知识点
    cout << "我是无参构造函数" << endl;
}

UserList::UserList(int num) {
    this->_count = 0;
    this->_capacity = num;
    this->_data = new User[num];
    User *user = new User("HR", "123");
    this->_data[_count++] = *user;

    // 以下代码仅为用于讲解该知识点
    cout << "我是有参构造函数" << endl;
}

UserList::~UserList(){
}

UserList::int Count(){
    ......
}
void UserList::add(User& _user){
    ......
}
User* UserList::get(int i){
    ......
}
```

对象实例化的方式和之前 User 类的对象实例化类似，这部分就由大家自己去编写几个不同的对象实例化代码来测试构造函数的运行效果。

6.2.4 析构函数

析构函数（Destructor）也是一个特殊的成员函数，它的作用与构造函数相反。构造函数一般用于完成对象初始化的一些工作，而析构函数一般用于完成一些对象销毁的工作。析构函数与构造函数的格式非常类似，但会在类名的前面加一个"~"符号。在 C++ 中，"~"是位**取反**运算符。

与构造函数相同，**析构函数不能手动调用**（备注：delete 函数可以强制手动调用析构函数），**而是当对象的生命期结束时，由程序自动执行**。通常来说，程序一般会在以下几种情况下自动执行析构函数：

- 如果在一个函数中定义了一个对象（局部对象），则当该函数被调用结束时，局部对象应该释放，并在对象释放前自动执行析构函数。同样以 User 类为例：

```
// 实现一个 Test 函数
void Test(){
User u1;
User *u2=new User()// 自动执行 User 类中构造函数,u 是局部对象
}
// 调用 Test 函数
Test();// 当 Test 函数调用结束时,u1 会自动调用析构函数,u2 不会自动调用析构函数
(若想删除 u2 中的对象,需要使用 delete)
```

- 如果定义了一个全局对象,则在程序的流程离开其作用域时,调用该全局对象的析构函数。例如:假设有一个全局变量 "User u1;",当整个项目的 main 函数结束时,即整个程序运行结束,此时程序会自动调用 User 类中的析构函数。
- 如果用 new 运算符动态地创建了一个对象,例如 "User *u2 = new User();",当用 delete 运算符释放该对象,即执行 "delete u;" 时,程序会自动调用 User 类中的析构函数。

关于析构函数,我们需要注意以下几点:

- **析构函数的作用是**在撤销对象占用的内存之前**完成一些清理工作,但并不是删除对象本身**,而是为了释放更多的内存,使其能被程序分配给新的对象使用。
- **析构函数不仅没有返回值,也没有参数**。例如:"~User(){ ... }"。
- **析构函数不能够被重载**。因此,**一个类中可以有多个构造函数,但只能有一个析构函数**。
- **析构函数的功能可由用户自行定义**,其目的在于**实现用户希望在对象销毁之前所执行的任何操作**,使用 delete 运算符释放资源只不过是众多操作中的一种。

说了这么多,现以 UserList 为例,实现一下 UserList 类中的析构函数。在 UserList 类中,可通过析构函数来实现 User 集合对象的销毁功能。试想一下,连用户集合本身都将销毁,那么集合中的所有用户都应该在集合销毁前被提前销毁。

其他功能暂时省略,下面代码只实现 UserList 类中的析构函数部分。

```
UserList::~UserList(){
    // 进行判断,如果当前集合不为空,则删除集合里的所有用户对象
    if (nullptr != _data) {
        _data = nullptr;
        delete[] _data;
    }
}
```

最后需要提醒大家的是,如果用户没有定义析构函数,C++ 编译系统则会自动生成一个析构函数,但该析构函数没有任何实际操作,徒有析构函数的名称和形式。因此,如果用户希望析构函数能够完成某项工作,就必须在所定义的析构函数中编写相关的代码。

6.2.5 其他核心方法的代码实现

仔细观察类图会发现,整个 HR 服务平台中的很多类与前面所详细讲解过的 User 类和 UserList 类的功能及结构相似,例如 Job 类和 JobList 类、Category 类和 CategoryList

类。这 4 个类就由大家根据之前设计的类图以及项目实际需求自己去尝试完成。

下面将重点讲解 DataProvider 类和 SystemUI 类所涉及的一些重要函数功能的代码实现与逻辑。

1）DataProvider 类的声明如下：

```
                            #include "JobList.h"
                            #include "UserList.h"

                            class DataProvider{
                            private:
                                User *  _user;
                                UserList*  _userList;
                                CategoryList *  _categories;
                            public:
                                DataProvider();
                                ~DataProvider();

                                bool   IsLogin();
                                Job*   FindByName(string name);
                                Category*   FindByCategoryName(string name);
                                void   addJob(Job* job, string categoryName);
                                void   show();
                                User*  Login(string _name, string _password);
                            };
```

```
DataProvider
```
- _user: User
- _userList: UserList
- _categories: CategoryList

+IsLogin(): bool
+FindByName(string): Job*
+FindByCategoryName():
Category*
+addJob(Job*, string)
+show()
+Login(string, string):
User*

2）DataProvider 类的实现与说明如下：

```
#include  "DataProvider.h"
/* 构造函数：16 表示用户集合和分类集合中可存放的对象最多为 16 个 */
DataProvider::DataProvider(){
    _user = nullptr;
    _userList = new UserList(16);
    _categories = new CategoryList(16);
}

/* 析构函数：销毁所有的用户对象，以及所有分类下的工作对象 */
DataProvider::~DataProvider(){
    if (nullptr != _user){
        delete _user;
        _user = nullptr;
    }
    if (nullptr != _categories){
        delete _categories;
        _categories = nullptr;
    }
}
/* 判断用户是否登录：返回 ture，表示用户已登录，返回 false，表示用户未登录 */
bool DataProvider::IsLogin(){
    return !(_user == nullptr);
}

/* 展示当前的所有工作 */
void DataProvider::show(){
```

```cpp
        _categories->show();
}
/* 根据工作名称查找工作，参数：工作名称 */
Job* DataProvider::FindByName(string name){
    for (int i = 0; i < _categories->Count(); ++i) {
        // 从分类列表中获取索引为 i 的分类对象，并临时命名为 cat
        Category* cat = _categories->get(i);
        for (int j = 0; j < cat->Jobs()->Count(); ++j){
            // 从当前分类中获取索引为 i 的工作对象，并临时命名为 job
            Job* job = cat->Jobs()->get(j);
            string jobName = job->getName();
            // 如果获取的工作名与查找的工作名一致，则返回当前的工作对象信息
            if (jobName == name){
                return job;
            }
        }
    }
    return nullptr;
}
/* 根据分类名称查找工作，参数：分类名称 */
Category* DataProvider::FindByCategoryName(string name){
    for (int i = 0; i < _categories->Count(); ++i){
        // 从分类列表中获取索引为 i 的分类对象，并命名为 cat
        Category* cat = _categories->get(i);
        // 如果获取的分类名与查找的分类名一致，则返回当前的分类对象信息
        if (cat->getName() == name){
            return cat;
        }
    }
    return nullptr;
}
/* 添加工作．参数 1：工作类；参数 2：工作类别名称 */
void DataProvider::addJob(Job* job, string categoryName){
    bool  flag = false;   // flag 用于表示当前添加的工作是否已有相关分类，默认为否
    int num = 1;
    for (int i = 0; i < _categories->Count(); ++i){
        Category*  cat = _categories->get(i);
        // 如果该工作分类存在，则在当前分类下直接添加工作，然后将 flag 标注为 true
        if (cat->getName()  ==  categoryName){
            cat->Jobs()->add(*job);
            flag = true;
        }
    }
    // 如果 flag 为 true, 表示工作已添加，否则创建一个新的分类，然后再添加工作
    if (!flag){
        Category* _catnew = new Category(num++, categoryName);
        _categories->add(*_catnew);
        _catnew->Jobs()->add(*job);
    }
}
/* 登录。参数 1：用户名；参数 2：用户密码 */
User*  DataProvider::Login(string name, string pwd){
    for (int i = 0; i < _userList->Count(); i++){
```

```
            User* tempUser = _userList->get(i);
            if ((tempUser->getName()==name) && (tempUser->getPassword()==pwd)){
                return tempUser;
            }
            return nullptr;
        }
}
```

3）SystemUI 类的声明如下：

```
#pragma once
#include "DataProvider.h"
#include "CategoryList.h"

class SystemUI{
private:
    DataProvider*  _dataProvider;
    void     LoginOperation();
    bool     exitSystem();
    void     findJob();
    void     addJob();
    void     findCategory();
    void     showAllJobs();
public:
    SystemUI();
    ~SystemUI();

    void     showHomeMenuOperation();
    void     showLoginMeunOperation();
    int      showHomeMenu();
    int      showLoginMeun();
};
```

SystemUI
+_dataProvider:DataProvider
-LoginOperation()
-exitSystem():bool
-fingJob()
-addJob()
-findCategory()
-showAllJobs()
+showHomeMenuOperation()
+showLoginMeunOperation
+showHomeMenu():int
+showLoginMeun():int

4）SystemUI 类的实现与说明如下。其中有些方法较为简单，由大家自己思考实现。

```
#include "SystemUI.h"
#include "Category.h"
#include "Job.h"
#include "UserList.h"

/* 完成用户登录操作 */
void  SystemUI::LoginOperation(){
    /* 功能逻辑：提示界面提示用户输入账号和密码，
        然后通过调用_dataProvider 中的 Login(string,string) 方法判断账号和密码是否正
        确，
        如果正确，显示登录成功，如果错误，显示登录失败 */
}

/* 完成退出系统操作 */
bool  SystemUI::exitSystem(){
    return  false;
}
/* 查找工作 */
void  SystemUI::findJob(){
```

```cpp
        /* 功能逻辑：提示界面提示用户输入需要查找的工作名称，
            然后通过调用_dataProvider 中的 FindByName(string) 方法查找工作，
            如果查找到，则显示工作信息，如果没找到，则提示无．
            工作查找结束后，返回主页面，即调用本类中的 showHomeMenuOperation() 方法 */
}

/* 添加一项工作 */
void  SystemUI::addJob(){
    /* 功能逻辑：提示界面提示用户输入需要添加的所有工作信息，
        然后通过调用_dataProvider 中的 addJob(Job* , string) 方法添加一项工作，
        在该方法中需要注意容错功能。
        工作添加结束后，返回主页面，即调用本类中的 showHomeMenuOperation() 方法 */
}

/* 查找工作分类 */
void  SystemUI::findCategory(){
    /* 功能逻辑：提示界面提示用户输入需要查找的工作分类名称，
        然后通过调用_dataProvider 中的 FindByCategoryName(string) 方法查找该工作分类信息，
        如果查找到，则显示该工作分类下的所有工作信息，如果没找到，则提示无。
        工作分类查找结束后，返回主页面，即调用本类中的 showHomeMenuOperation() 方法 */
}

/* 显示所有工作信息 */
void  SystemUI::showAllJobs(){
    _dataProvider->show();
}

/* 构造函数：当用户开始使用平台时，需要初始化一个数据提供者对象 */
SystemUI::SystemUI(){
    _dataProvider = new DataProvider();
}
/* 析构函数：当用户退出平台时，销毁数据提供者对象 */
SystemUI::~SystemUI(){
    if (nullptr != _dataProvider){
        delete _dataProvider;
    }
}
/* 显示平台登录页面信息，并返回用户的选项编号 */
int SystemUI::showLoginMeun(){
    cout << "------------------------" << endl;
    cout << "1.登录 " << endl;
    cout << "2.退出 " << endl;
    cout << "------------------------" << endl;
    cout << "请选择: " << endl;
    int selection = 0;
    cin >> selection;
    return  selection;
}

/* 显示平台主页面信息，并返回用户的选项编号 */
int SystemUI::showHomeMenu(){
```

```cpp
        cout << "--------------------------------------------------------" << endl;
        cout << "1.查看工作详情（按工作名称搜索）" << endl;
        cout << "2.添加工作" << endl;
        cout << "3.查看分类详情（按分类名称搜索）" << endl;
        cout << "4.查看所有工作" << endl;
        cout << "5.退出" << endl;
        cout << "--------------------------------------------------------" << endl;
        cout << "请选择：";
        int selection = 0;
        /*
        cin.clean() 表示更改cin的状态标示符;
        cin.sync() 表示清除缓存区的数据流。
        如果标示符没有改变，那么即使清除了数据流，也无法输入，这两个要联合起来使用。
        */
        cin.clear();
        cin.sync();
        cin >> selection;
        return selection;
    }

/* 用户根据所显示的登录页面选择相关操作并运行 */
void SystemUI::showLoginMeunOperation(){
    string username;
    string userpassword;
    // 创建一个新用户，即当前使用平台的用户
    User* _user = new User();
    // flag用于判断用户是否选择退出，true表示不退出，flase表示退出，默认不退出
    bool flag = true;
    // 先检查当前状态（即用户是否选择退出）
    while (flag){
    // 获取用户选择的编号，并进行判断，根据用户的选择进行不同的操作
        int choice = this->showLoginMeun();
        switch (choice){
        case 1:
            this->LoginOperation();
            continue;
        case 2:
            flag = exitSystem();
            break;
        default:
            system("cls");
            cout << "没有该项！请重新输入";
            cout << "\n";
            this->showLoginMeunOperation();
            flag = false;
        }
    }
}

/* 用户根据所显示的主页面选择相关操作并运行 */
void SystemUI::showHomeMenuOperation(){
```

```cpp
    // 获取用户选择的编号，并进行判断，根据用户的选择进行不同的操作
    int choice = this->showHomeMenu();
    // flag用于判断用户是否选择退出，true表示不退出，flase表示退出，默认不退出
    bool flag = true;
    //先检查当前状态（即用户是否选择退出）
    while (flag){
        switch (choice){
        case 1:
            this->findJob();
            flag = false;
            break;
        case 2:
            this->addJob();
            flag = false;
            break;
        case 3:
            this->findCategory();
            flag = false;
            break;
        case 4:
            system("cls");
            cout << "------------------------------------------------------------" << endl;
            cout << "\n";
            cout << "\n";
            this->showAllJobs();
            choice = this->showHomeMenu();
            break;
        case 5:
            flag = exitSystem();
            break;
        default:
            system("cls");
            cout << "您输入的项不存在，请重新选择...";
            cout << "\n";
            choice = this->showHomeMenu();
        }
    }
}
```

6.3 本章小结

本章主要介绍了 C++ 中的几种常见函数，包括成员函数、构造函数、析构函数，以及这些函数的特性与用法。

关键点概括

1）类的成员函数可以分为内联函数和外联函数。内联函数是指那些定义在类体内的成员函数，即该函数的函数体放在类体内。而说明在类体内，定义在类体外的成员函数叫作外联函数，外联函数的函数体在类的实现部分。

2）函数重载是指在同一作用域内，可以有一组具有相同函数名、不同参数列表的函数，这组函数被称为重载函数。重载函数通常用来命名一组功能相似的函数，这样做减少了函数名的数量，避免了对名字空间的污染，对于程序的可读性有很大的好处。

3）C++用 this 指针来代表当前实例的内存地址，有了这个地址，就可以方便地访问当前实例的所有成员。通常写成 "this->成员" 或 "*this.成员" 的形式。C++约定可以隐含或显式使用 this。

4）构造函数是一种特殊的成员函数，当类的对象被创建时就会调用相应的构造函数。构造函数的作用就是为对象分配内存空间，对其数据成员进行初始化，以保证每个对象的数据成员都有合适的初始值。构造函数有如下几个特征：

- 构造函数的名字和它的类的名字相同。
- 构造函数不能被指定任何返回类型。
- 构造函数不能声明为 const。
- 构造函数不能被派生类继承。
- 构造函数在创建对象时由系统自动调用执行，用户不能（也不需要）用类的对象来调用构造函数。
- 构造函数可以有初始化列表，初始化列表以冒号开头，后跟一系列以逗号分隔的初始化字段。

5）析构函数也是一种特殊的成员函数，析构函数名与类名相同并在名称前面有一个~运算符，以区别于构造函数。析构函数没有返回类型，也不能带有任何参数，并且析构函数只能有一个，不能重载。析构函数会被调用的情形有如下几种：

- 当类对象超出作用域或撤销类对象时。
- 当指向动态分配对象的指针被删除时（如用 new 分配空间，在析构函数中用 delete 释放时）。
- 当撤销一个标准库容器或数组时，该容器或数组中具有类类型元素时（其中，容器或数组中的元素总是按逆序撤销）；如果有些操作（如释放资源、执行特定操作等）需要由析构函数完成，这个类就必须定义自己的析构函数。

6.4 本章习题

1. 阅读下面的程序

```
Work{
public:
    Work(int money){cout<<money; }
    Work(string workname){cout<<workname; }
    Work(string workname,int money){cout<<workname<<","<<money; }
    void FindWork(int money, string workname);
    void FindWork(double money, string workname);
    void FindWork(string workname, double money);
    void FindWork(string workname, int money);
```

```
    private:
        int money;
        string workname;
};
```

main.cpp 文件内容如下：

```
void main()
{
    Work   tom;
    tom.FindWork("医生", 5000);
}
```

请问这两句话执行了 Work 里面的哪几个方法。

2. 所有的图书都包含以下几个信息：ISBN、书名、作者、出版时间等，现请设计一个图书类来描述图书。

   要求：1）设计一个 ISBN 类，它包含组件码、出版社码、书籍码和校验码

   2）设计 ISBN 的成员方法，存取 ISBN（用字符串拼接得到），检验 ISBN 的有效性（假设某国际标准书号的前 9 位是 7-309-04547，加权和 $S = 7 \times 10 + 3 \times 9 + 0 \times 8 + 9 \times 7 + 0 \times 6 + 4 \times 5 + 5 \times 4 + 4 \times 3 + 7 \times 2 = 226$，$S \div 11$ 的余数 $M = 226 \bmod 11 = 6$，$11 - M$ 的差 $N = 11 - 6 = 5$。如果 $N = 10$，则校验码是字母 X；如果 $N = 11$，则校验码是数字 0；如果 N 为其他数字，则校验码是数字 N。因此，本书的校验码是 5，故该国际标准书号为 ISBN 7-309-04547-5）。

   3）在 main（）中初始化一个图书类，要赋值。

   4）假如将 ISBN 现有的属性和方法都变为 private，请问该如何调用检验 ISBN 的有效性函数判断一本图书的 ISBN 是否正确。

3. 大家都知道在生成一个实例对象时会调用构造方法，那么构造方法的访问权限可不可以为 private。如果可以，外部类还能实例化对象吗？如果不能，请思考如何解决。

4. 阅读下面代码。

   Animal 类的相关代码如下：

```
class Animal
{
public:
    Animal(void);
    ~Animal(void);
    void Eat();
};

Animal::Animal(void)
{
    cout<<"Animal 创建 "<<endl;
}
Animal::~Animal(void)
{
    cout<<"Animal 消失 "<<endl;
}
void Animal::Eat(){
    cout<<" 要吃东西，不吃会饿 "<<endl;
```

}

Cat 类的相关代码如下：

```cpp
class Cat
{
public:
    Cat(void);
    ~Cat(void);
    void Eat();
};
Cat::Cat(void)
{
    cout<<"Cat 创建 "<<endl;
}
Cat::~Cat(void)
{
    cout<<"Cat 消失 "<<endl;


}
void  Cat::Eat(){
    cout<< "Cat 要吃东西，不吃会饿 "<<endl;
}
```

main 方法的相关代码如下：

```cpp
    int main()
{

    Cat ani;
    ani.Eat();
    return 0;
}
```

问题：1）Eat 方法是函数重载吗？

2）main 方法里的那两句话调用了哪些类方法？先后顺序如何？

5. 设计一款针对 0～4 岁儿童的颜色认知小游戏。小朋友得到任务后，根据任务的要求捡取相应颜色的球，扔到篮子中。捡取完后，裁判（系统）对小朋友所捡取的球做判断。如果小朋友友是按要求捡取的，则告知成功。如果没有完成，则鼓励他们继续。

要求：1）设计一个球，属性为颜色（要求颜色属性的访问权限为 private，分别为：红黄蓝）。

2）设计一个儿童用户类，属性为捡到的球，方法为捡球（调用 rand（）方法模拟随机捡球）。

3）设计一个球操作类，属性为所有球（初始化 30 个球，每种颜色的球有 10 个），方法为初始化所有球。

4）设计一个游戏类，开始游戏（初始化球序列、捡球、判定结构）。

第 7 章 继 承

前面几章,已经完成了两个综合案例的实现。那么,在代码实现的过程中,有没有可以继续优化的地方呢?接下来将通过对已有项目进行优化,并根据项目实现的合理性提出继承概念并实现。在实现的过程中讲解单继承的概念及其存在意义,以及实现单继承的 C++ 语法和应用。

7.1 综合实例 1——LostCraft 游戏项目

初级版的 LostCraft 游戏已经完成,是不是很有成就感呢?不过先别急,下面我们会在初级版的基础上进行优化,使代码更加专业和简练。

其实,之前编写的 LostCraft 程序在很大程度上是用于描述和解决游戏世界中的现实问题。C++ 中的类很好地采取了人类思维中的抽象和分类的方法,**类与对象的关系恰当地反映了个体与同类群体的共同特征之间的关系**。进一步观察现实世界可以看到,事物往往不是独立的,很多事物之间都有着复杂的联系。**继承**便是众多联系中的一种。

7.1.1 继承的概念

继承就是将公共的东西提取出来,封装成一个类,称为**父类**或**基类**。其他类继承此类,获得与此类相同的特性,此外还可以在此基础之上编写其他属性和方法,这些其他类称为**子类**或者**派生类**。

1)继承是对自然界中继承关系的一个**抽象**。

2)继承可以分为**单继承**和**多继承**两大类,其中单继承是继承中较为常见的一种。而派生类的继承方式有三种:公有继承、保护继承、私有继承,默认为私有继承方式。

3)实现继承时,应先抽取出父类和子类,然后借助 C++ 实现继承。

比如,汽车有小汽车和卡车等。汽车和火车、飞机又构成了交通工具这一大类。我们可以将交通工具抽象为**父类**,然后火车、汽车和飞机等**继承**交通工具类。并且还可以继续由飞机**派生**出波音飞机,由汽车**派生**出小汽车和卡车等。这些派生出的类又称为**子类**。交通工具继承的关系如图 7-1 所示。

面向对象的程序设计中提供了类的继承机制,允许程序员在保持原有类特性的基础上,进行更具体、更详细的类定义。以原有的类为基础产生新的类,我们就说新类继承了原有类的特征,也可以说是从原有类中派生出新类。

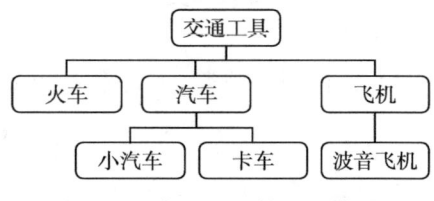

图 7-1 交通工具的继承关系

那么，类的派生机制有什么好处呢？**好处就在于代码的重用性和可扩充性**。通过继承可以**充分地利用别人做过的一些类似的研究和已经有的一些分析、解决方案**。派生新类的过程一般包括**继承已有类的成员、重写已有类的成员和扩展新成员3个步骤**。

在 LostCraft 游戏中，之前已定义了英雄类和怪物类。通过比较可以发现，在这两个类中，存在一部分同样的属性。为了利于后续程序的重构和可扩展，在此为这两个类声明一个共同的父类——角色类。于是，构成如图 7-2 所示的一种继承关系。

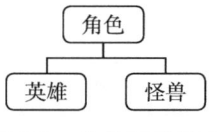

图 7-2　角色继承关系

从图 7-2 中可以看出，角色和英雄、怪物构成了一种层次结构。这可以说是人对自然界中的事物进行分类、分析和认知的过程在程序中的体现。在游戏中，英雄和怪物是相互联系、相互作用的。根据它们的实际特性，抓住其共同特性和细小差别，并利用分类的方法进行分析和描述。**在这个层次结构中，由上到下，是一个具体化、特殊化的过程；由下到上，是一个抽象化的过程。上下层的关系就可以看作基类与派生类的关系**。

7.1.2　单继承的声明与实现

下面分别来重新定义角色、英雄和怪物类。

首先，在头文件中新建一个"Role.h"头文件，然后在头文件中声明一个 Role 类。

```
                                class Role{
                                public:
   Role                             string name;
+name : string                      int level;
+level : int                        int HP;
+HP : int
+Role()                             bool isAlive();
+~Role()                            Role(void);
+isAlive() : bool                   ~Role(void);
                                };
```

Role 类中的属性和函数是不是看着很眼熟？那是因为在此将 Hero 类和 Monster 类中的公有变量和函数提取了出来，包括：名称、级别、生命值和是否存活函数。

接着来实现 Role 这个类，在源文件中新建一个"Role.cpp"文件，然后实现 Role 中的方法，即"bool isAlive();"。由于该函数是从 Hero 类和 Monster 类中提取出来的公共函数，所以实现方法与原来的方法一致。

```
bool Role::isAlive()
{
    return  HP > 0;
}
```

最后只需要让 Hero 类和 Monster 类继承 Role 类，并删除 Role 类中已包含的从 Hero 类和 Monster 类中提取出来的公共属性和函数即可。

1. 修改 Hero 类

```
                Hero
+MP : int
+crafts[NUM_CRAFTS] : Craftsmanship
-iAttack : int
+Hero()
+~Hero()
+setName()
+choice()
+attack(in mon : Monster &)
+levelUp(in up : int)
+levelDown()
-settlement(in level : int)
```

```cpp
#include "role.h"
#include "Craftsmanship.h"
class Monster;

class Hero :public Role
{
public:
    Hero(void);
    ~Hero(void);

    int MP;
    Craftsmanship crafts[NUM_CRAFTS];

    void setName();
    void choice();
    void attack(Monster&);
    void levelUp(int);
    void levelDown();
private:
    int iAttack;
    void settlement(int level);
};
```

class Hero : public Role 表明 Hero 类是从 Role 类继承而来的，或者说角色类派生出了英雄类。**注意这里表示继承关系的符号用英文的冒号（:），冒号前为子类，冒号后为父类。**

为什么 Hero 类中的代码少了？由于有了继承关系，这里的公有成员变量并未在 Hero 类中声明，比如名称、级别等。这些信息都是 Hero 类从 Role 类中继承过来的。同样，公有的是否存活成员函数也被继承了过来。因此这些公有的成员均不用在 Hero 类中再次声明。这样一来，在复杂的项目中就能够轻松地重构代码，更好、更快地完成项目。

在 Hero 类中，仅仅继承父类 Role 本身包含的一些属性和方法是远远不够的，因此 Hero 类需要根据自身的功能需求再额外添加一些属性和方法。比如 Hero 类具有能量值来完成技能攻击，当然也具有若干技能来发挥更高的攻击力。此外，Hero 类也包含了一些和 Monster 类不一样的功能（成员函数）。因此，在继承关系中，派生类独有的成员变量和成员函数都需要独立声明。

2. 修改 Monster 类

```
              Monster
+ATK : int
+Monster()
+Monster(in optional : int)
+~Monster()
+attack(in h : Hero &)
```

```cpp
#include "role.h"

class Hero;
class Monster :public Role
{
public:
    Monster(void);
    Monster(int optional);
    ~Monster(void);

    int  ATK;
    void attack(Hero &  h);
};
```

- 同 Hero 类一样，class Monster :public Role 表示此处 Monster 类也继承于 Role 类。因此，公有的成员在此处就不需要再次声明，只需要声明不同的特有成员。

注意： Hero 类和 Monster 类均有一个攻击（attack）的成员方法，但它们的参数并不相同，因此它们是两个不同的成员函数。当然也可以令这两个成员函数的参数一致，从而将这个方法提取到 Role 类中，具体实现方法会在第 8 章中讲解。

7.2　综合实例 2——HR 服务平台项目

回过头来继续看 HR 服务平台项目。第 6 章以 User 类为例讲解了 User 类的详细设计。那么在后续的使用中，为了方便地重构项目来满足不同情况下的不同需求，可同样采用继承 User 类来派生出新的类，从而使得 HR 服务平台能够满足更多的功能需求。

首先，在 HR 服务平台中，所管理的用户可能会有不同的类别。比如在一个大公司中可能有程序员这样的岗位，也可能有美工这样的岗位。那么如果在 HR 服务平台中只有 User 这一个类是不足以详细刻画所需要的功能的。因此就需要在项目中添加新的类（程序员类和美工类）来支持这样的需求。所添加的新类也并不是单独孤立的类，它和 User 类有很多相似的地方。因此可以使用继承的概念，从 User 类派生出现在所需要的新类。相关类图如图 7-3 所示。

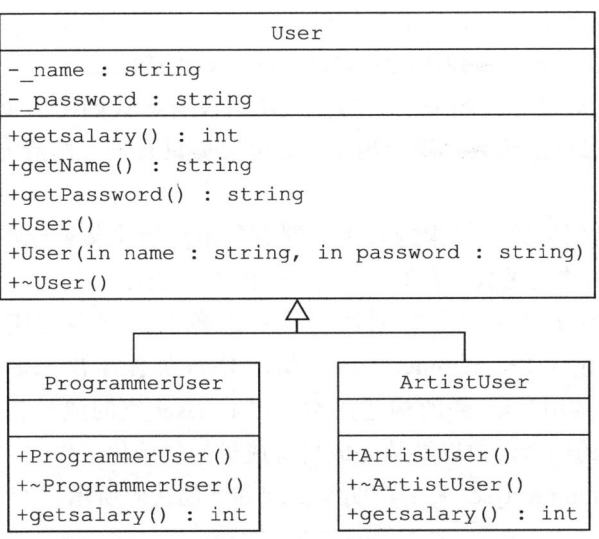

图 7-3　用户与程序员、美工的继承关系类图

从图 7-3 中可以看出，ProgrammerUser 类和 ArtistUser 类都是由 User 类派生出来的，它们分别从 User 类中继承了 User 类的公开成员，并分别重写了 getsalary() 函数，分别实现了计算各自薪水的方法。通过这样的继承，可以看出，对于新的派生类，一方面在设计上可以避免考虑很多冗余的成员，节省了开发的时间，提高了开发效率；另一方面通过继承并重写也可以在派生类中实现自己独有的功能，从而完成功能的改进或者提高。

7.2.1 巧用继承中的构造函数

定义了派生类之后，要使用派生类就需要声明该类的对象。对象在使用之前必须初始化。派生类的成员是由所有基类的成员与派生类新增的成员共同组成的，因此构造派生类的对象时，就要对基类的成员和新增的成员进行初始化。但基类的构造函数并不能继承下来，所以要完成这些工作，必须给派生类添加新的构造函数。对于基类的很多成员，派生类是不能直接访问的，因此要完成对基类成员的初始化工作，就需要通过调用基类的构造函数来实现。

比如说在ProgrammerUser类中，在实例化一个程序员对象时，需要对程序员对象的成员进行初始化。那么不仅需要初始化程序员类中的新增成员，还需要初始化父类中的成员。之前讲过在实例化对象时初始化工作由构造函数完成，那么子类和父类的构造函数是怎么执行的呢？子类声明对象时，不仅会调用自己的构造函数来初始化，还需要调用父类的构造函数，调用原则如下：

1）如果子类没有定义构造方法，则调用父类的无参数的构造方法。

2）如果子类定义了构造方法，不论是无参数的还是带参数的，在创建子类的对象时，首先执行父类无参数的构造方法，然后执行自己的构造方法。

3）在创建子类对象时，如果子类的构造函数没有显式调用父类的构造函数，则会调用父类默认的无参构造函数。

4）在创建子类对象时，如果子类的构造函数没有显式调用父类的构造函数且父类自己提供了无参构造函数，则会调用父类自己的无参构造函数。

5）在创建子类对象时，如果子类的构造函数没有显式调用父类的构造函数且父类只定义了自己的有参构造函数，则会出错（如果父类只有带参构造方法，则子类必须显式调用此带参构造方法）。

6）如果子类调用父类带参构造方法，则需要用初始化父类成员对象的方式，也就是显式地调用父类的构造函数，在C++中，运用":"表示。

在HR服务平台案例中，当要创建程序员对象时，则会调用ProgrammerUser的默认构造函数。但由于ProgrammerUser类是由User类派生出来的新类，那么实际的调用关系应该是先调用User类的构造函数，并在User类的成员初始化完成后才调用ProgrammerUser类的构造函数以继续完成自身成员的初始化工作。

User类和ProgrammerUser类的声明与实现如下面代码所示：

User.h	User.cpp

`#include "stdafx.h"`
`class User`
`{`
`public:`
`    int getsalary();// 计算工资`
`private:`
`    string _name;// 用户名`
`    string _password;// 密码`
	`#include "User.h"`
	`User::User(string name, string password)`
	`{`
	`    _name = name;`
	`    _password = password;`
	`}`
	`User::User()`
	`{`

| ```cpp
public:
    string getName();// 获取用户名
    string getPassword();// 获取密码
public:
    User();
    User(string, string);
    ~User();
};
``` | ```cpp
    _name;
    _password;
}
string User::getName()
{
    return this->_name;
}
string User::getPassword()
{
    return this->_password;
}
User::~User()
{

}
int User::getsalary()
{
    return 0;
}
``` |
| ProgrammerUser.h | ProgrammerUser.cpp |
| ```cpp
#include "User.h"
class ProgrammerUser :
    public User
{
public:
    ProgrammerUser();
    ~ProgrammerUser();
public:
  int getsalary();// 计算工资
};
``` | ```cpp
#include "ProgrammerUser.h"

ProgrammerUser::ProgrammerUser()
{
        cout << "Log:ProgrammerUser Constructor!" << endl;
}


ProgrammerUser::~ProgrammerUser()
{
}
int ProgrammerUser::getsalary()
{
    return 1000;
}
``` |

7.2.2 访问权限的 protected 关键字

回忆前面讲过的 C++ 访问权限，它分为 3 种：private、public、protected。继承相当于现实生活中的父子关系，思考一下，你老爸的私房钱，允许你使用吗？肯定不可以，既然是私房钱，就不会让任何人知道，以此类推，父类的私有属性或私有方法，子类是无法继承使用的；如果你老爸捐赠一笔钱，那么任何需要使用的人都可以申请，如同 public 属性和方法一样，可以公共使用；不过，你老爸的家产只有你可以继承，因此对于父类的一些方法和属性，如果只想要子类使用，那么只有用 protected 访问权限才可以保证。

同样的道理，如果想在 ArtistUser 类中继承 User 类中的 _name 和 _password 这两个成员，然而在代码中又将这两个成员变量的访问属性设置为 private，则 ArtistUser 类是无法继承该成员变量的。因此只能将 User 类中这两个成员变量的访问权限由 private 修改为 protected，此时在类的外部还是无法访问这两个成员变量（与 private 权限一样），但在 ArtistUser 类中却可以继承这两个成员变量，也就是说，可以在 ArtistUser 类中访问继承的这两个成员变量。

具体的实现方法如下：

User.h	ArtistUser.h
| ```cpp
#include "stdafx.h"
/*
 用户
 */
class User
{
public:
    int getsalary();// 计算工资
protected:
    string _name;// 用户名
    string _password;// 密码
public:
    string getName();// 获取用户名
    string getPassword();// 获取密码
public:
    User();
    User(string, string);
    ~User();
};
``` | ```cpp
#include "User.h"
class ArtistUser :
    public User
{
// 这里就从 User 类中继承了 _name 和 _password 成员
public:
    ArtistUser();
    ~ArtistUser();
public:
    int getsalary();// 计算工资
};
``` |

7.3 本章小结

继承是面向对象的特征之一，是程序结构对自然结构的抽象。通过使用继承可以使我们更加关注解决问题的方法，而不是关注解决问题的细节。继承结构的类型有多种，不同类型的继承结构，其特征各不相同。线形继承结构是单继承的典型形式，每个子类只能有一个父类。树形结构是多继承的典型形式，一个子类可以有多个父类。图形结构是单继承与多继承的混合形式。

关键点概括

1）继承是自然界继承关系的直接体现，使用继承可以让我们更加注重问题本身的抽象而非关注问题的细节。

2）里氏替换原则是判断继承中的父子关系的不二法则。里氏替换原则要求父类中的所有属性和行为在子类中必须成立，所以在进行继承抽象时，首先要判断是否存在父子关系。

3）在编程中，更多地使用单一继承来构建类的层次关系；对于多继承的概念，多数语言使用接口的方式进行扩展。

4）构造函数是在创建了对象之后调用的方法，作用是对对象进行初始化。在继承使用场景中，创建子类对象时会逐级寻找到顶层对象，然后从上至下依次调用各自的构造方法，而销毁的顺序正好与之相反。因为子类在销毁各自的对象时有不同的表现方式，所以在定义父类的析构函数时，应将父类的析构函数定义为虚函数，其他语言如 C#

通常会提供一个虚函数 Dispose 来供子类重写，以完成各自的析构过程。

5）根据里氏替换原则，除构造方法之外，子类能继承其余所有的属性和行为，但根据访问修饰符的作用，会有子类是否可见的问题。

6）访问修饰符 private 的作用是隐藏属性或行为，只能自身可见，其余对象均不能访问；protected 的作用是自身和子类可见，其余对象均不可见；public 的作用是将自身的属性或行为提供给其余对象，让其余对象也可访问自身的有属性或行为。private、protected 和 public 是 3 种常用的访问修饰符，几乎所有的语言都支持。

7.4 本章习题

1. 学习完本章之后，读者对于交通工具的上下级关系应该已经非常熟悉了，现在有一个方法 void toWork（transportation），用于乘坐交通工具出行。

    注意：transportation 为交通工具，请根据你对继承的了解，说明火车是否可以作为 toWork 的参数，并说明你的理由。

2. 有如下一段代码，请你根据你所掌握的继承相关概念，给出代码的执行结果，并解释这段代码的执行过程。

```
class A{
    virtual Void func(){
    cout<<"I am a function for class A<<endl;
    }
}

class B:public A{
    void func(){
        Cout<<"I am a function for class B<<endl;
    }
}

int main(){
    A *a = new B();
    a->func();
}
```

3. 现有飞机、大炮、小鸟、猫头鹰、步枪、火车这几个类，请回答如下问题：

1）请根据你对类的理解，对这些类进行再分类。

2）对于分类结果，请结合继承的概念，抽取或者创建出继承关系，并用类图表示。

3）提供分类依据。

4. private、public、protected 是常用的访问修饰符，请根据你的理解，用表格完成它们之间的区别，表头如下。

访问修饰符	作用	使用范围

5. 在本章计算工资的例子中，每个类计算工资的方式都不同，你能从面向对象的角度出发，对这些类做一些设计，使得相关调用更加合理吗？

第 8 章 多 态

通过继承的学习，读者应该明白了父类与子类的存在意义及其代码实现方式，接下来将在继承的基础上再深入地讲解面向对象的第三大特性：多态。仍然以之前所讲解的两个综合项目为例，通过解决实际应用中因同一方法功能不同而带来的扩展问题，引出多态的概念，并在此基础上提出解决方案。

8.1 综合实例 1——LostCraft 游戏项目

多态（Polymorphism）按字面的意思就是"多种状态"。面向对象程序设计的真正优势不仅仅在于继承，还在于将派生类对象当作基类对象一样处理的功能。支持这种功能的机制就是多态和动态绑定。

8.1.1 多态的概念

多态指同一个实体同时具有多种形式。它是面向对象程序设计的一个重要特征。如果一个语言只支持类而不支持多态，只能说明它是基于对象的，而不是面向对象的。**同一个消息被不同类型的对象接收后产生不同的行为就称为多态性，其特点就是一个接口，多个实现**。C++ 中的多态具体体现在运行和编译两个方面。编译时多态是**静态多态**，那么就可以确定对象使用的形式。运行时多态是**动态多态**，其具体引用的对象在运行时才能确定。

现实世界中，多态的例子有很多。比如，某学校的校长向社会发布一个消息"9月1日新学年开学"，那么不同的对象会做出不同的响应：学生要准备好课本准时到校上课；家长要筹集学费；教师要备好课；后勤部门要准备好教室、宿舍和食堂……

同理，在游戏世界中也存在着不少适用于多态的情况。比如，在场景类中显示不同的信息是使用函数重载的方法来实现的，这是一种静态多态。再比如，第 7 章提到的英雄类和怪物类中的攻击成员函数，其核心思想就是攻击，只是攻击的对象不同，实现的方法也不同而已，对此可以采用**虚函数**来完成，这就是一种动态多态。

8.1.2 静态多态的函数多态

如同 6.1.2 节所讲的，在 Scenario 类中，我们实现了两个同叫 showInfo 的成员函数。这两个函数的实现方法称为重载。那么**函数重载就是静态多态的表现形式之一**。

在同一个类中定义多个同名函数，但是它们的参数列表不同，这种现象是多态的一个典型的表现形式，在程序执行的过程中，系统会自动根据传入的参数的类型自动匹配与之对应的函数，从而实现函数的调用。

静态多态的优点就是：由于静多态是在编译期完成的，所以效率较高，编译器也可以对其进行优化。能够使接口和实现相分离，采用模板定义接口，类型参数定义实现。

8.1.3 动态多态的虚函数实现

了解了静态多态之后，那么接下来要研究的问题是：当一个基类被继承为不同的派生类时，各派生类可以使用与基类成员相同的成员名，如果在运行时用同一个成员名调用类对象的成员，那么会调用哪个对象的成员呢？也就是说，通过继承而产生了相关的不同的派生类，与基类成员同名的成员在不同的派生类中有不同的含义。也可以说，**多态性是"一个接口，多种方法"**。因此动态多态的设计思想就是对于相关的对象类型，确定它们之间的一个共同功能集，然后**在基类中，把这些共同的功能声明为多个公共的虚函数接口。各个子类重写这些虚函数，以完成具体的功能**。操作函数通过指向基类的引用或指针来操作这些对象，对虚函数的调用会自动绑定到用户实际提供的子类对象上去。

回顾 LostCraft 游戏的设计，第 7 章提到了 Hero 类和 Monster 类均有一个攻击（attack）的成员方法，但它们的参数并不相同，所以可以采用动态多态的方式，在 Role 类中实现一个虚函数。在 **C++ 中定义虚函数时要在函数声明之前添加 virtual**。接下来讲解如何通过"多态"来解决上述问题。

根据"多态"的定义，再结合"虚函数"的特征，首先在 Role 类中定义一个虚成员函数 attack 来定义攻击行为，如下代码所示：

```
// Role.h
class Role{
public:
    Role(void);
    ~Role(void);

    string name;
    int level;
    int HP;

    bool isAlive();
    virtual void attack(Role&); // 虚函数
};
```

```
// Role.cpp
#include "Role.h"
Role::Role(void){}
Role::~Role(void){}

bool Role::isAlive(){
    return HP>0;
}

void Role::attack(Role& r){
    return;
}
```

- 一般虚函数成员的声明语法是"**virtual 函数类型 函数名 (形参表);**"。
- 虚函数声明只能出现在类定义中的函数原型声明里，而不能在进行成员函数实现的时候才进行 virtual 声明。
- 攻击函数的参数是 Role&。因为 Role 类是 Hero 类和 Monster 类的公共父类，所以类之间满足赋值兼容规则，也就是说，将来在实际传递参数时，不管传递的是 Hero 类还是 Monster 类，都会向上转换为 Role 类。

- 虚函数必须有相应的实现。

在这里先分析一下 attack 函数，它的函数内容是"return;"，即并没有做任何操作就返回了。为什么这么做呢？因为在基类中，我们使用的是**虚函数**，所以**必须在该类中进行实现**，但同时我们又不知道 return 需要返回的是什么，换句话说，当前基类中的 attack 函数没有具体内容可实现，因此可以省去实现部分。

那么怎么才能省去实现部分呢？下面介绍一个简单的方法。在实际项目中，可在声明中加上"=0"来达到这个目的。我们把这样的函数称为"**纯虚函数**"，修改代码为"virtual void attack(Role&)=0;"，**注意，纯虚函数无须在当前类中实现。**

这样一来，在对应的 cpp 实现代码中就不需要再对此写任何实现代码了。

```
// Role.h
class Role{
public:
    Role(void);
    ~Role(void);

    string name;
    int level;
    int HP;

bool isAlive();
    virtual void attack(Role&) = 0; //
纯虚函数，无须实现
};
```

```
// Role.cpp
#include "Role.h"

Role::Role(void){}
Role::~Role(void){}

bool Role::isAlive(){
    return HP>0;
}
```

注意：当 C++ 的类中包含了纯虚函数，那么这个类就成了抽象类。抽象类规定，继承了抽象的子类必须实现抽象类中定义的抽象方法，且抽象类不能被实例化。

Role 类、Hero 类、Monster 类三者之间的攻击方法的关系如图 8-1 所示。

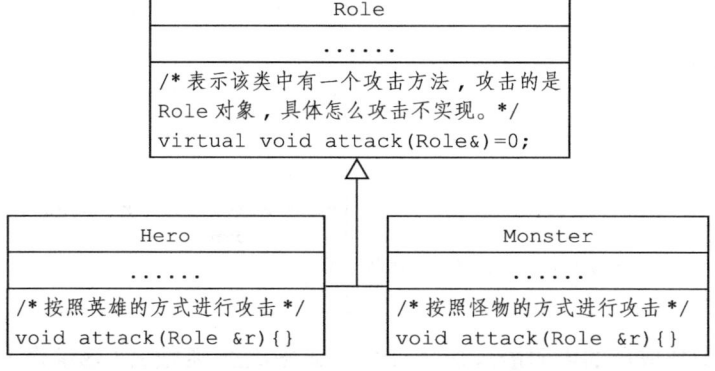

图 8-1　Role 类与 Hero 类、Monster 类三者之间的攻击方法的关系类图

并且，Hero 类和 Monster 类在父类中共有一个 attack 攻击行为，而不同的子类根据自身特征实现不同的方法，这就是典型的多态。

下面就来相应地修改 Hero 类和 Monster 类中的 attack 函数，继承并覆盖上述 Role 类中定义的虚函数。

1. Hero 类

```cpp
// Hero.h
#include "role.h"
#include "Craftsmanship.h"
class Monster;

class Hero :public Role
{
public:
    Hero(void);
    ~Hero(void);

    int MP;
    Craftsmanship crafts[NUM_CRAFTS];

    void setName();
    void choice();
    void attack(Role&);
    void levelUp(int);
    void levelDown();
private:
    int iAttack;
    void settlement(int level);
};
```

```cpp
// Hero.cpp
#include "Hero.h"
#include "Monster.h"
Hero::Hero(void){
……
}

Hero::~Hero(void){
……
}

void Hero::setName(){
……
}

void Hero::choice(){
……
}

void Hero::attack(Role &r){
    r.HP -= crafts[iAttack].ATK;
    MP -= crafts[iAttack].consumption;
    crafts[iAttack].action = crafts[iAttack].cooling + 1;
}

void Hero::levelUp(int up){
……
}

void Hero::levelDown(){
……
}

void Hero::settlement(int level){
……
}
```

2. Monster 类

```cpp
// Monster.h
#include "role.h"
class Hero;

class Monster :public Role{
public:
    Monster(void);
    Monster(int);
    ~Monster(void);
    int ATK;

    void attack(Role&);
};
```

```cpp
//Monster.cpp
#include "Monster.h"
#include "Hero.h"
Monster::Monster(void){}
Monster::~Monster(void){}

Monster::Monster(int optional){
……
}

void Monster::attack(Role &r){
    r.HP -= ATK;
}
```

- 在派生类中实现（覆盖）基类中的虚成员函数时，派生类的声明与实现中不需要添加 virtual 关键字。
- 派生类在执行代码时，由成员函数来调用或者是通过指针、引用来访问虚函数。

接下来实现操作函数。由于在原来的 Scenario 类中声明了一个 Hero 对象和一个 Monster 对象，并没有使用指针或者引用的方式来实现，所以对原有的 Scenario 类进行重构，使之能成为采用多态来完成游戏的场景。

第 7 章中介绍了继承，采用继承的方法可以向上抽象类的共同特征，减少扩展类时的代码量。同样的，也可以采用继承的方法来重构现有类。类图如图 8-2 所示。

在派生出的 AdvScenario 类中新增两个指针对象 rHero 和 rMonster 指针，并且修改 choice 函数的返回值为 void，从而使得在新的 Senario 类中可以使用基类指针的方式来表示英雄对象和怪物对象。这样的方式称为类型兼容。

类型兼容规则是指在需要基类对象的任何地方，都可以使用公有派生类的对象来替代。通过公有继承，派生类得到了基类中除构造函数、析构函数之外的所有成员。这样，公有派生类实际上就具备了基类的所有功能，凡是基类能解决的问题，公有派生类都可以解决。类型兼容规则中所指的替代包括以下情况：

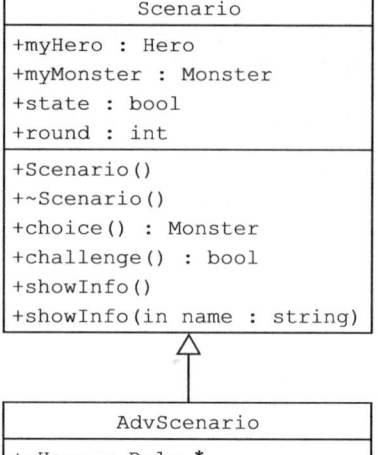

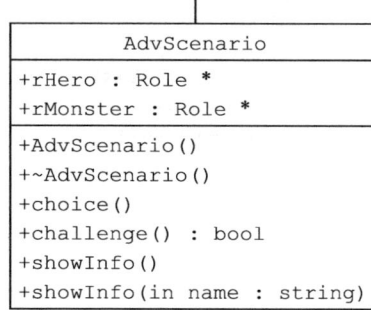

图 8-2　高级 Senario 类重构图

- 派生类的对象可以赋值给基类对象。
- 派生类的对象可以初始化基类的引用。
- 派生类对象的地址可以赋值给指向基类的指针。

在完成替代之后，派生类对象就可以作为基类的对象使用，但是只能使用从基类继承的成员。类型兼容规则是多态的重要基础之一。

声明和实现 AdvScenario 类的代码如下：

```
#include "scenario.h"

class AdvScenario :public Scenario{
public:
    AdvScenario(void);
    ~AdvScenario(void);

    // 英雄的对象指针
    Role *rHero;
    // 怪物的对象指针
```

```
#include "AdvScenario.h"
AdvScenario::AdvScenario(void){
    rHero = new Hero();
    rMonster = nullptr;
}

AdvScenario::~AdvScenario(void){
    delete rHero;
    delete rMonster;
}
```

```cpp
    Role *rMonster;

    void choice();
    bool challenge();
    void showInfo();
    void showInfo(string);
};
```

```cpp
void AdvScenario::choice(){
    int optional;
    do{
        system("cls");
        cout <<right << "请选择你要挑战的怪物："
<< endl;
        cout << setfill('-') << setw(30) <<
"" << endl;
        cout << "| 1:" << setfill(' ') <<
setw(26) << "巴尔坦虫怪【lv1】|" << endl;
        cout << "| 2:" << setw(26) << "格斯安
鱼怪【lv5】|" << endl;
        cout << "| 3:" << setw(26) << "泰斯鸟
怪【lv10】|" << endl;
        cout << "| 4:" << setw(26) << "绿头猿
怪【lv30】|" << endl;
        cout << "| 5:" << setw(26) << "赤龙怪
(BOSS)【lv50】|" << endl;
        cout << setfill('-') << setw(30) <<
"" << endl;
        cin >> optional;
    } while (optional<1 || optional>5);
    if (rMonster!=nullptr)
    {
        delete rMonster;
    }
    rMonster = new Monster(optional-1);
    return;
}
bool AdvScenario::challenge()
{
    while(true)
    {
        showInfo();
        ((Hero *)rHero)->choice();
        rHero->attack(*rMonster);
        showInfo(rHero->name);
        if(rMonster->isAlive())
        {
            rMonster->attack(*rHero);
            showInfo(rMonster->name);
            if (!rHero->isAlive())
            {
                ((Hero *)rHero)->levelDown();
                if (rHero->level<=0)
                {
                    cout << endl << "======
游戏失败！======" << endl;
                    return false;
                }
                return true;
            }
```

```
                                        else
                                        {
                                            round++;
                                            for (int i=0;i!=NUM_
CRAFTS;i++)
                                            {
                                                ((Hero *)rHero)-
>crafts[i].action = ((Hero *)rHero)-
>crafts[i].action <= 0 ? 0 : ((Hero *)rHero)-
>crafts[i].action - 1;
                                            }
                                            PC;
                                            continue;
                                        }
                                    }
                                    else
                                    {
                                        if (rMonster->level == 50)
                                        {
                                            cout << endl << "====== 恭喜通
关！======" << endl;
                                            return false;
                                        }
                                        ((Hero *)rHero)->levelUp
(rMonster->level);
                                        return true;
                                    }
                                }
                                void AdvScenario::showInfo()
                                {
                                …… // 修改 myHero 和 myMonster 对象为 rHero 和
                                rMonster 指针，下同
                                }
                                void AdvScenario::showInfo(string name)
                                {
                                ……
                                }
```

8.2 综合实例 2——HR 服务平台项目

8.1 节介绍了多态的概念，这一节再来详细分析一下多态的实现以及使用多态的好处。

8.2.1 多态的实现

在 HR 服务平台中，User 类分别派生出了 ArtistUser 类和 ProgrammerUser 类，不同的工作类别，其计算工资的方式和结果都是不一样的。比如说，美工的工资应为 100 元，而程序员的工资则稍微高一些，为 1000 元。结合之前所讲的静态多态的方法，通过继承父类的 getsalary() 函数然后再对其进行重写，最终分别在派生类中重新实现该函数，这样就可以在不同的类中实现不同的计算工资的方法了。但此时请大家思考一个问题：在程序中计算某个员工的工资时，我们可能并不知道用户现在所选择的员工是哪一类，只有在员工确定了以后，才可以知道采用什么样的方法来计算工资。这时按照第 7 章所讲的知识，可以根据赋值兼容规则**声明一个基类指针以指向用户所选的那一类派生类对象**。如此便可实现**接口统一和多种实现**。但如果只采用像上述一样的重写基类函数成员的方法来实现的话，所声明的基类的指针，不管它指向哪一个派生类对象，所调用的成员函数都将是基类的成员函数。那么如何来解决这个问题呢？

这里就要采用虚函数来实现多态，即在父类的 getsalary() 函数前面将此成员函数声明为 virtual。分析上面的结果可知，多态本质，简而言之就是用父类的指针指向其子类的实例，然后通过父类的指针调用实际子类的成员函数。那么，到底是怎么实现的呢？虚函数是通过一张虚函数表（Virtual Table，V-Table）来实现的。这个表，主要是一个类的虚函数的地址表，它解决了继承、覆盖的问题，保证能真实地反映实际的函数。这样，当用父类的指针来操作一个子类的时候，可通过虚函数表来指明实际所应该调用的函数。虚方法的运行机制如图 8-3 所示。

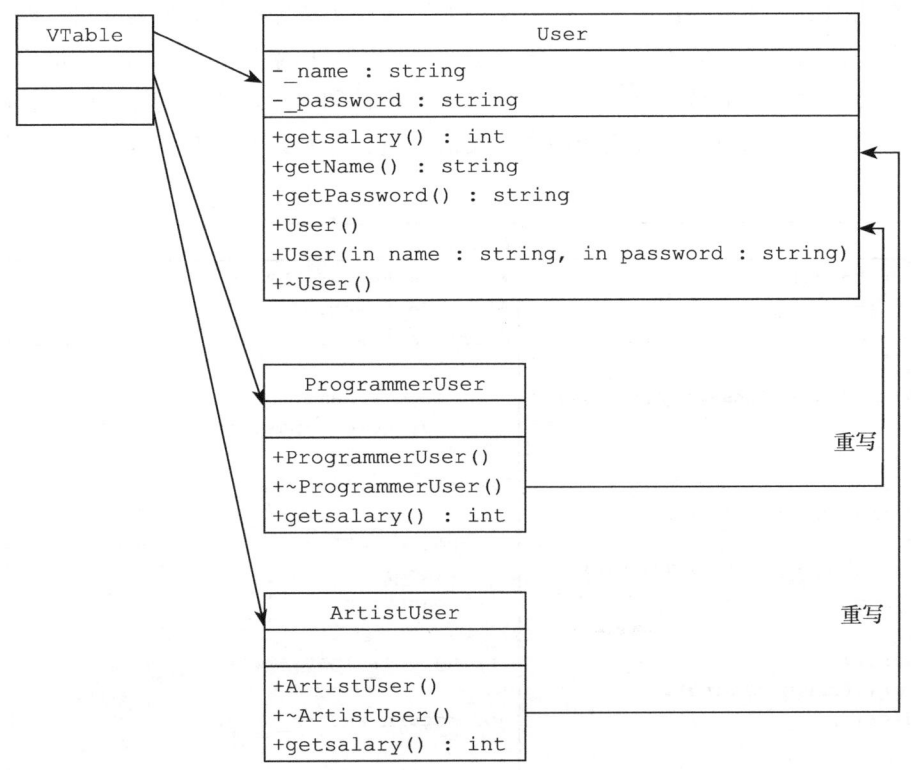

图 8-3 虚方法的运行机制

8.2.2 纯虚函数与抽象类

抽象类是一种特殊的类，它为一个类族提供统一的操作界面。抽象类是为了抽象和设计的目的而建立的。可以说，**建立抽象类就是为了通过它多态地使用其中的成员函数**。抽象类处于类层次的上层，一个抽象类自身无法实例化，即无法声明一个抽象类的对象，而只能通过继承机制生成抽象类的非抽象派生类，然后再实例化。

抽象类是带有纯虚函数的类。那么什么才是纯虚函数呢？

我们来看 8.2 节在 User 类中的 getsalary() 函数的实现，相应的代码如下：

```
int User::getsalary(){
    return 0;
}
```

分析一下上面的这个方法，这个方法的返回值是 0，为什么是 0？因为在父类 User 中没有任何与工资相关的量，所以在 User 类中实际上是无法计算工资的。既然这样，那么在 User 中就可以不实现这个方法，在 C++ 中，通过在该方法后面加上"=0"来达到这个目的，我们把这样的虚函数称为**"纯虚函数"**。

纯虚函数的声明格式为"**virtual 函数类型 函数名 (参数列表) =0;**"。

纯虚函数和一般的虚函数在声明时的区别在于前者的结尾有"=0"。**声明为纯虚函数之后，基类中就可以不再给出该函数的实现部分**。纯虚函数的函数体由派生类实现。

带有纯虚函数的类是抽象类。抽象类声明了一个类族派生类的公共接口，而接口的完整实现，即纯虚函数的函数体，要派生类自己定义。抽象类不能实例化，即不能定义一个抽象类的对象，但是可以定义一个抽象类的指针和引用。通过指针或引用，就可以指向并访问派生类的对象，进而访问派生类的成员，这种访问具有多态特征。示例代码如下：

User.h	User.cpp

`#include "stdafx.h"`
`class User`
`{`
`public:`
`    `**`virtual int getsalary() =0;`**`// 计算工资`
`private:`
`    string _name;// 用户名`
`    string _password;// 密码`
`public:`
`    string getName();// 获取用户名`
`    string getPassword();// 获取密码`
`public:`
`    User();`
`    User(string, string);`
`    ~User();`
`};`
	`#include "stdafx.h"`
	`#include "User.h"`
	`User::User(string name, string password)`
	`{`
	`    _name = name;`
	`    _password = password;`
	`}`
	`User::User()`
	`{`
	`    cout << "Log:User constructor!" << endl;`
	`    _name;`
	`    _password;`
	`}`
	`string User::getName()`
	`{`
	`    return this->_name;`
	`}`
	`string User::getPassword()`
	`{`
	`    return this->_password;`
	`}`
	`User::~User(){`
	`}`

```
SystemUI.cpp
void SystemUI::CalculateSalary(int choice)
{
    User* _user;
    switch (choice)
    {
    case 1:
        _user = new ProgrammerUser();
        cout << "程序员的工资为:" << _user->getsalary() << endl;
        break;
    case 2:
        _user = new ArtistUser();
        cout << "美工的工资为:" << _user->getsalary() << endl;
        break;
    default:
        cout << "不存在该工作类别" << endl;
        break;
    }
    delete _user;
    _user = nullptr;
}
```

8.3 本章小结

多态性，字面意思就是多种形状。按照 Charlie Calverts 的理解，多态性就是允许你将父对象设置成为与它的一个或多个子对象相等的技术。赋值之后，父对象就可以根据当前赋值给子对象的特性以不同的方式运作。简单地说，就是允许将子类型的指针赋值给父类型的指针。在 C++ 语言中，多态性可以理解为不同的对象接收到相同的消息（这里的消息指的是对类的成员函数的调用），产生不同的动作（即用相同的接口调用不同的函数）。一句话就是："一个接口，多种方法"。

C++ 虚函数的底层实现机制并未标准化，不同的编译器可以采用不同的方法来实现语言层面上的虚函数。不过，目前所有的编译器实现的虚函数方法都是：为每个包含虚函数的类创建 V-Table，在其中放置虚函数的地址，并在每个类对象中放置称为 vptr 的指针，使其指向所属类的 V-Table。当通过指针调用虚函数时，编译器插入能获取对象的 vptr，并在所指的 V-Table 中查找函数入口地址的代码，从而实现所希望的动态绑定。

关键点概括

1）多态是自然界中常见的形态转换，自然界的物体在不同的环境下能发生状态改变。同样在面向对象中，当父类指针引用不同子类对象时也能表现出不同的行为或状态。

2）多态的实现有静态多态和动态多态之分，而对于静态多态和动态多态的实现也不尽相同。静态多态不要求继承和虚函数的参与，只需要接口声明，在 Java、C# 这类语言中可以直接通过定义接口来实现，在 C++ 中可以通过模板的方式对类进行约束，静态多态在编译时完成，因此执行效率较高，有很强的适配性和松耦合性，因为是基于模板的实现,所以间接地为 C++ 提供了泛型设计概念;在 C++ 中,动态多态的实现基础是继承和虚函数,动态多态是在运行时完成的,因此也称为运行时多态,动态多态是对客观世界的直接反馈,声明与实现分离,提高复用性。

3)函数重载从概念上也符合多态的定义,属于静态多态实现中的一种。

4)多态在使用的过程中,通常伴随着工厂模式一同出现。工厂模式负责根据不同的需求创建满足条件的不同对象,在工厂模式创建对象的过程中伴随着逆变,当将多态的声明作为参数传递时伴随着协变。逆变和协变是动态多态使用的集中体现。

5)协变是指为父类指针提供子类对象,逆变是指将父类指针引用的对象转换为子类对象,如 Dog 和 Animal,将 Dog 对象传递给 Animal 指针是协变过程,而将 Animal 指针转换为 Dog 对象是逆变过程。

6)多态的使用统一了函数的入口与出口,提高了系统的可集成性和可扩展性。

8.4 本章习题

1. "秦人不暇自哀,而后人哀之,后人哀之而不鉴之,亦使后人而复哀后人也!"这句千古名句出自《阿房宫赋》,请结合本章内容,说明这句话中是否存在多态。如果存在,请指明存在多态的地方。
2. 在多态的相关概念中,有重载和重写这两种实现多态的途径,请说明重载和重写的区别,以及各自实现的基础。
3. 有一个类 MyContactor,现在需要你为 MyContactor 类定义一个方法 Add,使其能够支持任何类型(string、int、用户自定义类型)的加行为,结合继承和多态的概念,设计出 MyContactor 类的原型,并提供如此设计的依据。
4. 定义一个类 Painter,这个 Painter 类有一个方法 Pain(shaper),通过 Painter 类可以创建多个不同的对象,并且每个对象都可以调用自己的 Pain 方法。要求能够根据不同的对象绘制出不同的形状,请使用 C++ 语言实现这个 Painter 类并绘制出圆形(Circle)、长方形(Rectangle)。
5. 你能否为题目 4 设计一个类生成器,其中包含一个 GenerateShape(string) 方法,并可根据不同的需求(用字符串表示需求,比如要生成圆形时用 GenerateShape("circle"))生成不同的图形。
6. 因为业务需要,需要设计一个数据导入器来导入不同类型的数据,这些数据类型有系统管理员、班级、教师、学生。因为不同类型的数据结构存在差异,所以导入数据类型的过程各不相同,但是系统又希望能够使用同一个 Export 入口来完成这个工作,请结合题目 4 和 5 设置 Export 入口及其使用场景,并绘制类图。
7. 一所大学一般都有本科生、研究生和博士生这几类学生,在进行学费计算时,通常根据不同的学生直接进行学费计算,现在请你根据所学的知识,结合下面的提示完成学费计算的设计及代码实现。

    1)计算本科生学费的方式为:学时 (hours)*40.0
    2)计算研究生学费的方式为:学时 (hours)*60.0+ 论文篇数 *35
    3)计算博士生学费的方式为:奖学金 + 学时 (hours)*135.0

第三部分

提 高

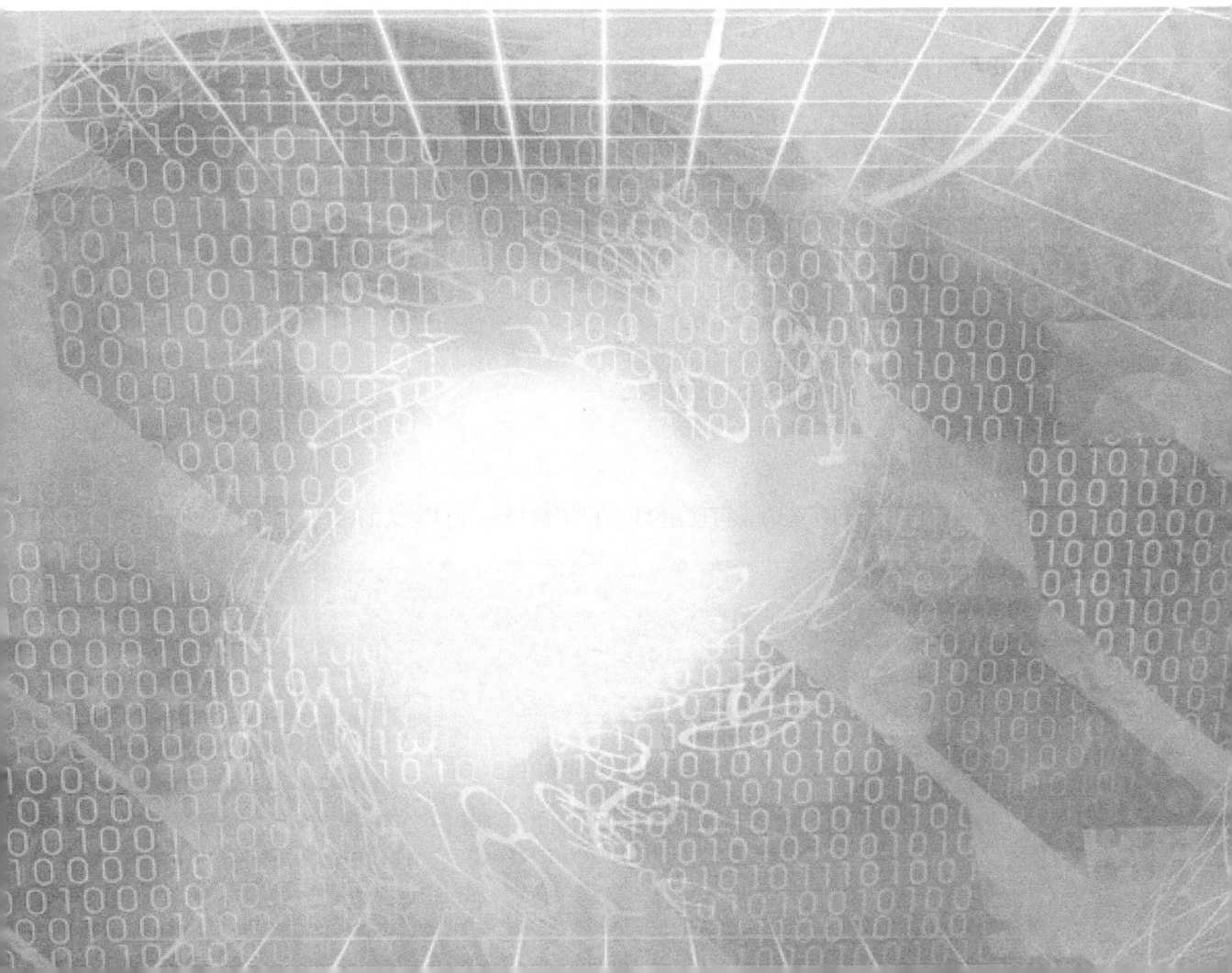

第 9 章　综合项目——锻炼系统

前面 8 章分别讲解了面向对象体系中必备的知识点,从面向对象的基本概念到面向对象的设计,并结合实际的项目案例对继承和多态这两个重要概念进行了升华,但是前面的讲解都是分部讲解的,侧重点各不相同,为了使读者对面向对象有一个综合的认识,同时帮助他们掌握面向对象在实际项目中的应用方式,本章将以一个全新的项目案例进行迭代讲解,从一开始的项目分析到模型设计,再到最后的代码实现,目的在于通过对该案例的综合讲解来让读者全面了解面向对象的应用。

9.1　系统项目介绍

生命在于运动!运动储存生命,我们从没有像今天这样,关注自身的健康。

"压力山大"是当代年轻人的生存呐喊,上学、就业、工作……压力无处不在,对抗压力需要我们身体健康。

学习之余,工作之余,我们需要走出去,动起来,释放压力,找回激情,那么,羽毛球运动则是不二选择。不论在雨天、晴天,你都可以参与。

因此,我们需要一个线上平台,来让我们找到队友,找到组织,同时找到应有的乐趣!正所谓"独乐乐,不如众乐乐",来吧,释放你的激情,燃烧你的脂肪吧!

9.2　系统项目角色功能分析

分别描述和介绍不同的角色身份信息。

9.2.1　普通用户

1)普通用户注册到系统时,可使用 11 位的手机号码和自定义的密码,如图 9-1 所示。

图 9-1　普通用户注册

2)普通用户登录后,可以加入自己感兴趣的群,如图 9-2 所示。

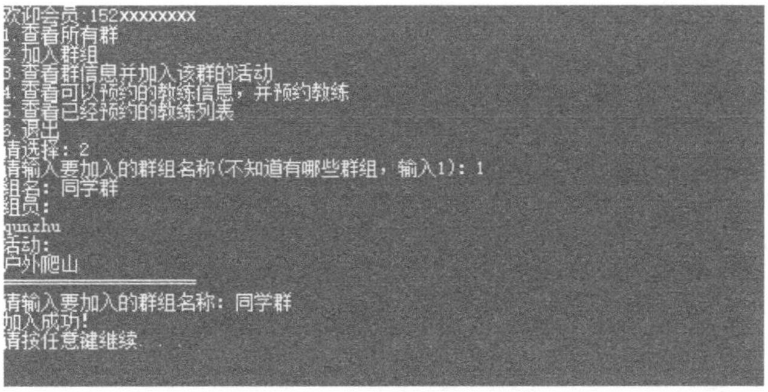

图 9-2　普通用户登录

3）普通用户可以有选择地参加群组织的活动，如图 9-3 所示。

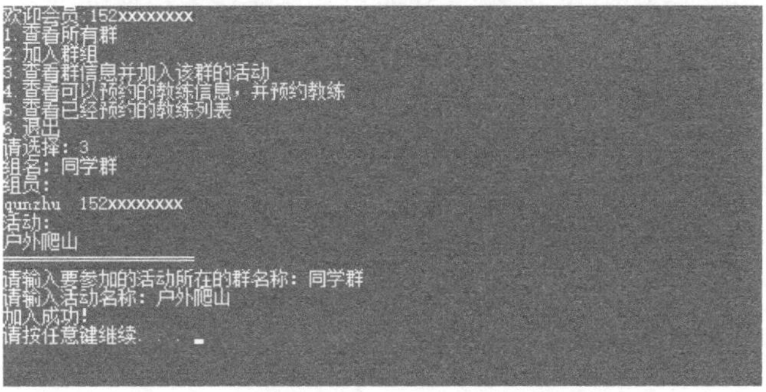

图 9-3　普通用户加群

4）普通用户登录后，可以查看能预约的教练／私教信息并预约，如图 9-4 所示。

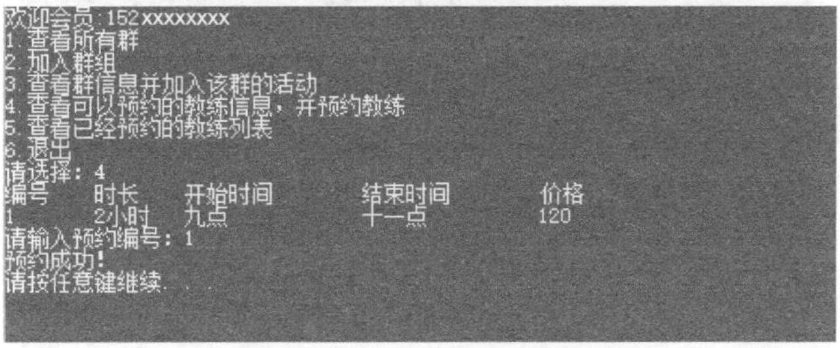

图 9-4　普通用户预约教练

5）普通用户登录后，还可以查看自己已预约的教练列表，如图 9-5 所示。

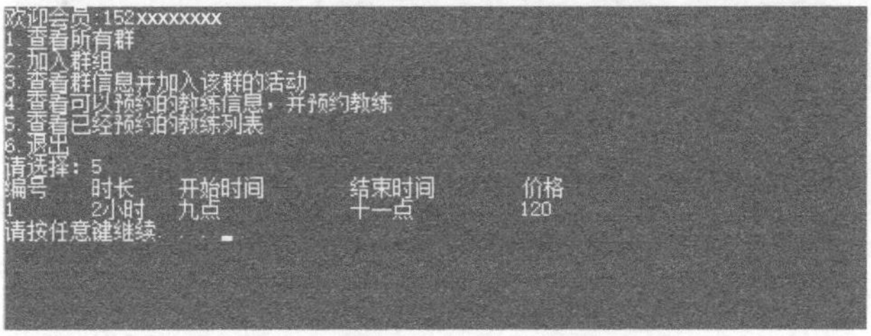

图 9-5　普通用户查看已预约的教练

9.2.2 群主

1)群主注册系统时，可使用 11 位的手机号码和自定义的密码，如图 9-6 所示。

图 9-6　群主注册

2)群主登录后，可以创建新的群组，如图 9-7 所示。

图 9-7　群主创建群

3)群主登录后，可以在已创建的群组中发布群活动，如图 9-8 所示。

图 9-8　群主发布活动

4)群主登录后，还可以查看自己已创建的群以及在该群下面发布的群活动，如图 9-9 所示。

图 9-9　群主查看群活动

9.2.3 私教/教练

1）私教/教练注册系统时，可使用自定义的账号和密码，如图 9-10 所示。

图 9-10　教练注册

2）私教/教练登录后，可以发布预约时间，如图 9-11 所示。

图 9-11　教练发布预约

3）私教/教练登录后，还可以选择查看自己的预约列表信息，如图 9-12 所示。

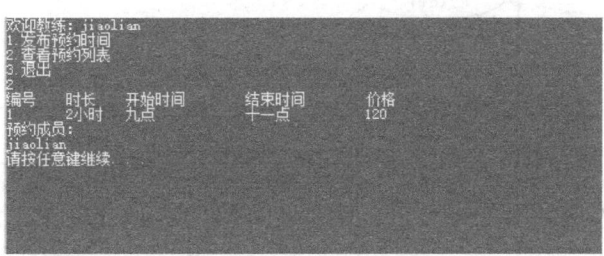

图 9-12　教练查看预约列表

通过分析羽毛球系统的功能和角色，对它们进行归纳，表 9-1 列出了模块的功能和角色的对照关系。

表 9-1　功能和角色的对照关系

模块	功能	普通用户	私教/教练	群主
用户信息	用户注册	√	√	√
	用户登录	√	√	√
群管理	创建群			√
	发布群活动			√
	群列表	√		
	查看所有群活动	√		
	加入群	√		
	选择参加群活动	√		

(续)

模块	功能	普通用户	私教/教练	群主
私教/教练	发布时间信息		√	
	预约私教/教练	√		
	查看预约信息		√	

后面会花一小节的篇幅对这个羽毛球系统进行分析，并借助 UML 工具将用例图、时序图和类图表达出来。

9.3 系统项目的 UML 设计

接下来借助 UML 设计工具通过角色用例图、时序图和类图来分析业务并对其进行建模。

9.3.1 用例图

用例图主要用来表达什么人在什么地方干什么事情，这里的什么人，在用例图中指参与者，什么地方指系统边界，干什么事情指用例。用例图的主要作用就是对系统、子系统进行功能行为分析并建模。结合系统角色功能分析表，借助 StarUML 工具，系统的用例图最终可表达为图 9-13。

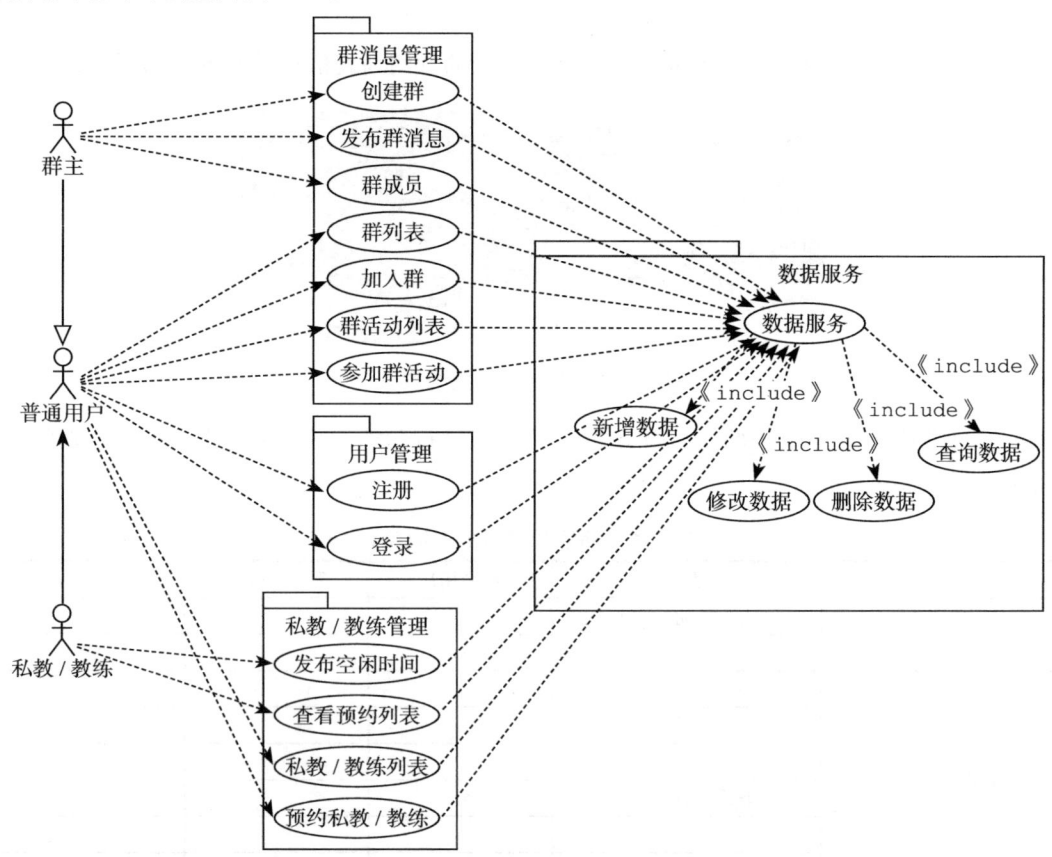

图 9-13 系统用例图

从用例图可以看出，该系统有 4 个子系统，分别是群消息管理、用户管理、私教/教练管理以及数据服务。

9.3.2 时序图

根据系统的业务流程，结合用例图，现为每个用例和业务创建时序图（见图 9-14～图 9-24），以帮助读者理解系统事件的发生过程。

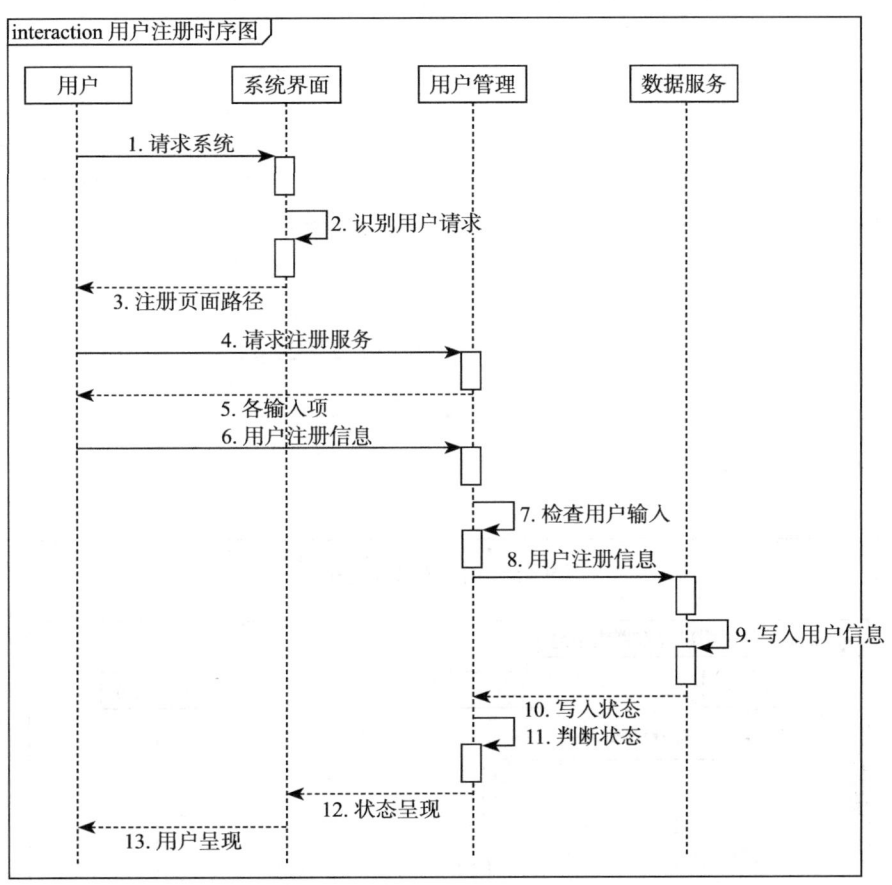

图 9-14 用户注册时序图

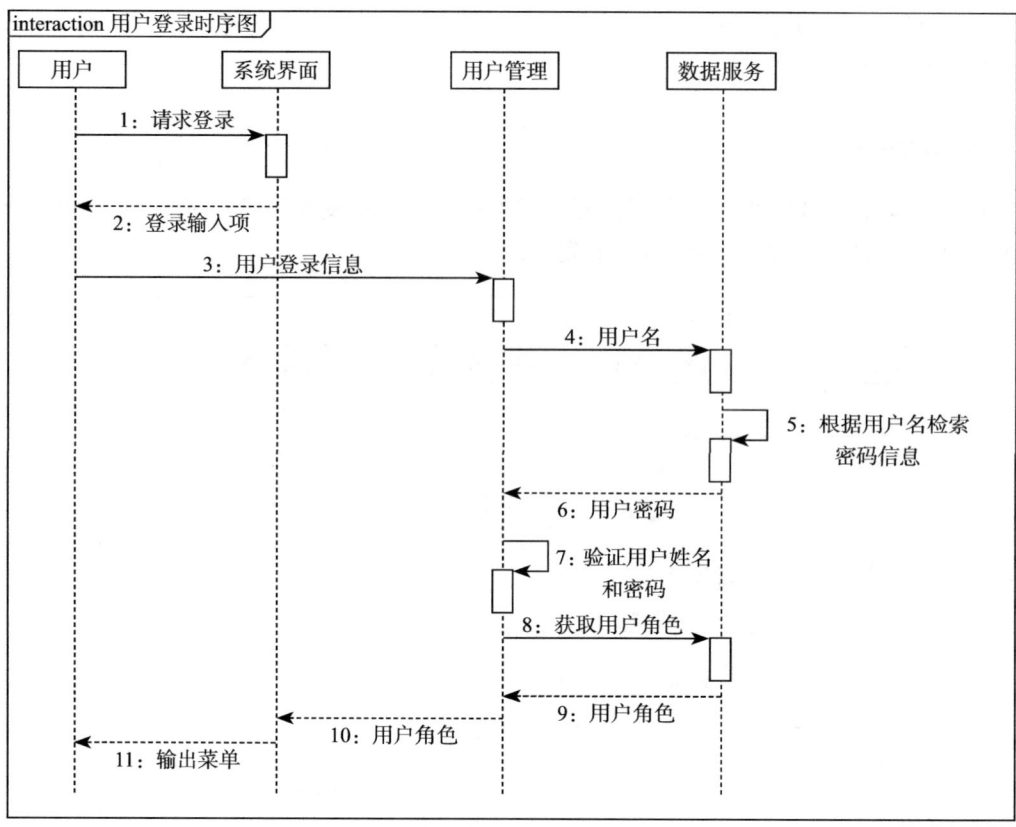

图 9-15　用户登录时序图

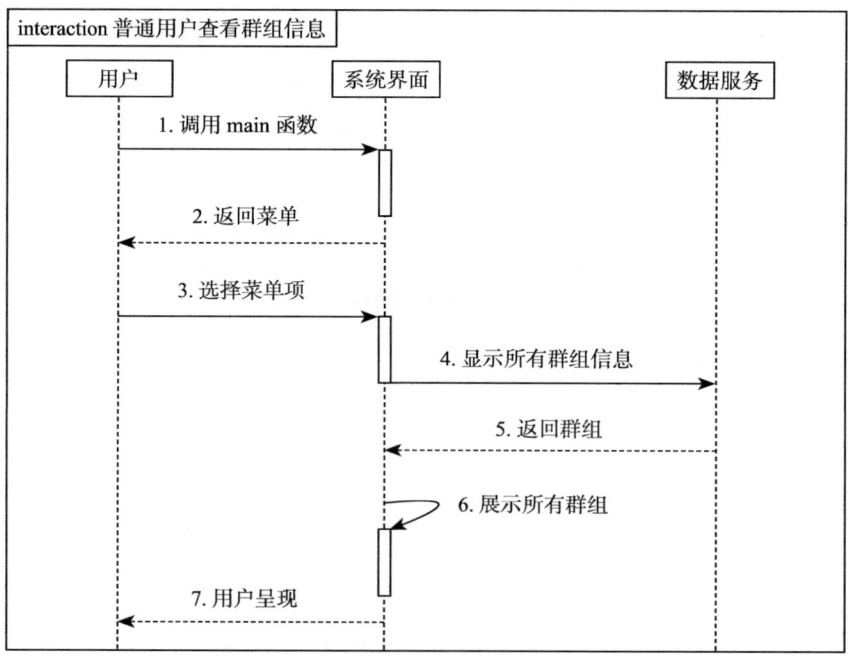

图 9-16　普通用户查看群列表时序图

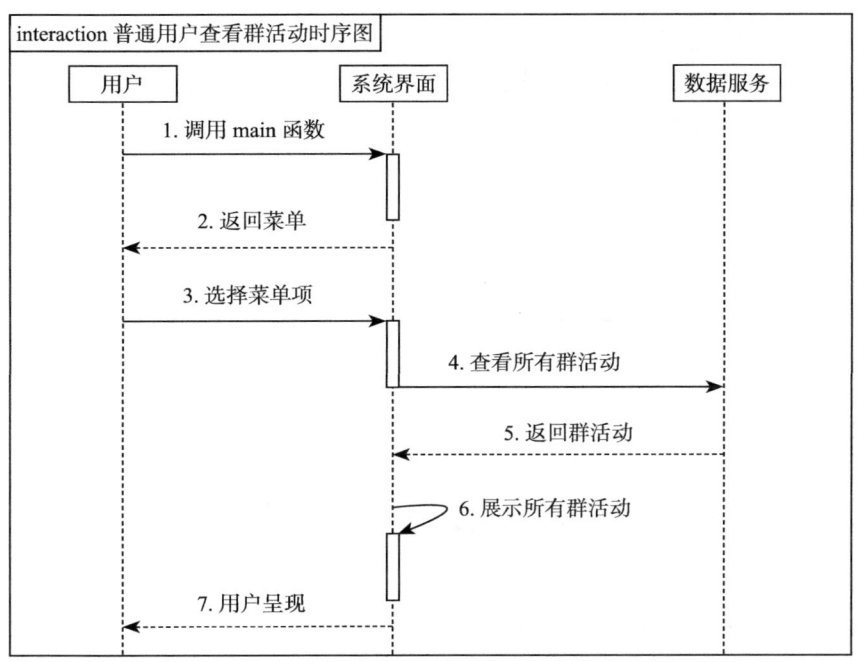

图 9-17 普通用户查看所有群活动时序图

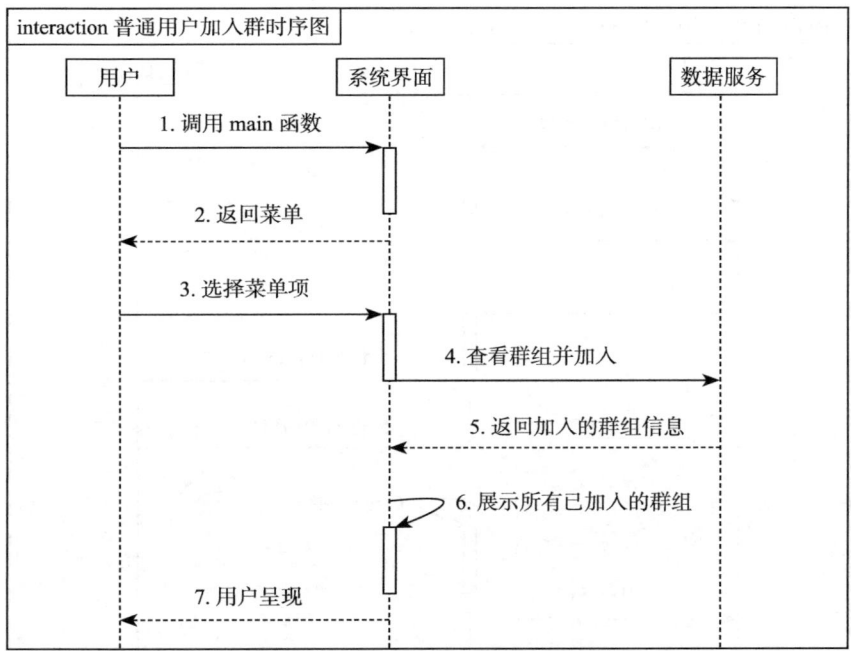

图 9-18 普通用户加入群时序图

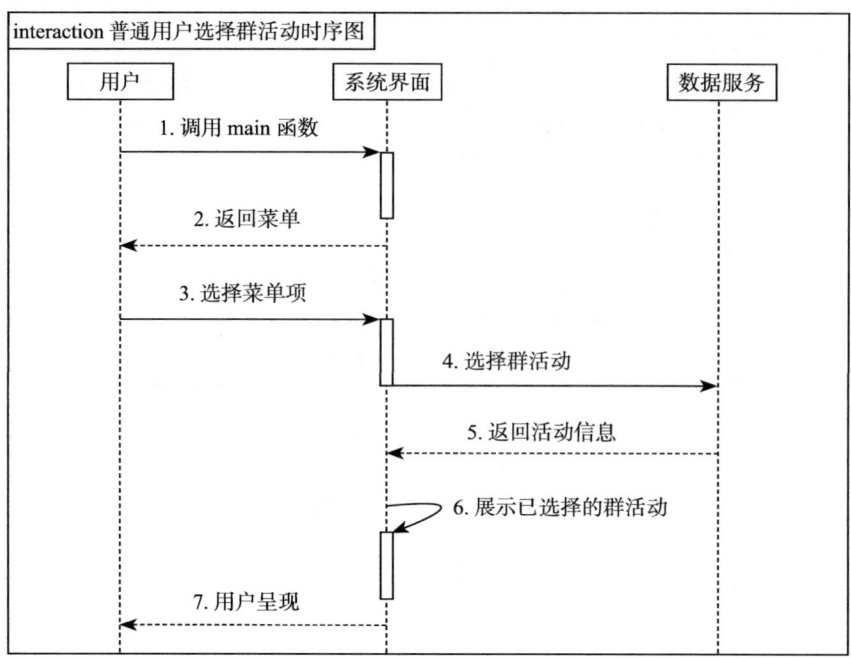

图 9-19　普通用户选择群活动时序图

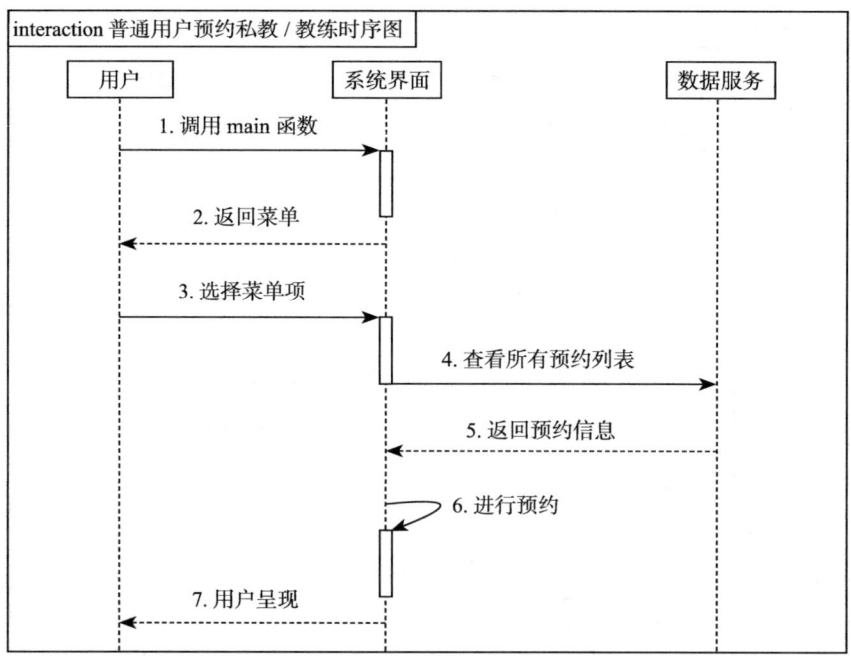

图 9-20　普通用户预约私教 / 教练时序图

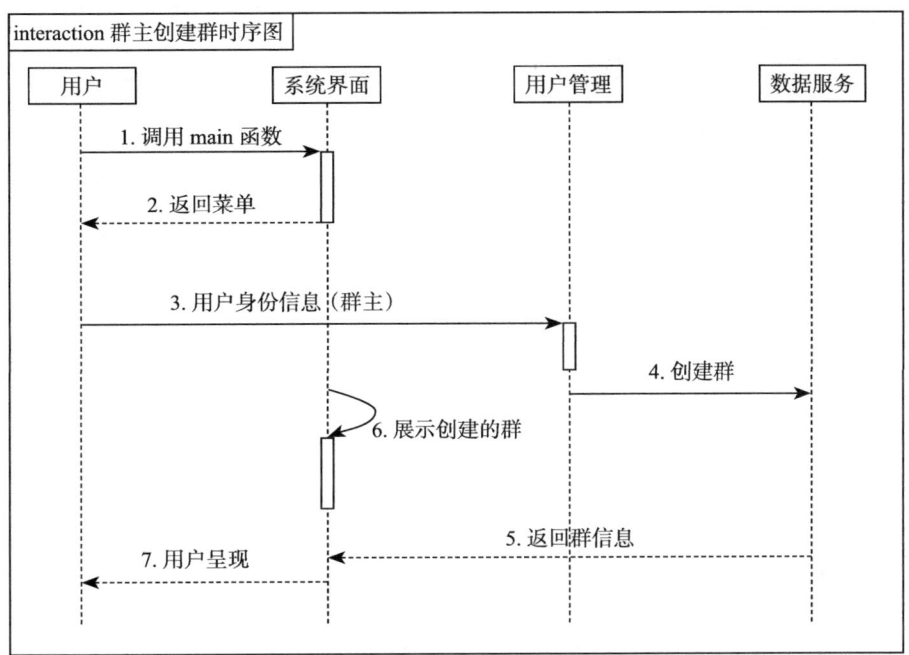

图 9-21　群主创建群时序图

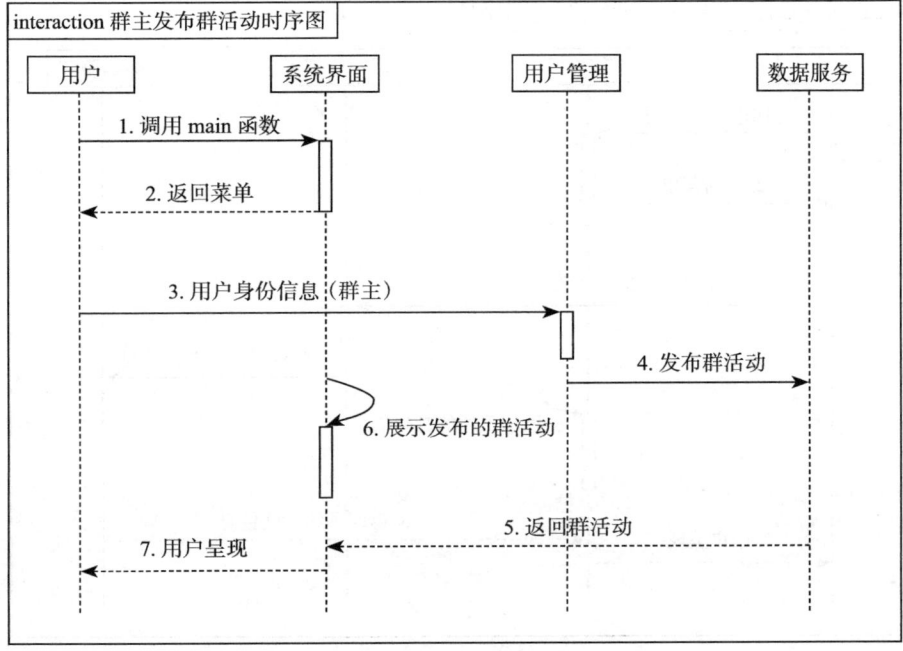

图 9-22　群主发布群活动时序图

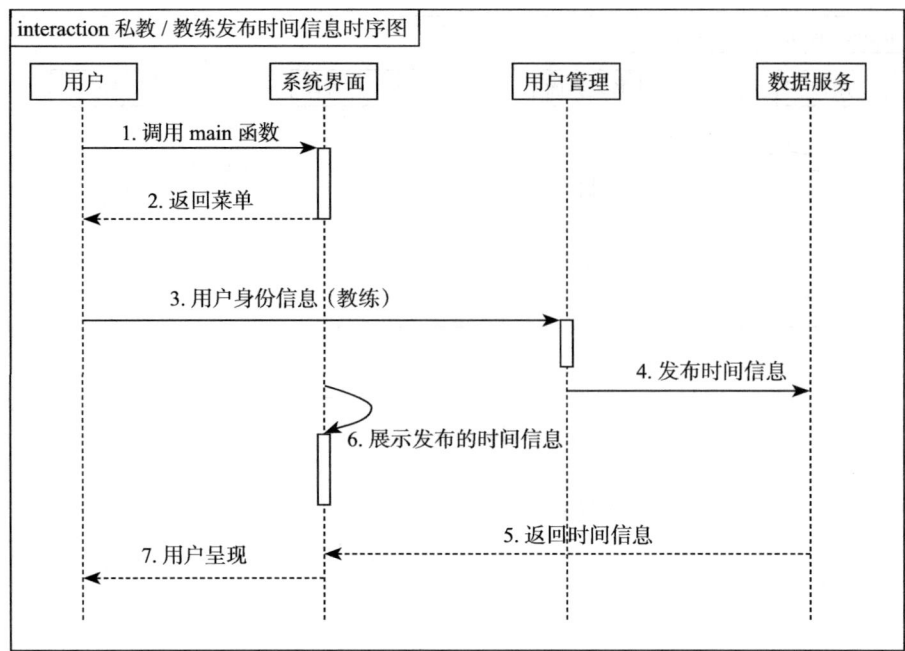

图 9-23 私教 / 教练发布时间信息时序图

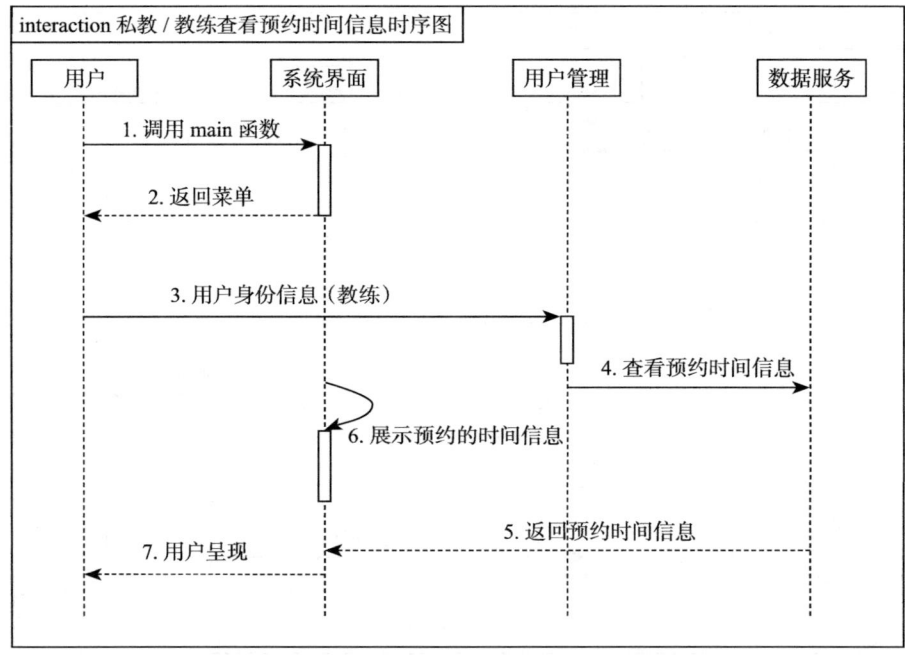

图 9-24 私教 / 教练查看预约时间信息时序图

9.3.3 类图及说明

类图实际上是在对系统进行整体设计之后，再进行详细设计时所做的工作。通过类图可对用例和时序进行整理，使系统的实现跃然纸上。系统整体类图如图 9-25 所示。

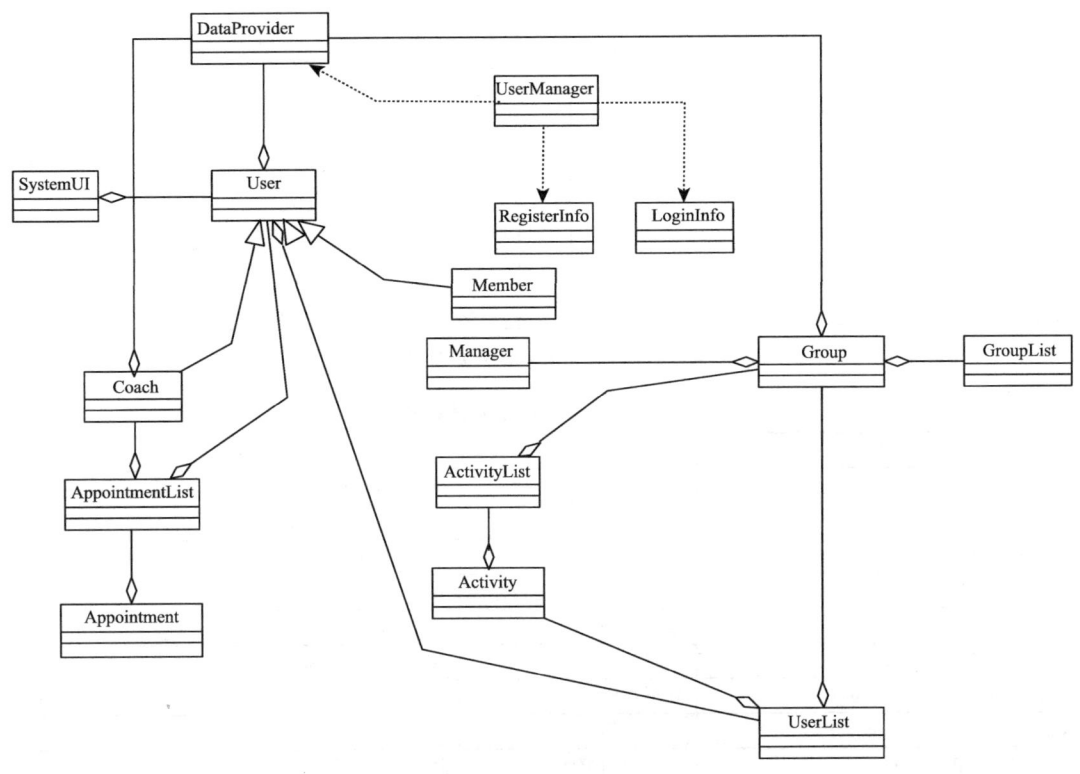

图 9-25 整体类图

从整体类图来看，系统涉及的类比较多，如果再结合用例图来看，实际上这些类并不复杂，只不过各自之间有着千丝万缕的联系。其实在思考系统类图时可以先把每个类看成一个与其他类毫无关系的单一个体，提取出系统中可能涉及的类，最后再结合系统边界捋清各个类的职责，构建相互之间的联系，而类之间的联系无非是继承、聚合、组合这几种。下面对系统中的大部分类图做个体说明。

1. DataProvider 类

DataProvider 是系统中提供数据服务的单元，系统中涉及数据输入、输出的操作完全由 DataProvider 完成，DataProvider 的类图及其成员说明如图 9-26 所示。

为了方便大家了解类中的各成员，特别制作了表 9-2 来对 DataProvider 做详细说明。

现以群组操作为例，详细为大家展示如何实现该类。新增群组的业务逻辑流程如图 9-27 所示。

DataProvider		DataProvider
- 用户列表 - 群组列表 - 预约列表		-UserList -GroupList -AppointmentList
+ 注册时判断用户是否存在 () + 添加用户 () + 登录 () + 新增群组 () + 加入群组 () + 显示所有群组 () + 显示用户所有群组 () + 新增活动 () + 加入活动 () + 新增预约 () + 加入预约 () + 获取私教预约 () + 显示用户已定预约 ()		+IsUserExist(string) +addUser(User) +Login(string, string) +addGroup(User, string) +JoinGroup(User, name) +showAllGroup() +showMyGroup(User) +addActivity(User, string, Activity) +joinActivity(User, string, string) +AddAppointment(User, Appointment) +joinAppointment(User, string) +getAppointment(User) +showAllAppointment(User)

图 9-26 DataProvider 类图及其成员说明

表 9-2 DataProvider 类功能表

成员	规则	说明
UserList* userList		存储所有用户（包括群主、会员、教练）列表
GroupList* groupList		存储所有群组列表
AppointmentList* appointmentList		存储所有的预约列表
bool IsUserExist(string)	判断用户账号是否存在	参数：用户名
void addUser(User)	新增用户	用户注册
User* Login(string, string)	登录	参数：账号、密码
bool addGroup(User,string)	新增群组	群主
bool JoinGroup(User,name)	加入群组	会员
void showAllGroup()	显示所有群组	群主
bool showMyGroup(User)	显示用户所有群组	会员
bool addActivity(User, string,Activity)	新增群活动	群主
bool joinActivity(User,string,string)	加入活动	会员
bool AddAppointment(User,Appointment)	新增预约	会员
bool joinAppointment(User,string)	加入预约	会员
void getAppointment(User)	获取私教预约	会员
int showAllAppointment(User)	显示用户已定预约	教练

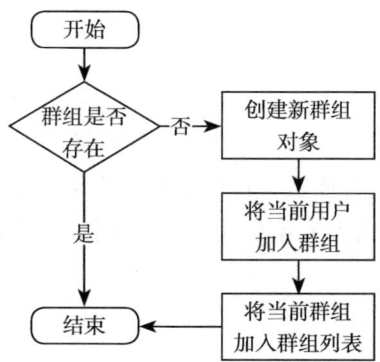

图 9-27 新增群组的业务逻辑流程

其核心代码为：

```
bool DataProvider::addGroup(User* user, string name) const
{
    if (groupList->contain(name))
    {
        return false;
    }
    else
    {
        Groups *group = new Groups(name);
        group->addUserToGroup(user);
        groupList->addGroup(group);
        return true;
    }
}
```

加入群组的业务逻辑流程如图 9-28 所示。

其核心代码为：

```
bool DataProvider::joinGrop(User* user, string name) const
{
    if (groupList->contain(name))
    {
        groupList->addUserToGroup(user, name);
        return true;
    }
    else
    {
        return false;
    }
}
```

显示所有群组的业务逻辑流程如图 9-29 所示。

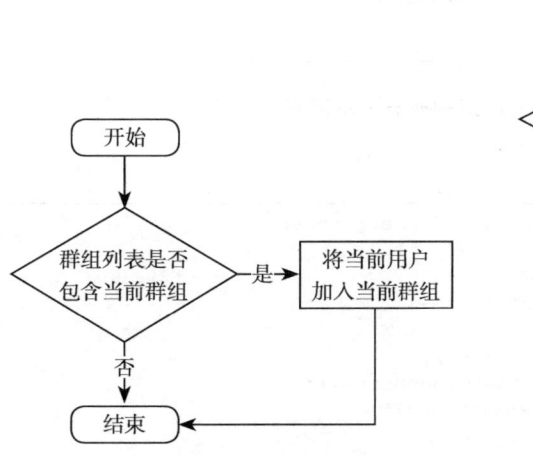

图 9-28　加入群组的业务逻辑流程

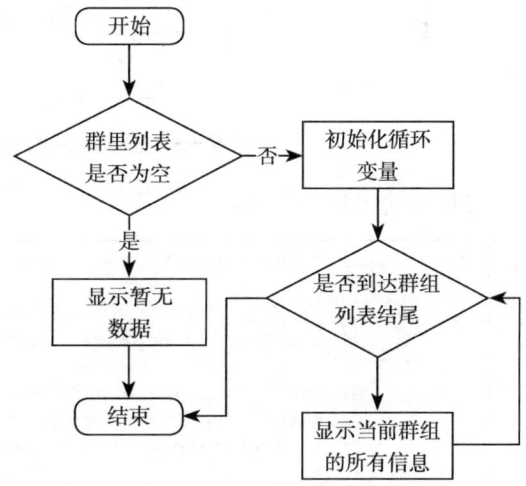

图 9-29　显示所有群组的业务逻辑流程

其核心代码为:

```
void DataProvider::showAllGroup() const
{
    if (groupList->size() == 0)
    {
        cout << "暂无数据\n";
        return ;
    }
    for (int i=0;i!=groupList->size();i++)
    {
        groupList->at(i+1)->showGroupInfo();
    }
}
```

显示用户所有群组的业务逻辑流程如图 9-30 所示。

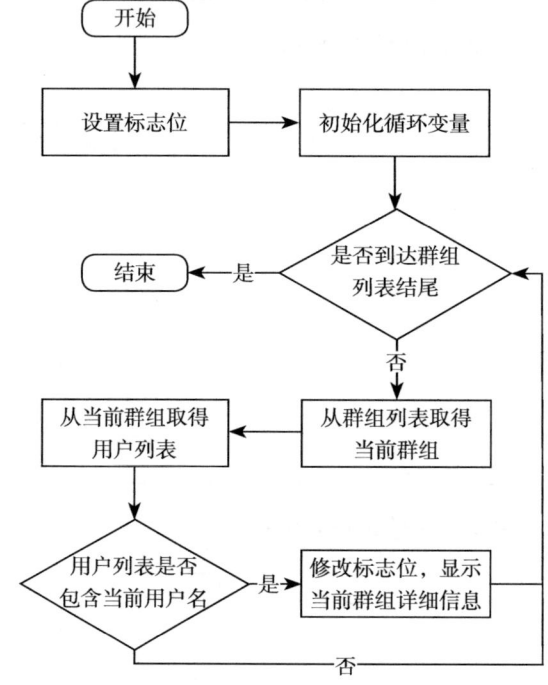

图 9-30　显示用户所有群组的业务逻辑流程

其核心代码为:

```
bool DataProvider::showMyGroup(const User* user) const
{
    bool flag = false;
    for (int i=0; i!=groupList->size(); i++)
    {
        Groups* group = groupList->at(i+1);
        UserList* userList = group->getGroupUsers();
        if (userList->contain(user->getName()))
        {
            flag = true;
            group->showGroupInfo();
        }
```

```
        }
        return flag;
}
```

2. SystemUI 类

SystemUI 是一个界面上的请求处理器对象，用来获取用户的请求的 ID，并协同 DataProvider 完成处理，返回需要的数据给请求者。SystemUI 的类图及其成员说明如图 9-31 所示。

SystemUI		SystemUI
-用户 -数据提供		-User -DataProvider
+登录菜单() +主界面菜单() +登录() +注册()		+mainMenu() +homeMenu() +login() +registration()

图 9-31　SystemUI 类图及其成员说明

为了方便大家了解类中的各成员，特别制作了表 9-3 来对 SystemUI 做详细说明。

表 9-3　SystemUI 类功能表

成员	规则	说明
User* pUser		存储所有用户（包括群主、会员、教练）信息
DataProvider* pDataProvider		提供数据 DataProvider 类
void mainMenu()	登录菜单	
void homeMenu()	主界面菜单	
void login()	登录	用户登录
void registration()	注册	用户注册

登录的业务逻辑流程如图 9-32 所示。

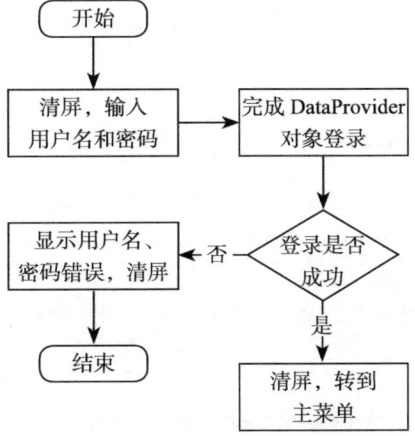

图 9-32　登录的业务逻辑流程

其核心代码为：

```cpp
void SystemUI::login()
{
    CLS;
    string name;
    string pwd;
    cout << "账号: ";
    cin >> name;
    cout << "密码: ";
    cin >> pwd;
    if ((pUser=pDataProvider->login(name, pwd))!=nullptr)
    {
        cout << "登录成功..." << endl;
        PC;
        homeMenu();
    }
    else
    {
        cout << "用户名或密码错误" << endl;
        PC;
        return ;
    }
}
```

注册的业务逻辑流程如图 9-33 所示。

其核心代码为:

```cpp
void SystemUI::registration()
{
    CLS;
    string name;
    string pwd;
    int role;
    while (true)
    {
        cout << "账号: ";
        cin >> name;
        if (pDataProvider->isUserExist(name))
        {
            cout << "该用户名已被占用，请重新输入！\n";PC;
        }
        else
        {
            break;
        }
    }
    cout << "密码: ";
    cin >> pwd;
    while (pUser == nullptr)
    {
        cout << "请选择角色: \n1.普通会员;2.私人教练;3.群主\n";
        cin >> role;
        switch(role)
        {
        case 1: pUser = new Member(name, pwd, pDataProvider);break;
        case 2: pUser = new Coach(name, pwd, pDataProvider);break;
        case 3: pUser = new Manager(name, pwd, pDataProvider);break;
        default: cout << "无效操作！请重新选择。\n";PAUSE;
        }
    }
```

```
    pDataProvider->addUser(pUser);
    cout << "注册成功！" << endl;
    PC;
    homeMenu();
}
```

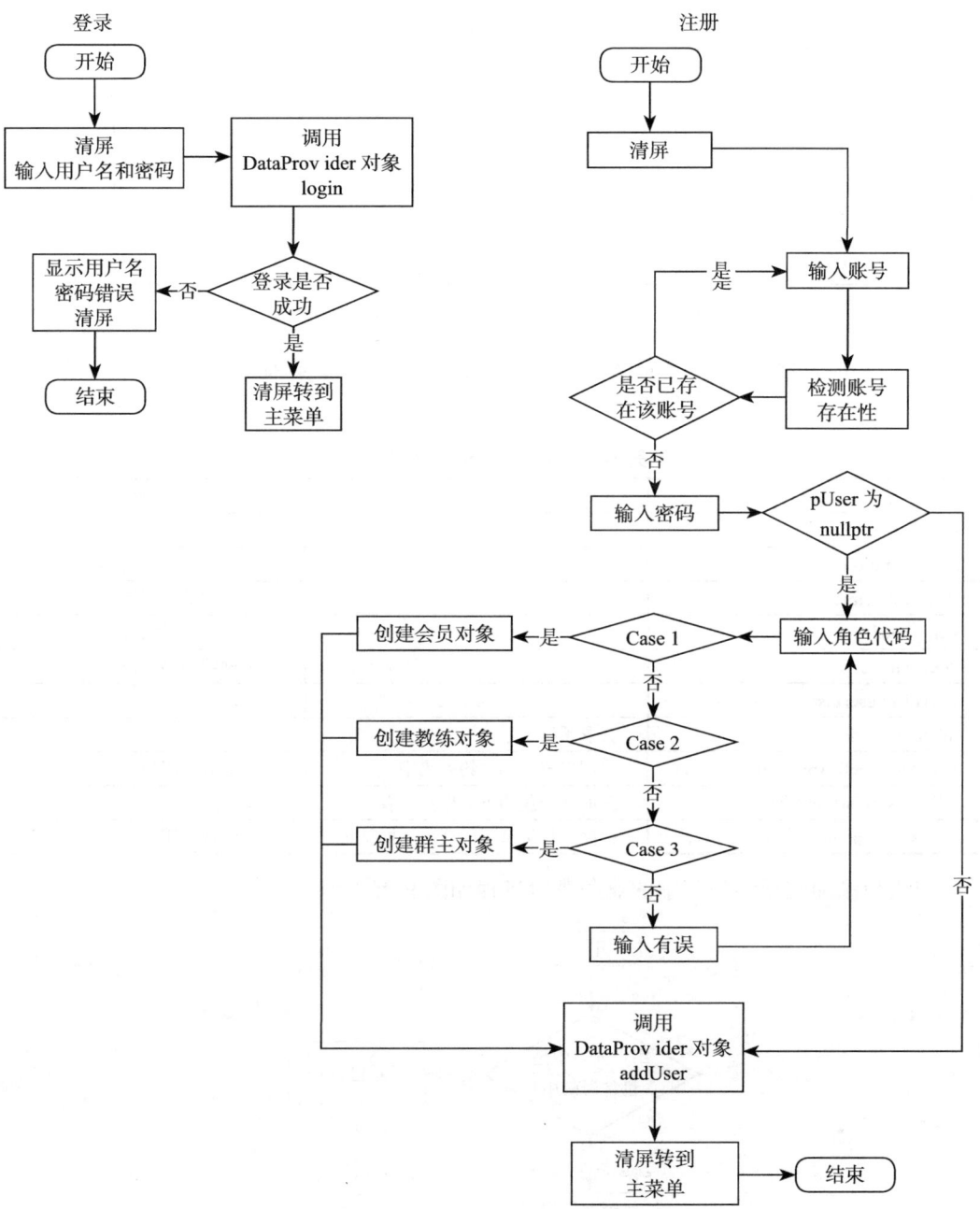

图 9-33 注册的业务逻辑流程

3. Appointment 类

Appointment 类是系统中的表示私教/教练活动的类，用来实现私教/教练相关的部分功能模块，Appointment 的类图及其成员说明如图 9-34 所示。

Appointment
- 预约活动的编号
- 预约活动的持续时间
- 预约活动开始时间
- 预约活动结束时间
- 预约活动价格
- 用户集合
+ 获取预约编号 ()
+ 将用户添加到预约列表中 ()
+ 获取某个预约下的用户集合 ()
+ 根据用户类型不同展示不同结果 ()

Appointment
-id
-duration
-startTime
-endTime
-price
-UserList
+getId()
+addUserToAppointment(User)
+getUserList()
+showAppointmentInfo(User)

图 9-34 Appointment 类图及其成员说明

为了方便大家了解类中的各成员，特别制作了表 9-4 来对 Appointment 类做详细说明。

表 9-4 Appointment 类功能表

成员	规则	说明
string id		预约活动的编号
string duration		预约活动的持续时间
string startTime		预约活动开始时间
string endTime		预约活动结束时间
double price		预约活动价格
UserList* userList		用户集合
inline string getId()	获取预约编号	
void addUserToAppointment(User)	将用户添加到预约列表中	参数：用户
inline UserList* getUserList()	获取某个预约下的用户集合	
void showAppointmentInfo(User)	根据用户类型不同展示不同结果	参数：用户

将用户添加到预约列表中的业务逻辑流程如图 9-35 所示。

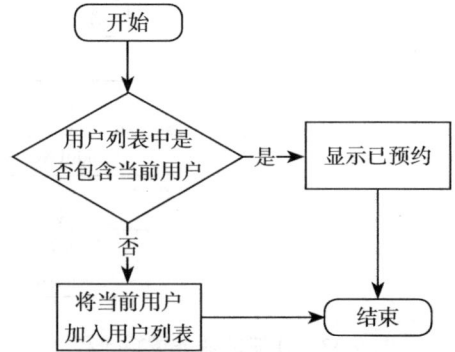

图 9-35 将用户添加到预约列表中的业务逻辑流程

其核心代码为：

```cpp
void Appointment::addUserToAppointment(User* user)
{
    if (userList->contain(user->getName()))
    {
        cout << "你已经预约了该私教！" << endl;
        return;
    }
    userList->addUser(user);
    return;
}
```

根据用户类型不同展示不同结果的业务逻辑流程如图 9-36 所示。

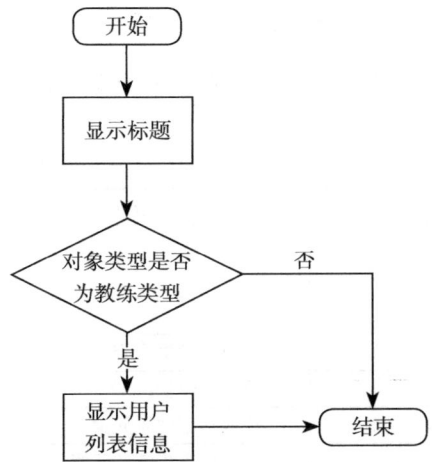

图 9-36　根据用户类型不同展示不同结果的业务逻辑流程

其核心代码为：

```cpp
void Appointment::showAppointmentInfo(const User* user)
{
    cout << id << "\t";
    cout << duration << "\t";
    cout << startTime << "\t";
    cout << endTime << "\t";
    cout << price << endl;
    // RTTI
    if (typeid(*user)==typeid(Coach))
    {
        cout << "预约成员：\n";
        userList->showAll();
    }
}
```

4. AppointmentList 类

AppointmentList 类是系统中表示私教/教练活动集合的一个类，用来实现私教/教练相关的部分功能模块，AppointmentList 的类图及其成员说明如图 9-37 所示。

AppointmentList
- 集合长度
- 集合容量
- 预约集合
- 扩充活动集合容量 ()
+ 获取数组长度 ()
+ 获取指定位置元素 ()
+ 是否包含指定名称的元素 ()
+ 添加新预约 ()
+ 添加用户到指定名称的预约 ()
+ 展示所有预约 ()

AppointmentList
-length
-capacity
-Appointment
-resize()
+size()
+Appointment* at(int)
+contain(string)
+addAppointment(Appointment*)
+addUserToAppointment(User*, string)
+showAll()

图 9-37　AppointmentList 类图及其成员说明

为了方便大家了解类中的各成员，特别制作了表 9-5 来对 AppointmentList 类做详细说明。

表 9-5　AppointmentList 类功能表

成员	规则	说明
int length		集合长度
int capacity		集合容量
Appointment* appointments		预约集合
void resize()	扩充活动集合容量	
inline int size()	获取数组长度	
inline Appointment* at(int index)	获取指定位置元素	
int contain(string)	是否包含指定的元素	
void addAppoinment(Appointment*)	添加新预约	
void addUserToAppoinment(User*,string)	添加用户到指定名称的预约	
void showAll()	展示所有预约	

添加新预约的业务逻辑流程如图 9-38 所示。

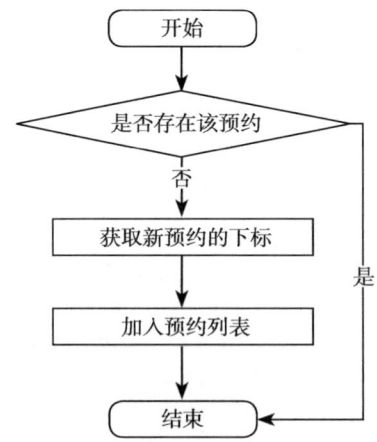

图 9-38　添加新预约的业务逻辑流程

其核心代码为:

```
void AppointmentList::addAppointment(Appointment* app)
{
    if (!contain(app->getId()))
    {
    int index = length==capacity?resize(),length++:length++;
    appointments[index] = *app;
    }
}
```

5. Group 类

Group 类表示系统中的群组类，主要用来实现角色身份中的群主身份相关的功能模块，Group 的类图及其成员说明如图 9-39 所示。

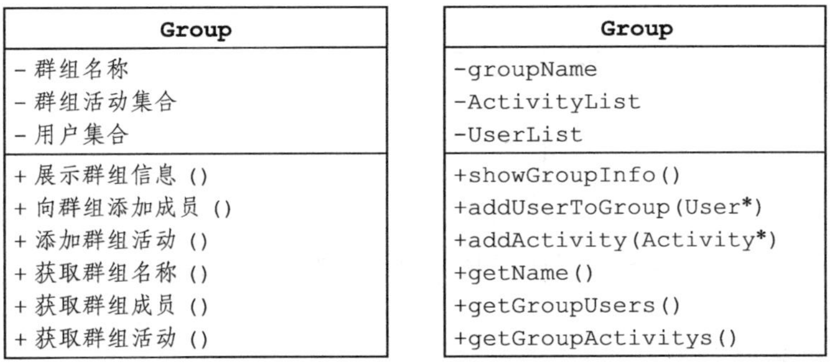

Group
- 群组名称
- 群组活动集合
- 用户集合
+ 展示群组信息()
+ 向群组添加成员()
+ 添加群组活动()
+ 获取群组名称()
+ 获取群组成员()
+ 获取群组活动()

Group
-groupName
-ActivityList
-UserList
+showGroupInfo()
+addUserToGroup(User*)
+addActivity(Activity*)
+getName()
+getGroupUsers()
+getGroupActivitys()

图 9-39　Groups 类图及其成员说明

为了方便大家了解类中的各成员，特别制作了表 9-6 来对 Group 类做详细说明。

表 9-6　Group 类功能表

成员	规则	说明
groupName		群组名称
ActivityList		群组活动集合
UserList		用户集合
void showGroupInfo()	展示群组信息	
void addUserToGroup(User)	向群组添加成员	
void addActivity(Activity*)	添加群组活动	
string getName()	获取群组名称	
UserList* getGroupUsers()	获取群组成员	
ActivityList* getGroupActivitys()	获取群组活动	

向群组添加成员的业务逻辑流程如图 9-40 所示。

其核心代码为:

```
void Groups::addUserToGroup(User* user)
{
    if (!userList->contain(user->getName()))
```

```
        {
            userList->addUser(user);
        }
        else
        {
            cout << "你已经加入改群组了！" << endl;
        }
    }
```

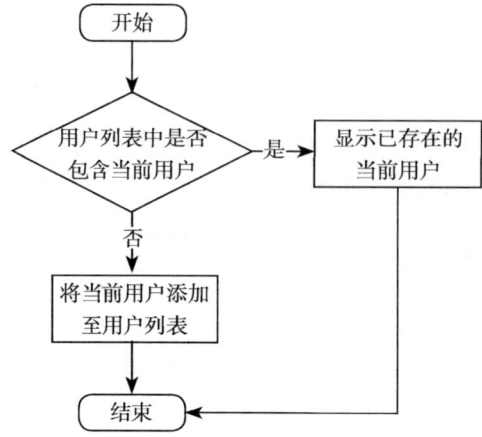

图 9-40　向群组添加成员的业务逻辑流程

6. Activity 类

Activity 类是系统中用来表示群组活动的类，主要用来实现群主身份的部分功能模块，Activity 的类图及其成员说明如图 9-41 所示。

Activity	Activity
- 活动名称 - 活动地点 - 活动开始时间 - 活动结束时间 - 活动经费 - 活动介绍 - 用户集合	-activityName -activityPlace -activityStarttime -activityEndtime -activityPrice -activityIntroduction -UserList
+ 获取活动名 () + 展示活动信息 () + 添加用户到指定活动 ()	+getActivityName() +showActivityInfo() +addUserToActivity(User*)

图 9-41　Activity 类图及其成员说明

为了方便大家了解类中的各成员，特别制作了表 9-7 来对 Activity 类做详细说明。

表 9-7　Activity 类功能表

成员	规则	说明
string activityName		活动名称

(续)

成员	规则	说明
string activityPlace		活动地点
string activityStarttime		活动开始时间
string activityEndtime		活动结束时间
double activityPrice		活动经费
string activityIntroduction		活动介绍
UserList* userList		用户集合
string getActivityName()	获取活动名	
void showActivityInfo()	展示活动信息	
void addUserToActivity(User*)	添加用户到指定活动	参数：用户

添加用户到指定活动的业务逻辑流程如图 9-42 所示。

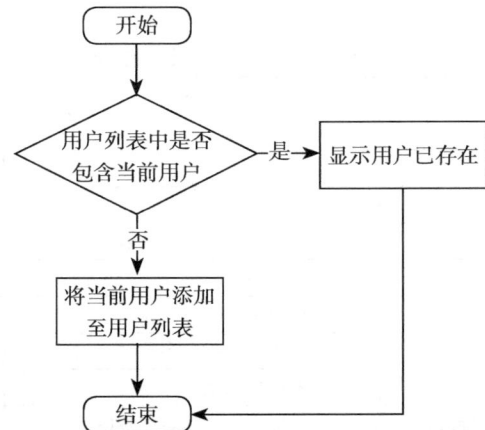

图 9-42　添加用户到指定活动的业务逻辑流程

其核心代码为：

```
void Activity::addUserToActivity(User* user)
{
    if (!userList->contain(user->getName()))
    {
        userList->addUser(user);
    }
    else
    {
        cout << "你已经加入改群组了！" << endl;
    }
}
```

7. ActivityList 类

ActivityList 类用来表示系统中群组活动的集合，主要用来实现群主身份的部分功能模块，ActivityList 的类图及其成员说明如图 9-43 所示。

ActivityList	ActivityList
-群组活动集合长度 -群组活动集合容量 -群组活动	-length -capacity -Activity
-扩充群组活动集合容量() +获取数组长度() +获取指定位置元素() +是否包含指定名称的元素() +添加新活动() +添加用户到指定名称的活动() +展示所有群组活动()	-resize() +size() +Activity* at(int) +contain(string) +addActivity(Activity*) +addUserToActivity(User*, string) +showAll()

图 9-43 ActivityList 类图及其成员说明

为了方便大家了解类中的各成员，特别制作了表 9-8 来对 ActivityList 类做详细说明。

表 9-8 ActivityList 类功能表

成员	规则	说明
int length		群组活动集合长度
int capacity		群组活动集合容量
Activity* activity		群组活动
void resize()	扩充群组活动集合容量	
inline int size()	获取数组长度	
inline Activity* at(int)	获取指定位置元素	
int contain(string)	是否包含指定名称的元素	
void addActivity(Activity*)	添加新活动	
void addUserToActivity(User*,string)	添加用户到指定名称的活动	
void showAll()	展示所有群组活动	

添加新活动的业务逻辑流程如图 9-44 所示。

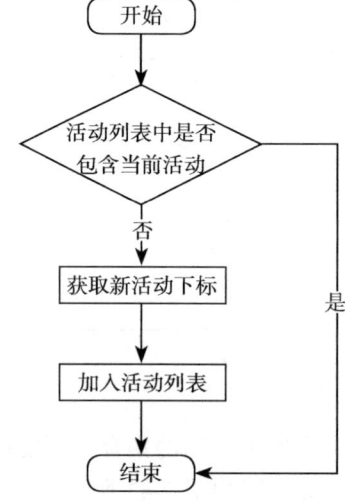

图 9-44 添加新活动的业务逻辑流程

其核心代码为：

```
void ActivityList::addActivity(Activity* activity)
{
    if (!contain(activity->getActivityName()))
    {
        int index = length == capacity ? resize(),length++ : length++;
        activitys[index] = *activity;
    }
}
```

8. GroupList 类

GroupList 类主要表示系统中群组的集合，用来保存系统中群组的信息，实现群主身份相关的部分功能模块，GroupList 的类图及其成员说明如图 9-45 所示。

GroupList
- 群组集合长度
- 群组集合最大容量
- 群组
- 扩充集合的容量 ()
+ 获取数组长度 ()
+ 获取指定位置的元素 ()
+ 是否包含指定名称的元素 ()
+ 添加新群组 ()
+ 添加用户到指定名称的群组 ()

GroupList
-length
-capacity
-Groups
-resize()
+size()
+Groups* at(int)
+contain(string)
+addGroup(Groups*)
+addUserToGroup(User*, string)

图 9-45　GroupList 类图及其成员说明

为了方便大家了解类中的各成员，特别制作了表 9-9 来对 GroupList 类做详细说明。

表 9-9　GroupList 类功能表

成员	规则	说明
int length		群组集合长度
int capacity		群组集合最大容量
Groups* groups		群组
void resize()	扩充集合的容量	
inline int size()	获取数组长度	
inline Groups* at(int)	获取指定位置的元素	
int contain(string)	是否包含指定名称的元素	
void addGroup(Groups*)	添加新群组	
void addUserToGroup(User*,string)	添加用户到指定名称的群组	

9. User 类

User 类主要表示系统中的用户角色，实现不同角色身份的对应功能模块，User 的类图及其成员说明如图 9-46 所示。

为了方便大家了解类中的各成员，特别制作了表 9-10 来对 User 类做详细说明。

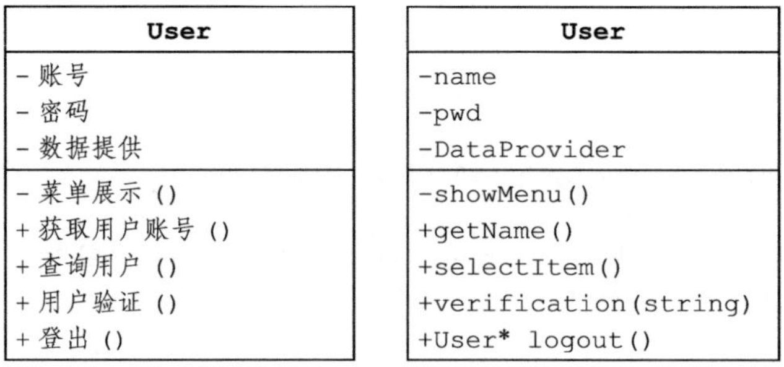

```
┌─────────────────────┐     ┌─────────────────────┐
│        User         │     │        User         │
├─────────────────────┤     ├─────────────────────┤
│ - 账号              │     │ -name               │
│ - 密码              │     │ -pwd                │
│ - 数据提供          │     │ -DataProvider       │
├─────────────────────┤     ├─────────────────────┤
│ - 菜单展示 ()       │     │ -showMenu()         │
│ + 获取用户账号 ()   │     │ +getName()          │
│ + 查询用户 ()       │     │ +selectItem()       │
│ + 用户验证 ()       │     │ +verification(string)│
│ + 登出 ()           │     │ +User* logout()     │
└─────────────────────┘     └─────────────────────┘
```

图 9-46　User 类图及其成员说明

表 9-10　User 类功能表

成员	规则	说明
string name		账号
string pwd		密码
DataProvider* dp		数据提供
virtual void showMenu()	菜单展示	
string getName()	获取用户账号	
virtual void selectItem()	查询用户	
bool verification(string)	用户验证	
inline User* logout()	登出	

10. UserList 类

UserList 类主要表示系统中的用户角色的集合，用来保存用户角色的信息，实现不同角色身份的对应功能模块，UserList 的类图及其成员说明如图 9-47 所示。

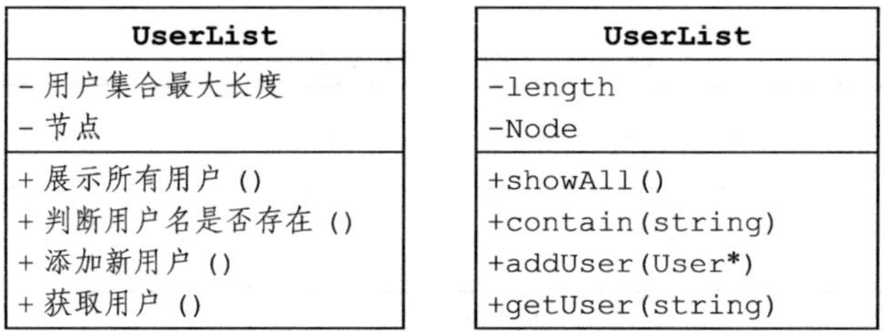

```
┌─────────────────────┐     ┌─────────────────────┐
│      UserList       │     │      UserList       │
├─────────────────────┤     ├─────────────────────┤
│ - 用户集合最大长度  │     │ -length             │
│ - 节点              │     │ -Node               │
├─────────────────────┤     ├─────────────────────┤
│ + 展示所有用户 ()   │     │ +showAll()          │
│ + 判断用户名是否存在() │  │ +contain(string)    │
│ + 添加新用户 ()     │     │ +addUser(User*)     │
│ + 获取用户 ()       │     │ +getUser(string)    │
└─────────────────────┘     └─────────────────────┘
```

图 9-47　UserList 类图及其成员说明

为了方便大家了解类中的各成员，特别制作了表 9-11 来对 UserList 类做详细说明。

表 9-11　UserList 类功能表

成员	规则	说明
int length		用户集合最大长度
Node* head		节点
void showAll()	展示所有用户	
bool contain(string)	判断用户名是否存在	
void addUser(User*)	添加新用户	
User* getUser(string)	获取用户	

展示所有用户的业务逻辑流程如图 9-48 所示。

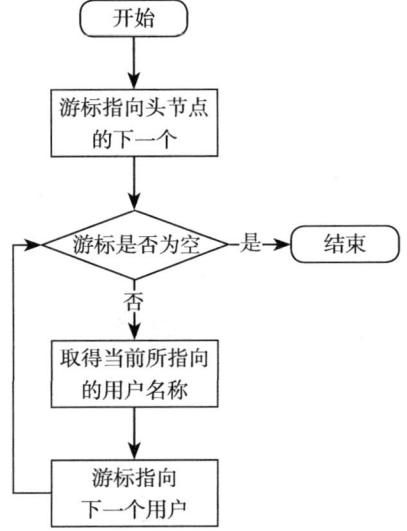

图 9-48 展示所有用户的业务逻辑流程

其核心代码为：

```
void UserList::showAll() const
{
    Node* ptr = head->next;
    while(ptr != nullptr)
    {
        cout << ptr->user->getName() << "\t";
        ptr = ptr->next;
    }
    cout << endl;
}
```

判断用户名是否存在的业务逻辑流程如图 9-49 所示。

其核心代码为：

```
bool UserList::contain(string name) const
{
    Node* ptr = head->next;
    while(ptr != nullptr)
    {
        if (ptr->user->getName() == name)
        {
            return true;
        }
        else
        {
            ptr = ptr->next;
        }
    }
    return false;
}
```

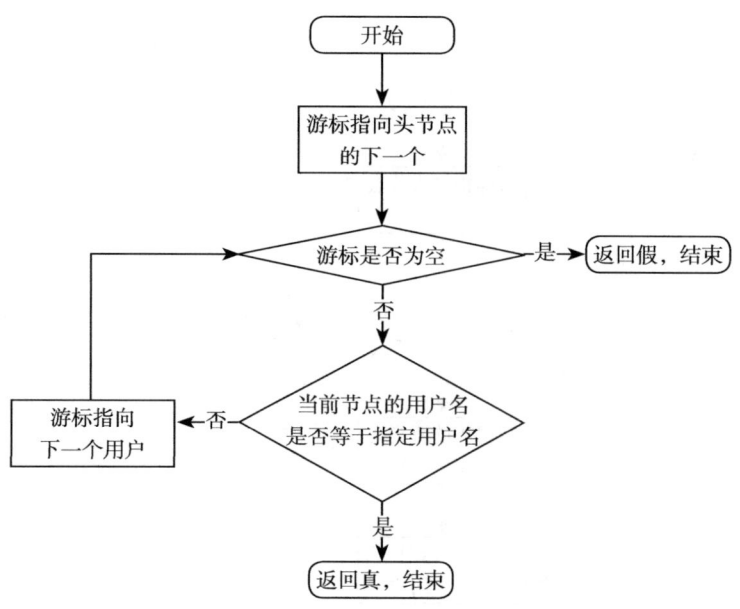

图 9-49　判断用户名是否存在的业务逻辑流程

添加新用户的业务逻辑流程如图 9-50 所示。

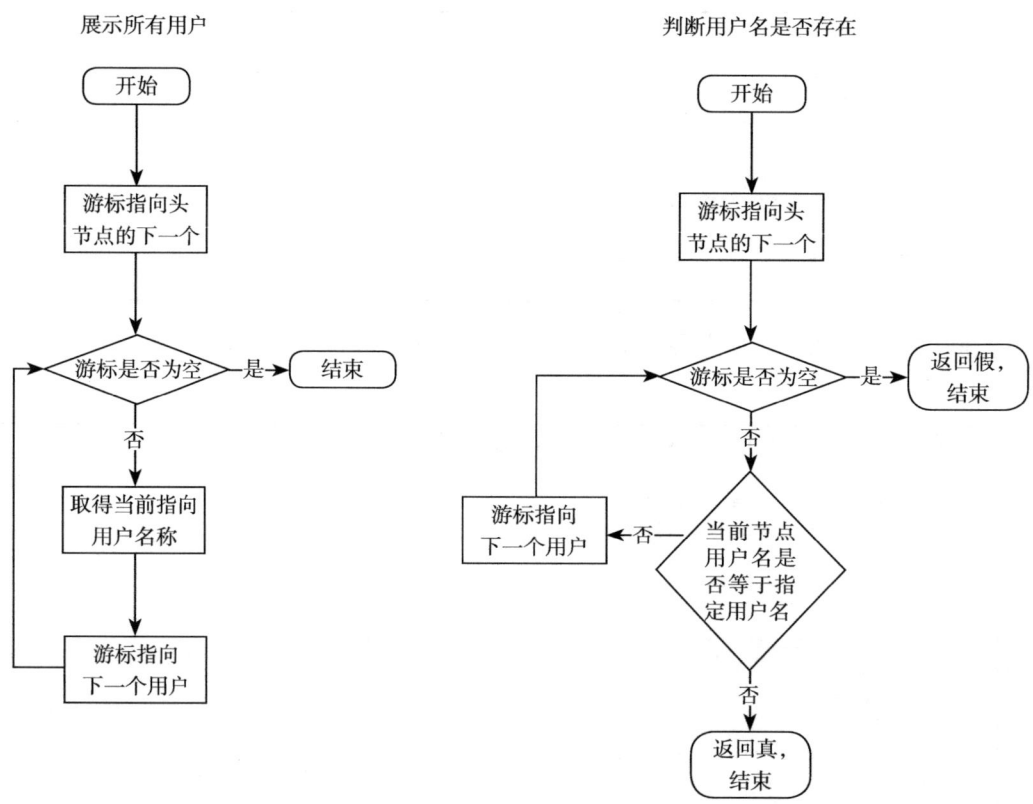

图 9-50　添加新用户的业务逻辑流程

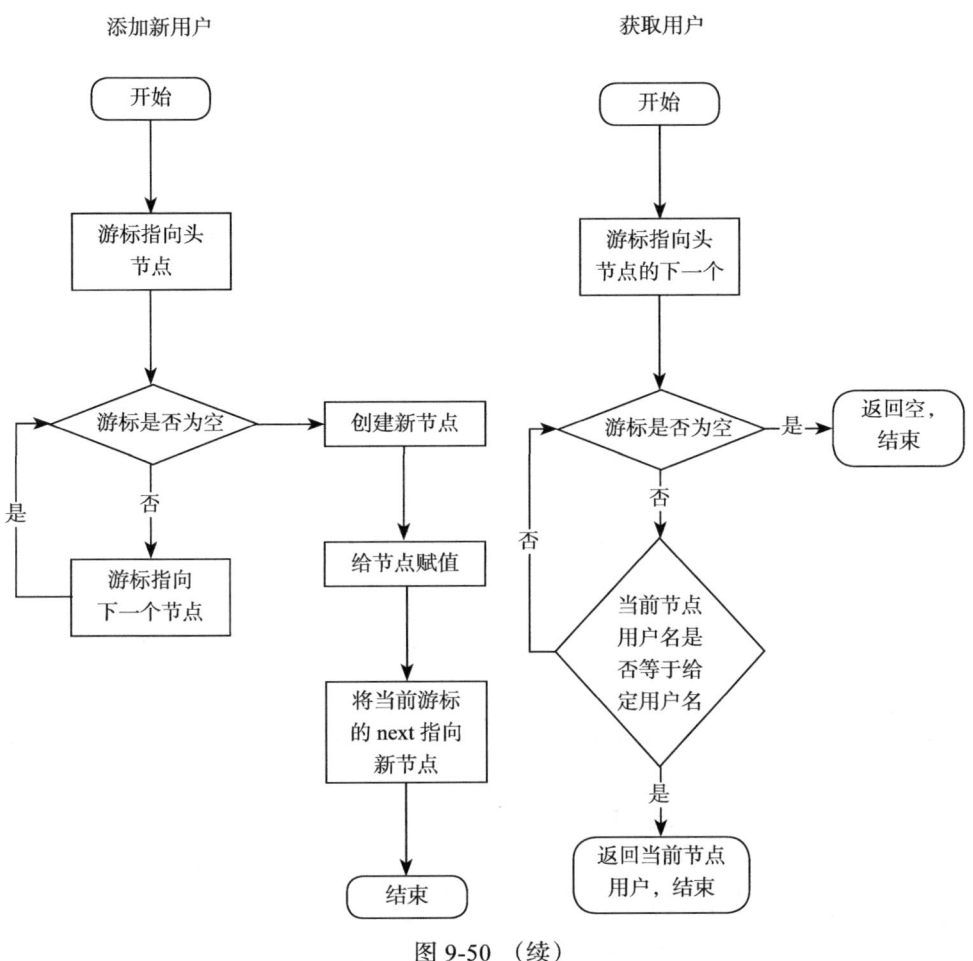

图 9-50 （续）

其核心代码为：

```
void UserList::addUser(User* user)
{
    Node* ptr = head;
    while(ptr->next != nullptr)
    {
        ptr = ptr->next;
    }
    Node* node = new Node;
    node->user = user;
    node->next = nullptr;
    ptr->next = node;
    length++;
}
```

获取用户的业务逻辑流程如图 9-51 所示。

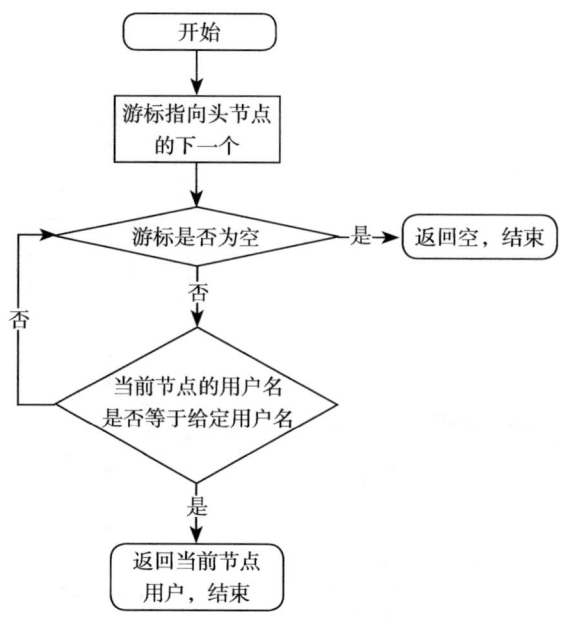

图 9-51　获取用户的业务逻辑流程

其核心代码为：

```
User* UserList::getUser(string name)
{
    Node* ptr = head->next;
    while(ptr != nullptr)
    {
        if (ptr->user->getName() == name)
        {
            return ptr->user;
        }
        else
        {
            ptr = ptr->next;
        }
    }
    return nullptr;
}
```

11. Coach 类

Coach 类主要表示系统中的教练 / 私教的集合，Coach 的类图及其成员说明如图 9-52 所示。

Coach
– 添加新的预约活动 ()   – 获取预约活动列表 ()   + 展示菜单 ()   + 选择 ()

Coach
-addAppointment()   -getAppointment()   +showMenu()   +selectItem()

图 9-52　Coach 类图及其成员说明

为了方便大家了解类中的各成员，特别制作了表 9-12 来对 Coach 类做详细说明。

表 9-12　Coach 类功能表

成员	规则	说明
void addAppointment()	添加新的预约活动	
void getAppointment()	获取预约活动列表	
virtual void showMenu()	展示菜单	
virtual void selectItem()	选择	

添加新的预约活动的业务逻辑流程如图 9-53 所示。

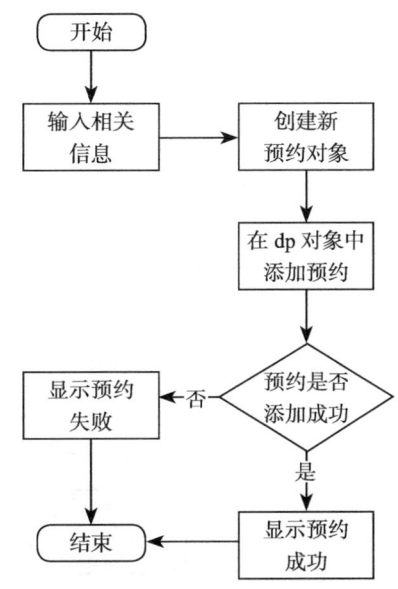

图 9-53　添加新的预约活动的业务逻辑流程

其核心代码为：

```
void Coach::addAppointment()
{
    string id;
    string duration;
    string startTime;
    string endTime;
    double price;
    cout << "编号: ";
    cin >> id;
    cout << "时长: ";
    cin >> duration;
    cout << "开始时间: ";
    cin >> startTime;
    cout << "结束时间: ";
    cin >> endTime;
    cout << "价格: ";
```

```
        cin >> price;
        while (cin.fail())
        {
            cout << "价格输入不合理,请重新输入 " << endl;
            cin.clear();
            cin.sync();
            cin >> price;
        }
        Appointment* app = new Appointment(id, duration, startTime, endTime, price);
        if(dp->AddAppointment(this, app))
        {
            cout << "添加预约成功! " << endl;
        }
        else
        {
            cout << "添加预约失败 " << endl;
        }
    }
```

12. Member 类

Member 类主要表示系统中的成员,Member 的类图及其成员说明如图 9-54 所示。

Member
- 展示所有群组 ()
- 加入群组 ()
- 加入群活动 ()
- 查看可以预约的教练信息并预约教练 ()
+ 查看已预约的教练列表 ()
+ 展示菜单 ()
+ 选择 ()

Member
-showAllGroup()
-joinGroup()
-joinActivity()
-appointmentCoache(User*)
+getAppointment(const User*)
+showMenu()
+selectItem()

图 9-54 Member 类图及其成员说明

为了方便大家了解类中的各成员,特别制作了表 9-13 来对 Member 类做详细说明。

表 9-13 Member 类功能表

成员	规则	说明
void showAllGroup()	展示所有群组	
void joinGroup()	加入群组	
void joinActivity()	加入群活动	
void appointmentCoache(User*)	查看可以预约的教练信息并预约教练	
void getAppointment(User*)	查看已预约的教练列表	
virtual void showMenu()	展示菜单	
virtual void selectItem()	选择	

加入群组的业务逻辑流程如图 9-55 所示。

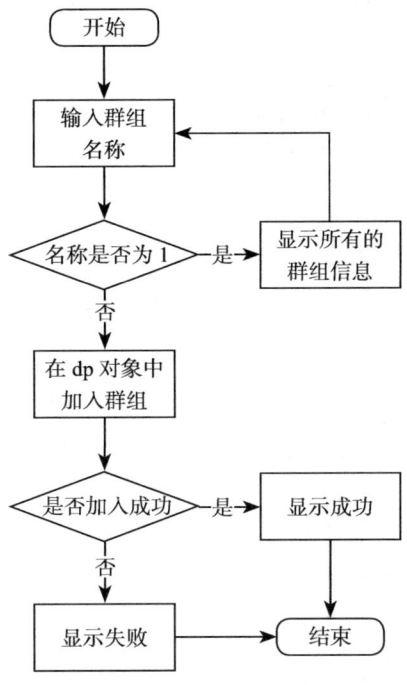

图 9-55 加入群组的业务逻辑流程

其核心代码为：

```
void Member::joinGroup()
{
    string groupsName;
    cout << "请输入要加入的群组名称 ( 不知道有哪些群组时，输入 1): ";
    cin >> groupsName;
    if (groupsName == "1")
    {
        showAllGroup();
        cout << "请输入要加入的群组名称: ";
        cin >> groupsName;
    }
    if(dp->joinGrop(this, groupsName))
    {
        cout << "加入成功！" << endl;
    }
    else
    {
        cout << "加入失败！不存在该群组，请重新加入其他群组！" << endl;
    }
}
```

加入群活动的业务逻辑流程如图 9-56 所示。

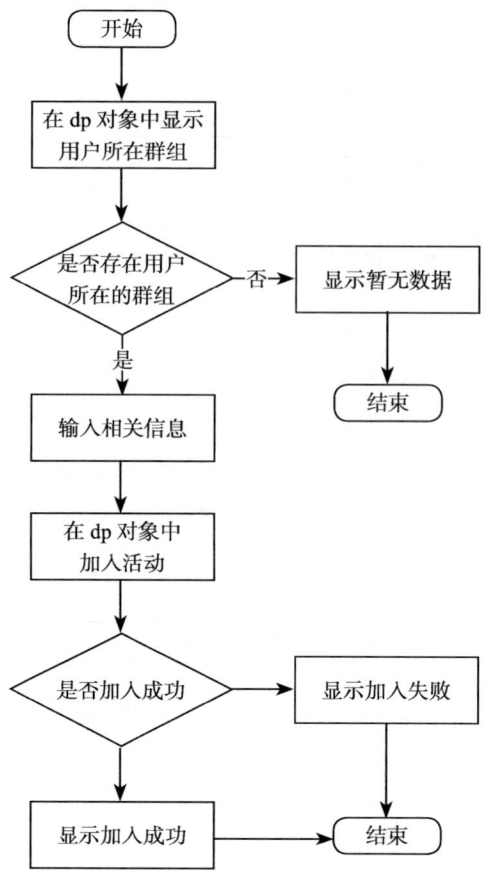

图 9-56 加入群活动的业务逻辑流程

其核心代码为:

```
void Member::joinActivity()
{
    string groupName;
    string activityName;
    if (!dp->showMyGroup(this))
    {
        cout << "暂无数据! " << endl;
        return;
    }
    cout << "请输入要参加的活动所在的群组名称: ";
    cin >> groupName;
    cout << "请输入活动名称: ";
    cin >> activityName;
    if(dp->joinActivity(this, groupName, activityName))
    {
        cout << "加入成功! " << endl;
    }
    else
    {
```

```
            cout << "加入失败！并不存在该群组或者活动，请重新加入其他群组的活动！" <<
endl;
        }
    }
```

查看可以预约的教练信息并预约教练的业务逻辑流程如图 9-57 所示。

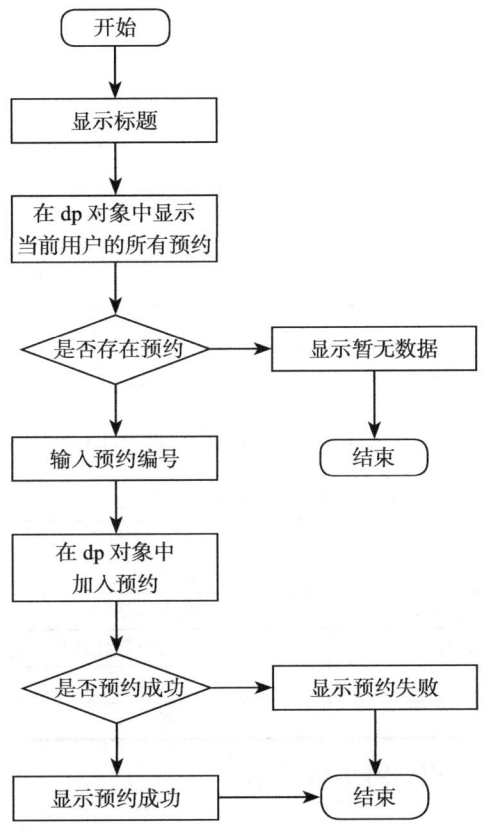

图 9-57　查看可以预约的教练信息并预约教练的业务逻辑流程

其核心代码为：

```
void Member::appointmentCoache(User* user)
{
    cout << "编号 \t 时长 \t 开始时间 \t 结束时间 \t 价格 \n";
    if (!dp->showAllAppointment(user))
    {
        cout << "暂无数据！" << endl;
        return;
    }
    string id;
    cout << "请输入预约编号：";
    cin >> id;
    if(dp->joinAppointment(user, id))
    {
        cout << "预约成功！" << endl;
```

```
        }
        else
        {
            cout << "预约失败！" << endl;
        }
    }
```

13. Manager 类

Manager 类主要表示系统中的群主，Manager 的类图及其成员说明如图 9-58 所示。

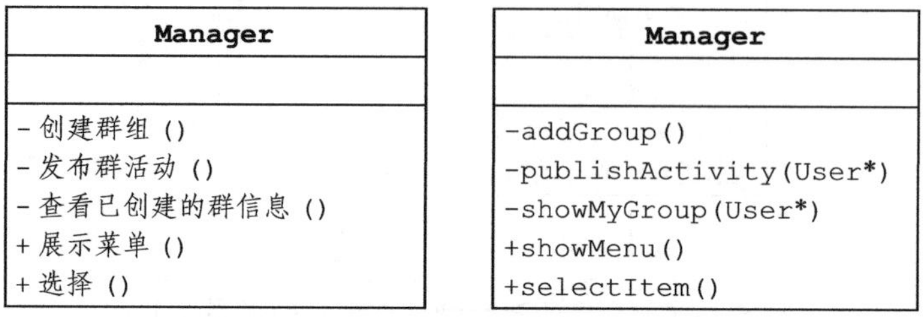

Manager
-创建群组 () -发布群活动 () -查看已创建的群信息 () +展示菜单 () +选择 ()

Manager
-addGroup() -publishActivity(User*) -showMyGroup(User*) +showMenu() +selectItem()

图 9-58 Manager 类图及其成员说明

为了方便大家了解类中的各成员，特别制作了表 9-14 来对 Manager 类做详细说明。

表 9-14 Manager 类功能表

成员	规则	说明
void addGroup()	创建群组	
void publishActivity(User*)	发布群活动	
void showMyGroup(User*)	查看已创建的群信息	
virtual void showMenu()	展示菜单	
virtual void selecItem()	选择	

创建群组的业务逻辑流程如图 9-59 所示。

其核心代码为：

```
void Manager::addGroup()
{
    string groupName;
    cout << "组名: ";
    cin >> groupName;
    if (dp->addGroup(this, groupName))
    {
        cout << "群组创建成功！" << endl;
    }
    else
    {
        cout << "添加失败！你添加的组名与其他群主添加的组名相同！" << endl;
    }
}
```

第 9 章 综合项目——锻炼系统　179

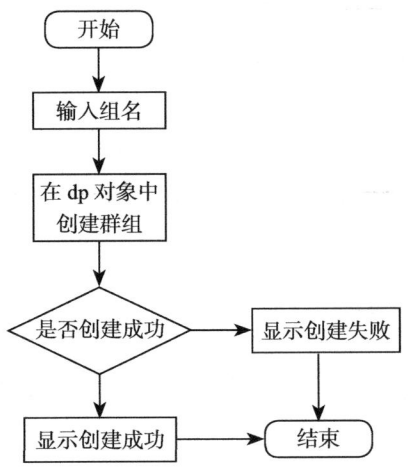

图 9-59　创建群组的业务逻辑流程

发布群活动的业务逻辑流程如图 9-60 所示。

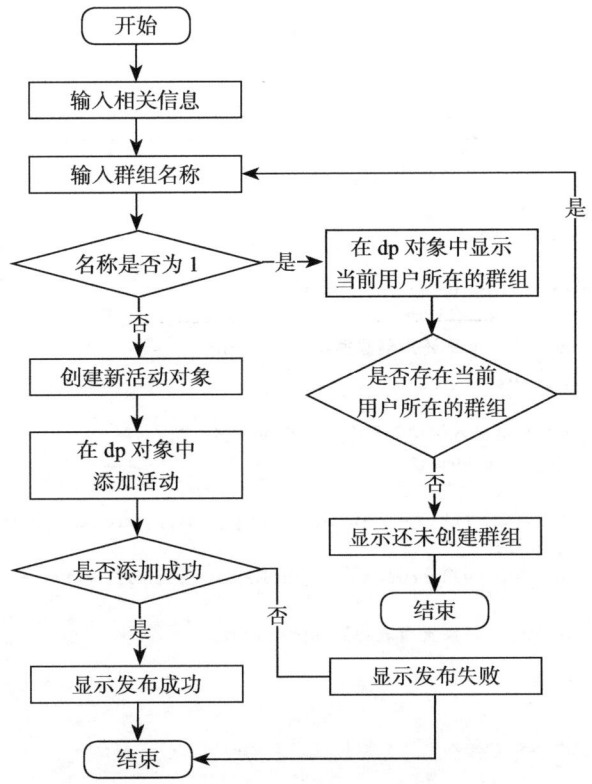

图 9-60　发布群活动的业务逻辑流程

其核心代码为：

```
void Manager::publishActivity(User* user)
{
    string name;
```

```cpp
            string place;
            string starttime;
            string endtime;
            double price;
            string introduction;
            string groupName;
            cout << "活动名称：";
            cin >> name;
            cout << "活动地点：";
            cin >> place;
            cout << "开始时间（格式：2016年1月1日）：";
            cin >> starttime;
            cout << "结束时间（格式：2016年1月1日）：";
            cin >> endtime;
            cout << "活动经费：";
            cin >> price;
            while (cin.fail())
            {
                cout << "活动经费输入不合理，请重新输入" << endl;
                cin.clear();
                cin.sync();
                cin >> price;
            }

            cout << "活动介绍：";
            cin >> introduction;
            cout << "请输入活动要发布到的群组名称：（不记得群名？输入1）";
            cin >> groupName;
            if (groupName == "1")
            {
                if (!dp->showMyGroup(user))
                {
                    cout << "你还未创建群组" << endl;
                    return;
                }
                cout << "请输入活动要发布到的群组名称：";
                cin >> groupName;
            }
            Activity* activity = new Activity(name, place, starttime, endtime, price, introduction);
            if(dp->addActivity(user, groupName, activity))
            {
                cout << "活动发布成功！" << endl;
            }
            else
            {
                cout << "活动发布失败！" << endl;
            }
        }
```

9.4 本章小结

本章通过对面向对象的各个过程的分析、讲解，结合面向对象各部分知识点，使学生对面向对象各部分知识点在项目中的具体综合应用有了细致的了解。

学生通过系统功能角色分析可以清楚地了解系统中所涉及的角色以及各角色在系统中所能完成的行为，系统功能角色分析是明确项目需求之后由需求开发人员总结出来的一个定义性文档。

UML 是统一建模语言的简称，通过 UML，开发人员之间可以进行专业的沟通，通过借助专业的 UML 设计工具，设计人员可以非常轻松地设计出符合项目需求的设计文档。本章结合 UML 和一个综合项目案例设计了用例图、时序图及类图。用例图表达了系统中各角色行为以及行为之间的相互依赖关系；时序图则表达了完成具体行为的过程以及过程中各角色之间的配合，通过时序图，开发人员可以了解项目层次以及各层次间角色的配合过程；类图则详细地描述了各个角色的组成，包括属性、行为以及行为过程中传递的参数设计。通过使用 UML 明确了开发的目标和过程，使得项目的整个开发过程可见、可控，降低了项目开发的风险。

关键点概括

1）系统功能角色分析表在系统开发中很常见，用来明确系统角色的基本文档，通过该文档帮助开发人员明确系统角色的组成。

2）UML 经常被用作系统设计的工具，基于 UML 标准的工具有很多，VISIO、StarUML 等都是很常见而又专业的 UML 工具。

3）用例图是用来说明系统角色行为的工具，通过用例图可以明确用例之间的关系以及用例的适用范围，有助于系统设计人员设计出良好的用例。

4）时序图表达了用例的执行过程，并明确了角色之间的调用关系及相关用例所涉及的过程。通过时序图，开发人员能够清楚地了解到项目角色之间的调用关系及其行为的输入输出约束和处理过程。

5）类图在系统开发中的使用率非常高，系统设计人员通过类图来表达类的定义、类之间的关系，开发人员依据类图创建出符合定义的类。

9.5 本章习题

某公司正在开发用于及时跟踪学生实习状态的系统，该系统共涉及 4 种角色：教务处、院系管理员、辅导员及学生。院系管理员预先设置好各个专业的实习需求，并分配好每个辅导员在实习过程中需要关注的学生，学生登录系统后提交实习申请，辅导员接收到实习申请之后进行审批，并将审批提交到下一级，再由院系管理员审批通过之后，该学生即可开始实习工作。实习过程中学生需要每天签到、每周提交一次周报并可通过此系统进行实习过程中的问题反馈，而辅导员需要对学生提交的周报进行批阅，并对学生反馈的问题进行及时处理，院系管理员要对辅导员的工作进行管理，最后，教务处再对院系管理员的工作进行管理。该系统是一个庞大而复杂的管理系统，现在请你根据上述需求并结合下表所示的角色功能分析实现学生端的编码，实现过程中请使用一种 UML 工具绘制用例图、时序图及类图。

实习系统功能对照表

模块	功能	教务处	院系管理员	辅导员	学生
用户管理	用户登录	√	√	√	√
用户管理	教师信息管理	√		√	
用户管理	学生信息管理		√	√	
用户管理	学生信息分配		√		
实习信息管理	签到				√
实习信息管理	提交实习申请				√
实习信息管理	实习申请审核		√	√	
实习信息管理	提交周报				√
实习信息管理	周报修改				√
实习信息管理	周报审批			√	
实习信息管理	信息反馈				√

附　　录

附录 A　LostCraft 游戏的实现代码

Craftsmanship.h	Craftsmanship.cpp
| ```cpp
#pragma once

const string craftnames[NUM_CRAFTS]=
{"普通击打","寒冰掌","石破惊雷","赤火焰烧","月
蚀镰刀","圣光冲击","天师灵助","天威庇佑"};
const int availables[NUM_CRAFTS] =
{1,1,5,10,20,30,35,45};
const int mps[NUM_CRAFTS] =
{0,5,10,20,40,60,80,100};
const int atks[NUM_CRAFTS] =
{10,12,15,18,20,22,25,30};
const int coolings[NUM_CRAFTS] =
{0,1,3,3,4,4,5,5};

class Craftsmanship
{
public:
    Craftsmanship(void);
    ~Craftsmanship(void);

    string name;        // 名称
    int consumption; // 所消耗 MP 的值
    int ATK;     // 攻击力
    int cooling;      // 技能规定冷却时间
    int available;  // 技能所需英雄等级
    int action;       // 技能冷却回合
};
``` | ```cpp
#include "StdAfx.h"
#include "Craftsmanship.h"


Craftsmanship::Craftsmanship()
{
}

Craftsmanship::~Craftsmanship()
{
}
``` |

Role.h	Role.cpp
| ```cpp
#pragma once
class Role
{
public:
    Role(void);
    ~Role(void);

    string name;
    int level;
    int HP;

    virtual void attack(Role&)=0;
``` | ```cpp
#include "StdAfx.h"
#include "Role.h"

Role::Role(void)
{
}


Role::~Role(void)
{
}
``` |

`    bool isAlive();`
`};`
	`bool Role::isAlive()`
	`{`
	`    return HP>0;`
	`}`

Hero.h	Hero.cpp

`#pragma once`
`#include "role.h"`
`#include "Craftsmanship.h"`
 	
`class Monster;`
 	
`const  int  NUM_CRAFTS = 8;`
 	
`class Hero :public Role{`
`public:`
`    Hero(void);`
`    ~Hero(void);`
 	
`    int MP;`
`    Craftsmanship crafts[NUM_CRAFTS];`
 	
`    void setName();`
`    void choice();`
`    void attack(Role&);`
`    void levelUp(int);`
`    void levelDown();`
`private:`
`    int iAttack;`
`    void settlement(int);`
`};`
	`#include "StdAfx.h"`
	`#include "Hero.h"`
	`#include "Monster.h"`
	
	`Hero::Hero(void)`
	`{`
	`    level = 1;`
	`    HP = 2000;`
	`    MP = 50;`
	
	`    for (int i=0;i!=NUM_CRAFTS;i++)`
	`    {`
	`        crafts[i].name = craftnames[i];`
	`        crafts[i].available = availables[i];`
	`        crafts[i].consumption = mps[i];`
	`        crafts[i].ATK = atks[i]*level;`
	`        crafts[i].cooling = coolings[i];`
	`        crafts[i].action = 0;`
	`    }`
	`}`
	
	`Hero::~Hero(void)`
	`{`
	`}`
	
	`void Hero::setName()`
	`{`
	`    cout << "请输入英雄的名字: ";`
	`    cin >> name;`
	`    cout << "英雄: " << name << "初始化成功! " << endl;`
	`    // 以下这两行简称为 PC`
	`    system("pause");`
	`    system("cls");`
	`}`
	
	`void Hero::choice()`
	`{`
	`    cout << "请选择技能: " << endl;`
	`    for (int i=0;i!=NUM_CRAFTS;i++)`
	`    {`
	`        if (crafts[i].available<=level)`
	`        {`
	`            cout << i+1 << ":" << crafts[i].name << "[ " << (crafts[i].action==0?"●":"×") << " ]" << endl;`
	`        }`
	`    }`
	`    do`
	`    {`
	`        int attack;`
	`        cin >> attack;`

```cpp
                if (attack>0 && attack 
<=NUM_CRAFTS && crafts[attack-1].
available<=level)
                {
                    if (crafts[attack-1].action)
                    {
                        cout << "该技能正在冷却，请稍后
使用！" << endl;
                        cout << "请重新选择技能：" << 
endl;
                        continue;
                    }
                    if (MP-crafts[attack].
consumption<0)
                    {
                        cout << "魔法值不足，请选择其他
方式攻击！" << endl;
                        cout << "请重新选择技能：" << 
endl;
                        continue;
                    }
                    iAttack = attack-1;
                    return;
                }
                else
                {
                    cout << "选择有误！" << endl;
                    cout << "请重新选择技能：" << endl;
                    continue;
                }
    } while (true);
}

void Hero::attack(Role &r)
{
    r.HP -= crafts[iAttack].ATK;
    MP -= crafts[iAttack].consumption;
    crafts[iAttack].action = crafts[iAttack].
cooling + 1;
}

void Hero::levelUp(int up)
{
    cout << "======= 恭喜升级！ ======" << endl;
    level += up;
    settlement(level);
    PC;
}

void Hero::levelDown()
{
    cout << "====== 可恶，降级了！ ======" << 
endl;
    level--;
    settlement(level);
    PC;
}
```

| | ```
void Hero::settlement(int level)
{
    HP = 2000 + (level-1)*500;
    MP = 50 + (level-1)*10;
    int atks[NUM_CRAFTS] =
{10,12,15,18,20,22,25,30};
    for (int i=0;i!=NUM_CRAFTS;i++)
    {
        crafts[i].ATK = atks[i]*level;
        crafts[i].action = 0;
    }
}
``` |

Monster.h	Monster.cpp
| ```
#pragma once
#include "role.h"
class Hero;
class Monster :
    public Role
{
public:
    Monster(void);
    Monster(int);
    ~Monster(void);

    int ATK;

    void attack(Role&);
};
``` | ```
#include "StdAfx.h"
#include "Monster.h"
#include "Hero.h"

Monster::Monster(void){}
Monster::~Monster(void){}

Monster::Monster(int optional)
{
    string names[5] = {"巴尔坦虫怪","格斯安鱼怪","泰斯鸟怪","绿头猿怪","赤龙怪(BOSS)"};
    int levels[5] = {1,5,10,30,50};
    name = names[optional];
    level = levels[optional];
    HP = 100 * level;
    ATK = 20 * level;
}
void Monster::attack(Role &r)
{
    r.HP -= ATK;
}
``` |

Scenario.h	Scenario.cpp
| ```
#pragma once
#include "Hero.h"
#include "Monster.h"
class Scenario
{
public:
    Scenario(void);
    ~Scenario(void);
    // 英雄对象
    Hero myHero;

    // 怪物对象
    Monster myMonster;

    // GameOver 标志
    bool state;

    // 当前回合
``` | ```
#include "StdAfx.h"
#include "Scenario.h"

Scenario::Scenario(void)
{
    cout << "==============================" << endl;
    cout << "==== 拯救世界吧,少年! v2.0====" << endl;
    cout << "==============================" << endl;
    PC;
}

Scenario::~Scenario(void)
{
}

Monster Scenario::choice()
{
    int optional;
    do{
``` |
```

```cpp
    int round;


    Monster choice();
    bool challenge();
    void showInfo();
    void showInfo
(string);
};
```

```cpp
        // 以下简称为 CLS
        system("cls");
        cout <<right << "请选择你要挑战的怪物: " << endl;
        cout << setfill('-') << setw(30) << "" <<
endl;
        cout << "| 1:" << setfill(' ') << setw(26) <<
"巴尔坦虫怪【lv1】|" << endl;
        cout << "| 2:" << setw(26) << "格斯安鱼怪【lv5】
|" << endl;
        cout << "| 3:" << setw(26) << "泰斯鸟怪【lv10】
|" << endl;
        cout << "| 4:" << setw(26) << "绿头猿怪【lv30】
|" << endl;
        cout << "| 5:" << setw(26) << "赤龙怪(BOSS)
【lv50】|" << endl;
        cout << setfill('-') << setw(30) << "" <<
endl;
        cin >> optional;
    } while (optional<1 || optional>5);
    Monster mon(optional-1);
    return mon;
}



bool Scenario::challenge(){
    while(true){
        showInfo();
        myHero.choice();
        myHero.attack(myMonster);
        showInfo(myHero.name);
        if(myMonster.isAlive())
        {
            myMonster.attack(myHero);
            showInfo(myMonster.name);
            if (!myHero.isAlive())
            {
                myHero.levelDown();
                if (myHero.level<=0)
                {
                    cout << endl << "游戏失败! " <<
endl;
                    return false;
                }
                return true;
            }
            else
            {
                round++;
                for (int i=0;i!=NUM_CRAFTS;i++)
                {
                    myHero.crafts[i].action = myHero.
crafts[i].action <= 0 ? 0 : myHero.crafts[i].action - 1;
                }
                PC;
```

```cpp
                continue;
            }
        }
        else
        {
            if (myMonster.level == 50)
            {
                cout << endl << "恭喜通关！" << endl;
                return false;
            }
            myHero.levelUp(myMonster.level);
            return true;
        }
    }
}

void Scenario::showInfo()
{
    cout << left << setfill('-') << setw(39) << "" << endl;
    // 表格宽度共计40个半角字符
    cout << "|" << setfill(' ') << "第" << setw(3) << round << "轮" <<setw(30) << "" << "|" << endl;
    cout << setfill('-') << setw(39) << "" << endl;
    cout << "|" << setfill(' ') << setw(6) << "英雄: " << setw(12) << myHero.name << "|" << setw(6) << "怪物: " << setw(12) << myMonster.name << "|" << endl;
    cout << "|" << setw(6) << "级别: " << setw(12) << myHero.level << "|" << setw(6) << "级别: " << setw(12) << myMonster.level << "|" << endl;
    cout << "|" << setw(6) << "HP: " << setw(12) << myHero.HP << "|" << setw(6) << "HP: " << setw(12) << myMonster.HP << "|" << endl;
    cout << "|" << setw(6) << "MP: " << setw(12) << myHero.MP << "|" << setw(18) << "" << "|" << endl;
    cout << setfill('-') << setw(39) << "" << endl;
}

void Scenario::showInfo(string name)
{
    cout << left << setfill('-') << setw(39) << "" << endl;
    // 表格宽度共计40个半角字符
    cout << "|" << setfill(' ') << setw(12) << name << "攻击! " << setw(19) << "" << "|" << endl;
    cout << setfill('-') << setw(39) << "" << endl;
    cout << "|" << setfill(' ') << setw(6) << "英雄: " << setw(12) << myHero.name << "|" << setw(6) << "怪物: " << setw(12) << myMonster.name << "|" << endl;
    cout << "|" << setw(6) << "级别: " << setw(12) << myHero.level << "|" << setw(6) << "级别: " << setw(12) << myMonster.level << "|" << endl;
    cout << "|" << setw(6) << "HP: " << setw(12) << myHero.HP << "|" << setw(6) << "HP: " << setw(12) << myMonster.HP << "|" << endl;
```

	`cout << "|" << setw(6) << "MP: " << setw(12) <<`
	`myHero.MP << "|" << setw(18) << "" << "|" << endl;`
	`    cout << setfill('-') << setw(39) << "" << endl;`
	`}`

AdvScenario.h	AdvScenario.cpp

`#pragma once`
`#include "scenario.h"`
 	
`class AdvScenario :public Scenario`
`{`
`public:`
`    AdvScenario(void);`
`    ~AdvScenario(void);`
 	
`    // 英雄的对象指针`
`    Role *rHero;`
`    // 怪物的对象指针`
`    Role *rMonster;`
 	
`    void choice();`
`    bool challenge();`
`    void showInfo();`
`    void showInfo(string);`
`};`
	`#include "StdAfx.h"`
	`#include "AdvScenario.h"`
	
	`AdvScenario::AdvScenario(void)`
	`{`
	`    rHero = new Hero();`
	`    rMonster = nullptr;`
	`}`
	
	`AdvScenario::~AdvScenario(void)`
	`{`
	`    delete rHero;`
	`    delete rMonster;`
	`}`
	
	`void AdvScenario::choice()`
	`{`
	`    int optional;`
	`    do{`
	`        CLS;`
	`        cout <<right << "请选择你要挑战的怪物: " << endl;`
	`        cout << setfill('-') << setw(30) << "" << endl;`
	`        cout << "| 1:" << setfill(' ') << setw(26) << "巴尔坦虫怪【lv1】|" << endl;`
	`        cout << "| 2:" << setw(26) << "格斯安鱼怪【lv5】|" << endl;`
	`        cout << "| 3:" << setw(26) << "泰斯鸟怪【lv10】|" << endl;`
	`        cout << "| 4:" << setw(26) << "绿头猿怪【lv30】|" << endl;`
	`        cout << "| 5:" << setw(26) << "赤龙怪(BOSS)【lv50】|" << endl;`
	`        cout << setfill('-') << setw(30) << "" << endl;`
	`        cin >> optional;`
	`    } while (optional<1 || optional>5);`
	`    if (rMonster!=nullptr)`
	`    {`
	`        delete rMonster;`
	`    }`
	`    rMonster = new Monster(optional-1);`
	`    return;`
	`}`
	`bool AdvScenario::challenge(){`
	`    while(true){`
	`        showInfo();`
	`        ((Hero *)rHero)->choice();`

```cpp
            rHero->attack(*rMonster);
            showInfo(rHero->name);
            if(rMonster->isAlive())
            {
                rMonster->attack(*rHero);
                showInfo(rMonster->name);
                if (!rHero->isAlive())
                {
                    ((Hero *)rHero)->levelDown();
                    if (rHero->level<=0)
                    {
                        cout << "\n游戏失败！" << endl;
                        return false;
                    }
                    return true;
                }
                else{
                    round++;
                    for (int i=0;i!=NUM_CRAFTS;i++)
                    {
                        ((Hero *)rHero)->crafts[i].action = ((Hero *)rHero)->crafts[i].action <= 0 ? 0 : ((Hero *)rHero)->crafts[i].action - 1;
                    }
                    PC;
                    continue;
                }
            }
            else{
                if (rMonster->level == 50)
                {
                    cout << "\n恭喜通关！" << endl;
                    return false;
                }
                ((Hero *)rHero)->levelUp(rMonster->level);
                return true;
            }
        }
}

void AdvScenario::showInfo()
{
    cout << left << setfill('-') << setw(39) << "" << endl;
    // 表格宽度共计 40 个半角字符
    cout << "|" << setfill(' ') << "第 " << setw(3) << round << " 轮 " <<setw(30) << "" << "|" << endl;
    cout << setfill('-') << setw(39) << "" << endl;
    cout << "|" << setfill(' ') << setw(6) << "英雄:" << setw(12) << rHero->name << "|" << setw(6) << "怪物:" << setw(12) << rMonster->name << "|" << endl;
```

```cpp
    cout << "|" << setw(6) << "级别: " << setw(12)
<< rHero->level << "|" << setw(6) << "级别: " <<
setw(12) << rMonster->level << "|" << endl;
    cout << "|" << setw(6) << "HP: " << setw(12)
<< rHero->HP << "|" << setw(6) << "HP: " <<
setw(12) << rMonster->HP << "|" << endl;
    cout << "|" << setw(6) << "MP: " << setw(12)
<< ((Hero *)rHero)->MP << "|" << setw(18) << ""
<< "|" << endl;
    cout << setfill('-') << setw(39) << "" <<
endl;
}

void AdvScenario::showInfo(string name)
{
    cout << left << setfill('-') << setw(39) <<
"" << endl;
    // 表格宽度共计40个半角字符
    cout << "|" << setfill(' ') << setw(12) <<
name << "攻击! " << setw(19) << "" << "|" << endl;
    cout << setfill('-') << setw(39) << "" <<
endl;
    cout << "|" << setfill(' ') << setw(6) << "英雄:
" << setw(12) << rHero->name << "|" << setw(6) <<
"怪物: " << setw(12) << rMonster->name << "|" <<
endl;
    cout << "|" << setw(6) << "级别: " << setw(12)
<< rHero->level << "|" << setw(6) << "级别: " <<
setw(12) << rMonster->level << "|" << endl;
    cout << "|" << setw(6) << "HP: " << setw(12)
<< rHero->HP << "|" << setw(6) << "HP: " <<
setw(12) << rMonster->HP << "|" << endl;
    cout << "|" << setw(6) << "MP: " << setw(12)
<< ((Hero *)rHero)->MP << "|" << setw(18) << ""
<< "|" << endl;
    cout << setfill('-') << setw(39) << "" <<
endl;
}
```

附录B　HR服务平台的实现代码

User.h	User.cpp
| ```cpp
#pragma once
#include "stdafx.h"
class User
{
public:
    virtual int getsalary()=0;//计算工资
private:
    string _name;//用户名
    string _password;//密码
public:
    string getName();//获取用户名
    string getPassword();//获取密码
public:
    User();
    User(string, string);
    ~User();
};
``` | ```cpp
#include "stdafx.h"
#include "User.h"
User::User(string name, string password)
{
    _name = name;
    _password = password;
}
User::User()
{
    //cout << "Log:User constructor!" << endl;
    _name;
    _password;
}
string User::getName()
{
    return this->_name;
}
string User::getPassword()
{
    return this->_password;
}
User::~User()
{
}
``` |

ProgrammerUser.h	ProgrammerUser.cpp
| ```cpp
#pragma once
#include "User.h"
class ProgrammerUser :
    public User
{
public:
    ProgrammerUser();
    ~ProgrammerUser();
public:
    int getsalary();//计算工资
};
``` | ```cpp
#include "stdafx.h"
#include "ProgrammerUser.h"

ProgrammerUser::ProgrammerUser()
{
    //cout << "Log:ProgrammerUser Constructor!" << endl;
}

ProgrammerUser::~ProgrammerUser()
{
``` |

| | ```
}
int ProgrammerUser::getsalary()
{
    return 1000;
}
``` |
| ArtistUser.h | ArtistUser.cpp |
| ```
#pragma once
#include "User.h"
class ArtistUser :
    public User
{
public:
    ArtistUser();
    ~ArtistUser();
public:
    int getsalary();// 计算工资
};
``` | ```
#include "stdafx.h"
#include "ArtistUser.h"

ArtistUser::ArtistUser()
{
    //cout << "Log:ArtistUser Constructor!" << endl;
}


ArtistUser::~ArtistUser()
{
}

int ArtistUser::getsalary()
{
    return 100;
}
``` |
| AdminUser.h | AdminUser.cpp |
| ```
#pragma once
#include "user.h"
class AdminUser :
    public User
{
public:
    AdminUser(void);
    AdminUser(string, string);
    ~AdminUser(void);
public:
    virtual int getsalary();// 计算工资
};
``` | ```
#include "AdminUser.h"

AdminUser::AdminUser(void)
{
}

AdminUser::AdminUser(string name, string pwd):User(name, pwd)
{
}

AdminUser::~AdminUser(void)
{
}

int AdminUser::getsalary()
{
    return 0;
}
``` |
| SystemUI.h | SystemUI.cpp |
| ```
#pragma once
#include "DataProvider.h"
#include "CategoryList.h"
class SystemUI
{
``` | ```
#include "stdafx.h"
#include "SystemUI.h"
#include "Category.h"
#include "Job.h"
#include "UserList.h"
``` |
```

```cpp
private:
    DataProvider* _dataProvider;
private:
    void LoginOperation();// 登录操作
    bool exitSystem();// 退出系统
    void findJob();// 根据名称找工作
    void addJob();// 添加工作
    void findCategory();// 根据分类名称查找
    void showAllJobs();// 展示所有工作
public:
    SystemUI();
    ~SystemUI();
    /*菜单操作*/
public:
    void showHomeMenuOperation();// 主菜单操作
    void showLoginMeunOperation();// 登录菜单操作
    int showHomeMenu();// 展示主菜单
    int showLoginMeun();// 展示登录菜单
    void CalculateSalary(int);// 计算工资
};
```

```cpp
#include "ProgrammerUser.h"
#include "ArtistUser.h"
#include "AdminUser.h"
SystemUI::SystemUI()
{
    _dataProvider = new DataProvider();
}

SystemUI::~SystemUI()
{
    if (nullptr != _dataProvider)
    {
        delete _dataProvider;
    }
}

int SystemUI::showHomeMenu()
{
    cout << "-----------------------------------------------------------" << endl;
    cout << "1.查看工作详情(按工作名称搜索)" << endl;
    cout << "2.添加工作" << endl;
    cout << "3.查看分类详情(按分类名称搜索)" << endl;
    cout << "4.查看所有工作" << endl;
    cout << "5.计算工资" << endl;
    cout << "6.退出" << endl;
    cout << "-----------------------------------------------------------" << endl;
    cout << "请选择: ";
    int selection = 0;
    cin.clear();
    cin.sync();
    cin >> selection;
    return selection;
}
void SystemUI::CalculateSalary(int choice)
{
    User* _user;
    switch (choice)
    {
    case 1:
        _user = new ProgrammerUser();
        cout << "程序员的工资为:" << _user->getsalary() << endl;
        break;
    case 2:
        _user = new ArtistUser();
        cout << "美工的工资为:" << _user->getsalary() << endl;
        break;
    default:
        _user = nullptr;
```

```cpp
            cout << "不存在该工作类别" << endl;
            break;
        }
        delete _user;
        _user = nullptr;
}
int SystemUI::showLoginMeun()
{
    cout << "------------------------" << endl;
    cout << "1.登录" << endl;
    cout << "2.退出" << endl;
    cout << "------------------------" << endl;
    cout << "请选择: " << endl;
    int selection = 0;
    cin >> selection;
    return selection;
}
void SystemUI::showHomeMenuOperation()
{
    int choice = SystemUI::showHomeMenu();
    int job_choice = 1;
    bool flag = true;
    while (flag)
    {
        switch (choice)
        {
        case 1:
            this->findJob();
            flag = false;
            break;
        case 2:
            this->addJob();
            flag = false;
            break;
        case 3:
            this->findCategory();
            flag = false;
            break;
        case 4:
            system("cls");
            cout << "---------------------------------------------------" << endl;
            cout << "\n";
            cout << "\n";
            this->showAllJobs();
            choice = this->showHomeMenu();
            break;
        case 5:
            cout << "请选择需要计算的工作(1.程序员 2.美工)";
            cin >> job_choice;
            system("cls");
```

```cpp
                this->CalculateSalary(job_choice);
                choice = this->showHomeMenu();
                break;
            case 6:
                system("cls");
                flag = this->exitSystem();
                break;
            default:
                system("cls");
                cout << "您输入的项不存在，请重新选择...";
                cout << "\n";
                choice = this->showHomeMenu();
                break;
        }
    }
}
void SystemUI::findCategory()
{
    system("cls");
    cout << "----------------------------------------------------------" << endl;
    cout << "\n";
    cout << "\n";
    _dataProvider->show();
    cout << "----------------------------------------------------------" << endl;
    cout << "请输入您要检索的分类名称（虚线上方为分类名称，虚线下方的第一个为工作名称）：";
    string name;
    cin >> name;
    system("cls");
    Category* categoryList = _dataProvider->FindByCategoryName(name);
    cout << "您要找的结果为：";
    cout << "\n";
    if (nullptr != categoryList)
    {
        categoryList->show();
        cout << "\n";
    }
    else
    {
        cout << "没有找到与您的输入相匹配的工作";
        cout << "\n";
    }
    this->showHomeMenuOperation();
}
void SystemUI::showLoginMeunOperation()
{
    string username;
    string userpassword;
    User* _user = new AdminUser();
    bool flag2 = true;
    // 先检查当前状态
```

```cpp
        while (flag2)
        {
            int choice = this->showLoginMeun();
            switch (choice)
            {
            case 1:
                this->LoginOperation();
                continue;
            case 2:
                flag2 = this->exitSystem();
                break;
            default:
                system("cls");
                cout << "没有该项！请重新输入";
                cout << "\n";
                this->showLoginMeunOperation();
                cout << "\n";
                flag2 = false;
            }
        }
}
void SystemUI::addJob()
{
    system("cls");
    // 添加工作
    cout << "请在如下区域输入 Job 相关信息：" << endl;
    string name;
    string desc;
    float salary = 0;
    string cmpName;
    string position;
    int id = 0;
    string category;
    Job* _job;
    cout << "工作 ID:";
    cin >> id;
    if (cin.fail())
    {
        cout << "工作 ID 只能是 int 类型，请重新添加工作";
        cout << "\n";
    }
    else
    {
        cin.clear();
        cin.sync();
        cout << "工作名称:"; cin >> name;
        _job = _dataProvider->FindByName(name);
        if (_job == nullptr)
        {
            cout << "工作描述:"; cin >> desc;
            cout << "工作薪资（只能为数字）:";
            cin >> salary;
            if (cin.fail())
```

```cpp
                {
                    cout << "工作薪资只能是 float 类型, 请重新添加工作 ";
                    cout << "\n";
                }
                else
                {
                    cin.clear();
                    cin.sync();
                    cout << " 公司名称 :"; cin >> cmpName;
                    cout << " 职位 :"; cin >> position;
                    cout << " 工作分类 :"; cin >> category;
                    Job *job = new Job(id, name, desc, salary, cmpName, position);
                    _dataProvider->addJob(job, category);
                    cout << "\n";
                    system("cls");
                    cout << " 添加工作成功 !";
                    cout << "\n";
                }
            }
        }
        else
        {
            system("cls");
            cout << " 工作名称不能相同, 请重新添加 ";
            cout << "\n";
        }
    }
    this->showHomeMenuOperation();
}
void SystemUI::findJob()
{
    system("cls");
    cout << "------------------------------------------------------------" << endl;
    cout << "\n";
    cout << "\n";
    _dataProvider->show();
    cout << "------------------------------------------------------------" << endl;
    cout << " 请输入要查看的工作名称 ( 虚线上方为分类名称, 虚线下方的第一个为工作名称 ): ";
    string name;
    cin >> name;
    system("cls");
    cout << " 查找结果: ";
    cout << "\n";
    Job* result = _dataProvider->FindByName(name);
    if (nullptr != result)
    {
```

```cpp
        result->show();
        cout << "\n";
    }
    else
    {
        cout << "没有找到与您的输入相匹配的工作 " << endl;
    }
    this->showHomeMenuOperation();
}
bool SystemUI::exitSystem()
{
    return false;
}
void SystemUI::LoginOperation()
{
    string username;
    string userpassword;
    User* _user = new AdminUser();
    bool flag2 = true;
    cout << "请输入用户名: ";
    cin >> username;
    cout << "请输入密码: ";
    cin >> userpassword;
    _user = _dataProvider->Login(username, userpassword);
    if (_user != nullptr)
    {
        system("cls");
        cout << "登录成功! " << endl;
        this->showHomeMenuOperation();
        system("cls");
    }
    else
    {
        system("cls");
        cout << "登录失败!请重新登录" << endl;
    }
}
void SystemUI::showAllJobs()
{
    _dataProvider->show();
}
```

附录 C 综合项目——锻炼系统的实现代码

1. O2O.cpp

```cpp
// O2O.cpp : 定义控制台应用程序的入口点。
//
#include "stdafx.h"
#include "SystemUI.h"
int _tmain(int argc, _TCHAR* argv[])
{
    SystemUI ui;
    ui.mainMenu();
    return 0;
}
```

2. SystemUI.h

```cpp
#pragma once
#include "User.h"
#include "DataProvider.h"
class SystemUI
{
public:
    SystemUI(void);
    ~SystemUI(void);

    // 登录菜单
    void mainMenu();
    // 主界面菜单
    void homeMenu();
    // 登录
    void login();
    // 注册
    void registration();

private:
    User* pUser;
    DataProvider* pDataProvider;
};
```

3. SystemUI.cpp

```cpp
#include "StdAfx.h"
#include "SystemUI.h"
#include "Member.h"
#include "Coach.h"
#include "Manager.h"
```

```cpp
SystemUI::SystemUI(void)
{
    pUser = nullptr;
    pDataProvider = new DataProvider();
}


SystemUI::~SystemUI(void)
{
    if (pUser!=nullptr)
    {
        delete pUser;
        pUser = nullptr;
    }
    if (pDataProvider!=nullptr)
    {
        delete pDataProvider;
        pDataProvider = nullptr;
    }
}

void SystemUI::mainMenu()
{
    int choice;
    while (true)
    {
        CLS;
        cout << "1.登录   2.注册   3.退出 \n";
        cin >> choice;
        switch(choice)
        {
        case 1: login();break;
        case 2: registration();break;
        case 3: exit(0);
        default: cout << "无效操作!请重新选择。" << endl;PAUSE;
        }
    }
}

void SystemUI::homeMenu()
{
    CLS;
    pUser->selectItem();
    pUser = pUser->logout();
}
void SystemUI::login()
{
    CLS;
    string name;
    string pwd;
    cout << "账号: ";
    cin >> name;
    cout << "密码: ";
```

```cpp
        cin >> pwd;
        if ((pUser=pDataProvider->login(name, pwd))!=nullptr)
        {
            cout << "登录成功..." << endl;
            PC;
            homeMenu();
        }
        else
        {
            cout << "用户名或密码错误" << endl;
            PC;
            return ;
        }
}

void SystemUI::registration()
{
    CLS;
    string name;
    string pwd;
    int role;
    while (true)
    {
        cout << "账号: ";
        cin >> name;
        if (pDataProvider->isUserExist(name))
        {
            cout << "该用户名已被占用，请重新输入! \n";PC;
        }
        else
        {
            break;
        }
    }
    cout << "密码: ";
    cin >> pwd;
    while (pUser == nullptr)
    {
        cout << "请选择角色: \n1.普通会员;2.私人教练;3.群主\n";
        cin >> role;
        switch(role)
        {
        case 1: pUser = new Member(name, pwd, pDataProvider);break;
        case 2: pUser = new Coach(name, pwd, pDataProvider);break;
        case 3: pUser = new Manager(name, pwd, pDataProvider);break;
        default: cout << "无效操作！请重新选择。\n";PAUSE;
        }
    }
    pDataProvider->addUser(pUser);
    cout << "注册成功! " << endl;
    PC;
    homeMenu();
}
```

4. DataProvider.h

```cpp
#pragma once
class User;
class Activity;
class Appointment;
class UserList;
class GroupList;
class AppointmentList;
class DataProvider
{
public:
    DataProvider(void);
    ~DataProvider(void);
    // 注册时，判断用户名是否存在
    bool isUserExist(string);
    // 添加用户
    void addUser(User*);
    // 登录
    User* login(string, string);
    // 新增群组
    bool addGroup(User* user, string name) const;
    // 加入群组
    bool joinGrop(User* user, string name) const;
    // 显示所有群组
    void showAllGroup() const;
    // 显示用户所有群组
    bool showMyGroup(const User*) const;
    // 新增活动
    bool addActivity(User*, string, Activity*);
    // 加入活动
    bool joinActivity(User*, string, string);
    // 新增预约
    bool AddAppointment(User*, Appointment*);
    // 加入预约
    bool joinAppointment(User*, string);
    // 获取私教预约
    void getAppointment(const User*);
    // 显示用户已定预约
    int showAllAppointment(const User*) const;
private:
    UserList* userList;                      //用户列表
    GroupList* groupList;                    //群组列表
    AppointmentList* appointmentList;        //预约列表
};
```

5. DataProvider.cpp

```cpp
#include "StdAfx.h"
#include "DataProvider.h"
#include "UserList.h"
#include "GroupList.h"
#include "ActivityList.h"
#include "AppointmentList.h"
```

```cpp
DataProvider::DataProvider(void)
{
    userList = new UserList();
    groupList = new GroupList(10);
    appointmentList = new AppointmentList(10);
}


DataProvider::~DataProvider(void)
{
    if (userList!=nullptr)
    {
        delete userList;
        userList = nullptr;
    }
    if (groupList!=nullptr)
    {
        delete groupList;
        groupList = nullptr;
    }
    if (appointmentList!=nullptr)
    {
        delete appointmentList;
        appointmentList = nullptr;
    }
}

bool DataProvider::isUserExist(string name)
{
    return userList->contain(name);
}

void DataProvider::addUser(User* user)
{
    userList->addUser(user);
}

User* DataProvider::login(string name, string pwd)
{
    if (!isUserExist(name))
    {
        return false;
    }

    User *user = userList->getUser(name);
    if(user->verification(pwd))
    {
        return user;
    }
    else
    {
        return nullptr;
    }
}

bool DataProvider::addGroup(User* user, string name) const
```

```cpp
{
    if (groupList->contain(name))
    {
        return false;
    }
    else
    {
        Groups *group = new Groups(name);
        group->addUserToGroup(user);
        groupList->addGroup(group);
        return true;
    }
}

bool DataProvider::joinGrop(User* user, string name) const
{
    int index = groupList->contain(name);
    if (groupList->contain(name))
    {
        groupList->addUserToGroup(user, name);
        return true;
    }
    else
    {
        return false;
    }
}

void DataProvider::showAllGroup() const
{
        if (groupList->size() == 0)
        {
            cout << "暂无数据\n";
            return ;
        }
        for (int i=0;i!=groupList->size();i++)
        {
            groupList->at(i+1)->showGroupInfo();
        }
}

bool DataProvider::showMyGroup(const User* user) const
{
        bool flag = false;
        for (int i=0; i!=groupList->size(); i++)
        {
            Groups* group = groupList->at(i+1);
            UserList* userList = group->getGroupUsers();
            if (userList->contain(user->getName()))
            {
                flag = true;
                group->showGroupInfo();
            }
        }
        return flag;
```

```cpp
}

bool DataProvider::joinActivity(User* user, string groupName, string activityName)
{
    int gIndex = groupList->contain(groupName);
    if (!gIndex)
    {
        cout << "未找到群组: " << groupName << endl;
        return false;
    }
    Groups* group = groupList->at(gIndex);
    if (!group->getGroupUsers()->contain(user->getName()))
    {
        cout << "你还未加入组名为: " << groupName << "的小组，不能加入此活动！ "<< endl;
        return false;
    }
    int aIndex = group->getGroupActivitys()->contain(activityName);
    if (!aIndex)
    {
        cout << "未找到活动: " << activityName << endl;
        return false;
    }
    Activity* activity = group->getGroupActivitys()->at(aIndex);
    activity->addUserToActivity(user);
    return true;
}

bool DataProvider::AddAppointment(User* user, Appointment* app)
{
    if (appointmentList->contain(app->getId()))
    {
        cout << "此编号已存在或被其他私教占用，请换个编号" << endl;
        return false;
    }
    app->addUserToAppointment(user);
    appointmentList->addAppointment(app);
    return true;
}

bool DataProvider::joinAppointment(User* user, string id)
{
    for (int i=0;i!=appointmentList->size();i++)
    {
        Appointment* app = appointmentList->at(i+1);
        if (app->getId() == id)
        {
            app->addUserToAppointment(user);
            return true;
        }
    }
    return false;
}
```

```cpp
void DataProvider::getAppointment(const User* user)
{
    for (int i=0;i!=appointmentList->size();i++)
    {
        Appointment *app = appointmentList->at(i+1);

        if (app->getUserList()->contain(user->getName()))
        {
            app->showAppointmentInfo(user);
        }
    }
}

int DataProvider::showAllAppointment(const User* user) const
{
    for (int i=0;i!=appointmentList->size();i++)
    {
        appointmentList->at(i+1)->showAppointmentInfo(user);
    }
    return appointmentList->size();
}

bool DataProvider::addActivity(User* user, string groupName, Activity* activity)
{
    int gIndex = groupList->contain(groupName);
    if (!gIndex)
    {
        cout << "未找到群组: " << groupName << endl;
        return false;
    }
    Groups* group = groupList->at(gIndex);
    if (!group->getGroupUsers()->contain(user->getName()))
    {
        cout << "你不是该群 :" << groupName << "的群主,不能添加群活动 "<< endl;
        return false;
    }
    int aIndex = group->getGroupActivitys()->contain(activity->getActivityName());
    if (aIndex)
    {
        cout << "已存在: " << activity->getActivityName() << "活动,不能重复发布! " << endl;
        return false;
    }
    group->addActivity(activity);
    return true;
}
```

6. User.h

```cpp
#pragma once
#include "DataProvider.h"
class User
{
```

```cpp
public:
    User(void);
    User(string name, string pwd, DataProvider* pdp):name(name),pwd(pwd),dp(pdp)
{}
    virtual ~User(void);

    string getName() const;
    virtual void selectItem() =0;
    bool verification(string) const;
    inline User* logout() const {return nullptr;}
protected:
    string name;
    string pwd;
    DataProvider* dp;

    virtual void showMenu() =0;
};
```

7. User.cpp

```cpp
#include "StdAfx.h"
#include "User.h"

User::User(void)
{

}

User::~User(void)
{
}

string User::getName() const
{
    return name;
}

bool User::verification(string pwd) const
{
    return this->pwd == pwd;
}
```

8. UserList.h

```cpp
#pragma once
#include "User.h"
struct Node
{
    User *user;
    Node *next;
};
class UserList
{
```

```
public:
    UserList(void);
    ~UserList(void);

    void showAll() const;
    bool contain(string) const;
    void addUser(User*);
    User* getUser(string);
private:

        Node *head;
        int length;
    };
```

9. UserList.cpp

```
#include "StdAfx.h"
#include "UserList.h"

UserList::UserList(void)
{
    head = new Node;
    head->next = nullptr;
    length = 0;
}

UserList::~UserList(void)
{
    if(head!=nullptr)
    {
        Node *ptr = head->next;
        while(ptr!=nullptr)
        {
            delete head;
            head = ptr;
            ptr = ptr->next;
        }
        delete head;
        head = nullptr;
    }
}
bool UserList::contain(string name) const
{
    Node* ptr = head->next;
    while(ptr != nullptr)
    {
        if (ptr->user->getName() == name)
        {
            return true;
        }
        else
        {
            ptr = ptr->next;
```

```cpp
            }
        }
        return false;
    }

    void UserList::addUser(User* user)
    {
        Node* ptr = head;
        while(ptr->next != nullptr)
        {
            ptr = ptr->next;
        }
        Node* node = new Node;
        node->user = user;
        node->next = nullptr;
        ptr->next = node;
        length++;
    }

    User* UserList::getUser(string name)
    {
        Node* ptr = head->next;
        while(ptr != nullptr)
        {
            if (ptr->user->getName() == name)
            {
                return ptr->user;
            }
            else
            {
                ptr = ptr->next;
            }
        }
        return nullptr;
    }

    void UserList::showAll() const
    {
        Node* ptr = head->next;
        while(ptr != nullptr)
        {
            cout << ptr->user->getName() << "\t";
            ptr = ptr->next;
        }
        cout << endl;
    }
```

10. Member.h

```cpp
#pragma once
#include "User.h"
class Member :
    public User
{
```

```cpp
public:
    Member(void);
    Member(string name, string pwd, DataProvider* pdp):User(name, pwd, pdp){}
    ~Member(void);

    virtual void selectItem();
protected:
    virtual void showMenu();
private:
    void showAllGroup() const;
    void joinGroup();
    void joinActivity();
    void appointmentCoach(User*);
    void getAppointment(const User*);
};
```

11. Member.cpp

```cpp
#include "StdAfx.h"
#include "Member.h"

Member::Member(void)
{
}

Member::~Member(void)
{
}

void Member::selectItem()
{
    int choice;
    while (true)
    {
        showMenu();
        cin >> choice;
        switch(choice)
        {
        case 1: showAllGroup();break;
        case 2: joinGroup();break;
        case 3: joinActivity();break;
        case 4: appointmentCoach(this);break;
        case 5: getAppointment(this);break;
        case 6: return ;
        default: cout << " 无效操作！请重新选择。\n";PAUSE;
        }
        PC;
    }
}

void Member::showMenu()
{
    CLS;
    cout << " 欢迎会员 :" << name << "\n";
```

```cpp
        cout << "1.查看所有群组 \n";
        cout << "2.加入群组 \n";
        cout << "3.查看群组信息并加入该群组的活动 \n";
        cout << "4.查看可以预约的教练信息,并预约教练 \n";
        cout << "5.查看已经预约的教练列表 \n";
        cout << "6.退出 \n";
        cout << "请选择: ";
}

void Member::showAllGroup() const
{
    dp->showAllGroup();
}

void Member::joinGroup()
{
    string groupsName;
    cout << "请输入要加入的群组名称(不知道有哪些群组时,输入1): ";
    cin >> groupsName;
    if (groupsName == "1")
    {
        showAllGroup();
        cout << "请输入要加入的群组名称: ";
        cin >> groupsName;
    }
    if(dp->joinGrop(this, groupsName))
    {
        cout << "加入成功! " << endl;
    }
    else
    {
        cout << "加入失败!并不存在该群组,请重新加入其他群组! " << endl;
    }
}

void Member::joinActivity()
{
    string groupName;
    string activityName;
    if (!dp->showMyGroup(this))
    {
        cout << "暂无数据! " << endl;
        return;
    }
    cout << "请输入要参加的活动所在的群组名称: ";
    cin >> groupName;
    cout << "请输入活动名称: ";
    cin >> activityName;
    if(dp->joinActivity(this, groupName, activityName))
    {
        cout << "加入成功! " << endl;
    }
    else
    {
        cout << "加入失败!并不存在该群组或者活动,请重新加入其他群组的活动! " << endl;
    }
```

```cpp
}
void Member::appointmentCoache(User* user)
{
    cout << "编号 \t 时长 \t 开始时间 \t 结束时间 \t 价格 \n";
    int count = dp->showAllAppointment(user);
    if (!count)
    {
        cout << "暂无数据！" << endl;
        return;
    }
    string id;
    cout << "请输入预约编号：";
    cin >> id;
    if(dp->joinAppointment(user, id))
    {
        cout << "预约成功！" << endl;
    }
    else
    {
        cout << "预约失败！" << endl;
    }
}
void Member::getAppointment(const User* user)
{
    cout << "编号 \t 时长 \t 开始时间 \t 结束时间 \t 价格 \n";
    dp->getAppointment(user);
}
```

12. Manager.h

```cpp
#pragma once
#include "User.h"
class Manager :
    public User
{
public:
    Manager(void);
    Manager(string name, string pwd, DataProvider* pdp):User(name, pwd, pdp){}
    ~Manager(void);

    virtual void selectItem();

protected:
    virtual void showMenu();
private:
    void addGroup();
    void publishActivity(User*);
    void showMyGroup(User*) const;
};
```

13. Manager.cpp

```cpp
#include "StdAfx.h"
#include "Manager.h"
```

```cpp
#include "Activity.h"

Manager::Manager(void)
{
}


Manager::~Manager(void)
{
}

void Manager::selectItem()
{
    int choice;
    while (true)
    {
        showMenu();
        cin >> choice;
        switch(choice)
        {
        case 1: addGroup();break;
        case 2: publishActivity(this);break;
        case 3: showMyGroup(this);break;
        case 4: return ;
        default: cout << "无效操作！请重新选择。\n";
        }
        PC;
    }
}

void Manager::showMenu()
{
    CLS;
    cout << "欢迎群主: " << name << "\n";
    cout << "1.创建群组 \n";
    cout << "2.发布群活动 \n";
    cout << "3.查看已经创建的群信息 \n";
    cout << "4.退出 \n";
    cout << "请选择: " << endl;
}

void Manager::addGroup()
{
    string groupName;
    cout << "组名: ";
    cin >> groupName;
    if (dp->addGroup(this, groupName))
    {
        cout << "群组创建成功！" << endl;
    }
    else
    {
        cout << "添加失败！你添加的组名与其他群主添加的组名相同！" << endl;
    }
}
```

```cpp
void Manager::publishActivity(User* user)
{
    string name;
    string place;
    string starttime;
    string endtime;
    double price;
    string introduction;
    string groupName;
    cout << "活动名称: ";
    cin >> name;
    cout << "活动地点: ";
    cin >> place;
    cout << "开始时间（格式：2016年1月1日）: ";
    cin >> starttime;
    cout << "结束时间（格式：2016年1月1日）: ";
    cin >> endtime;
    cout << "活动经费: ";
    cin >> price;
    while (cin.fail())
    {
        cout << "活动经费输入不合理，请重新输入" << endl;
        cin.clear();
        cin.sync();
        cin >> price;
    }
    cout << "活动介绍: ";
    cin >> introduction;
    cout << "请输入活动要发布到的群组名称：（不记得群名？输入1)";
    cin >> groupName;
    if (groupName == "1")
    {
        if (!dp->showMyGroup(user))
        {
            cout << "你还未创建群组" << endl;
            return;
        }
        cout << "请输入活动要发布到的群组名称: ";
        cin >> groupName;
    }
    Activity* activity = new Activity(name, place, starttime, endtime, price, introduction);
    if(dp->addActivity(user, groupName, activity))
    {
        cout << "活动发布成功！ " << endl;
    }
    else
    {
        cout << "活动发布失败！ " << endl;
    }
}

void Manager::showMyGroup(User* user) const
{
    dp->showMyGroup(user);
}
```

14. Coach.h

```
#pragma once
#include "User.h"
class Coach :
    public User
{
public:
    Coach(void);
    Coach(string name, string pwd, DataProvider* pdp):User(name, pwd, pdp){}
    ~Coach(void);

    virtual void selectItem();

protected:
    virtual void showMenu();
private:
    void addAppointment();
    void getAppointment() const;
};
```

15. Coach.cpp

```
#include "StdAfx.h"
#include "Coach.h"
#include "Appointment.h"

Coach::Coach(void)
{
}


Coach::~Coach(void)
{
}

void Coach::selectItem()
{
    int choice;
    while (true)
    {
        showMenu();
        cin >> choice;
        switch(choice)
        {
        case 1: addAppointment();break;
        case 2: getAppointment();break;
        case 3: return ;
        default: cout << " 无效操作！请重新选择。\n";
        }
        PC;
    }
}

void Coach::showMenu()
```

```cpp
{
    CLS;
    cout << "欢迎教练: " << name << "\n";
    cout << "1.发布预约时间 \n";
    cout << "2.查看预约列表 \n";
    cout << "3.退出 " << endl;
}

void Coach::addAppointment()
{
    string id;
    string duration;
    string startTime;
    string endTime;
    double price;
    cout << "编号: ";
    cin >> id;
    cout << "时长: ";
    cin >> duration;
    cout << "开始时间: ";
    cin >> startTime;
    cout << "结束时间: ";
    cin >> endTime;
    cout << "价格: ";
    cin >> price;
    while (cin.fail())
    {
        cout << "价格输入不合理,请重新输入 " << endl;
        cin.clear();
        cin.sync();
        cin >> price;
    }
    Appointment* app = new Appointment(id, duration, startTime, endTime, price);
    if(dp->AddAppointment(this, app))
    {
        cout << "添加预约成功! " << endl;
    }
    else
    {
        cout << "添加预约失败 " << endl;
    }
}

void Coach::getAppointment() const
{
    cout << "编号 \t 时长 \t 开始时间 \t 结束时间 \t 价格 \n";
    dp->getAppointment(this);
}
```

16. Groups.h

```cpp
#pragma once
#include "UserList.h"
#include "ActivityList.h"
class Groups
```

```cpp
{
public:
    Groups(void);
    Groups(string);
    ~Groups(void);

    void showGroupInfo() const;
    void addUserToGroup(User*);
    void addActivity(Activity*);
    string getName() const;
    UserList* getGroupUsers() const;
    ActivityList* getGroupActivitys() const;

private:
    string groupName;
    ActivityList* activityList;
    UserList* userList;
};
```

17. Groups.cpp

```cpp
#include "StdAfx.h"
#include "Groups.h"


Groups::Groups(void)
{
    userList = nullptr;
    activityList = nullptr;
}


Groups::Groups(string name):groupName(name)
{
    userList = new UserList();
    activityList = new ActivityList(10);
}
Groups::~Groups(void)
{
    if (userList!=nullptr)
    {
        delete userList;
        userList = nullptr;
    }
    if (activityList!=nullptr)
    {
        delete activityList;
        activityList = nullptr;
    }
}
void Groups::showGroupInfo() const
{
    cout << "组名: " << groupName << endl;
    cout << "组员: " << endl;
```

```cpp
        userList->showAll();
        cout << "活动: " << endl;
        activityList->ShowAll();
        cout << "====================" << endl;
}

string Groups::getName() const
{
        return groupName;
}

void Groups::addUserToGroup(User* user)
{
        if (!userList->contain(user->getName()))
        {
                userList->addUser(user);
        }
        else
        {
                cout << "你已经加入该群组了！" << endl;
        }
}

UserList* Groups::getGroupUsers() const
{
        return userList;
}

ActivityList* Groups::getGroupActivitys() const
{
        return activityList;
}

void Groups::addActivity(Activity* activity)
{
        activityList->addActivity(activity);
}
```

18. GroupList.h

```cpp
#pragma once
#include "Groups.h"
class GroupList
{
public:
        GroupList(void);
        GroupList(int);
        ~GroupList(void);

        // 获取数组长度
        inline int size(){return length;}
        // 获取指定位置的元素
        inline Groups* at(int index) const {return &groups[index-1];}
        // 是否包含指定名称的元素，并返回其位置[0,length]
        const int contain(string) const;
        // 添加新群组
```

```cpp
    void addGroup(Groups*);
    // 添加用户到指定名称的群组
    void addUserToGroup(User*, string);
private:
    int length;
    int capacity;
    Groups* groups;
    void resize();
};
```

19. GroupList.cpp

```cpp
#include "StdAfx.h"
#include "GroupList.h"


GroupList::GroupList(void)
{
    groups = nullptr;
}


GroupList::GroupList(int cap):length(0),capacity(cap)
{
    groups = new Groups[cap];
}

GroupList::~GroupList(void)
{
    if (groups!=nullptr)
    {
        delete[] groups;
        groups = nullptr;
    }
}

const int GroupList::contain(string name) const
{
    for (int i=0;i!=length;i++)
    {
        if (groups[i].getName() == name)
        {
            return i+1;
        }
    }
    return 0;
}

void GroupList::addGroup(Groups *group)
{
    if (!contain(group->getName()))
    {
        int index = length == capacity ? resize(),length++ : length++;
        groups[index] = *group;
    }
}
```

```cpp
void GroupList::addUserToGroup(User* user, string name)
{
    groups[contain(name)-1].addUserToGroup(user);
}
void GroupList::resize()
{
    capacity *= 2;
    Groups* temp = new Groups[capacity];
    memcpy(temp,groups,length);
    delete[] groups;
    groups = temp;
}
```

20. Activity.h

```cpp
#pragma once
#include "UserList.h"
class Activity
{
public:
    Activity(void);
    // 活动名称、地点、开始时间、结束时间、经费、介绍
    Activity(string, string, string, string, double, string);
    ~Activity(void);

    // 获取群活动名
    string getActivityName() const;
    // 展示活动信息
    void showActivityInfo() const;
    // 添加用户到指定活动
    void addUserToActivity(User*);

private:
    string activityName;
    string activityPlace;
    string activityStarttime;
    string activityEndtime;
    double activityPrice;
    string activityIntroduction;
    UserList* userList;
};
```

21. Activity.cpp

```cpp
#include "StdAfx.h"
#include "Activity.h"


Activity::Activity(void)
{
    userList = nullptr;
}
```

```cpp
Activity::Activity(string name, string place, string startTime, string endTime,
double price, string intro)
{
    activityName = name;
    activityPlace = place;
    activityStarttime = startTime;
    activityEndtime = endTime;
    activityPrice = price;
    activityIntroduction = intro;
    userList = new UserList();
}

Activity::~Activity(void)
{
    if (userList!=nullptr)
    {
        delete userList;
        userList = nullptr;
    }
}

string Activity::getActivityName() const
{
    return activityName;
}
void Activity::showActivityInfo() const
{
    cout << "活动: " << activityName << endl;
    cout << "组员: " << endl;
    userList->showAll();
    cout << "====================" << endl;
}

void Activity::addUserToActivity(User* user)
{
    if (!userList->contain(user->getName()))
    {
        userList->addUser(user);
    }
    else
    {
        cout << "你已经加入该群组了！" << endl;
    }
}
```

22. ActivityList.h

```cpp
#pragma once
#include "Activity.h"
class ActivityList
{
public:
    ActivityList(void);
    ActivityList(int);
    ~ActivityList(void);
```

```cpp
    // 获取数组长度
    inline int size(){return length;}
    // 获取指定位置的元素
    inline Activity* at(int index) const {return &activitys[index-1];}
    // 是否包含指定名称的元素，并返回其位置 [0,length]
    const int contain(string) const;
    // 添加新活动
    void addActivity(Activity*);
    // 添加用户到指定名称的活动
    void addUserToActivity(User*, string);
    void ShowAll() const;
private:
    int length;
    int capacity;
    Activity* activitys;

    void resize();
};
```

23. ActivityList.cpp

```cpp
#include "StdAfx.h"
#include "ActivityList.h"


ActivityList::ActivityList(void)
{
    activitys = nullptr;
}


ActivityList::ActivityList(int cap):length(0),capacity(cap)
{
    activitys = new Activity[cap];
}

ActivityList::~ActivityList(void)
{
    if (activitys!=nullptr)
    {
        delete[] activitys;
            activitys = nullptr;
    }
}
const int ActivityList::contain(string name) const
{
    for (int i=0;i!=length;i++)
    {
        if (activitys[i].getActivityName() == name)
        {
            return i+1;
        }
    }
    return 0;
}
```

```cpp
void ActivityList::addActivity(Activity* activity)
{
    if (!contain(activity->getActivityName()))
    {
        int index = length == capacity ? resize(),length++ : length++;
        activitys[index] = *activity;
    }
}

void ActivityList::addUserToActivity(User* user, string name)
{
    activitys[contain(name)-1].addUserToActivity(user);
}

void ActivityList::ShowAll() const
{
    for (int i=0;i!=length;i++)
    {
        cout << activitys[i].getActivityName() << "\t";
    }
    cout << endl;
}

void ActivityList::resize()
{
    capacity *= 2;
    Activity* temp = new Activity[capacity];
    memcpy(temp,activitys,length);
    delete[] activitys;
    activitys = temp;
}
```

24. Appointment.h

```cpp
#pragma once
#include "UserList.h"
class Appointment
{
public:
    Appointment(void);
    // 预约编号、时长、开始时间、结束时间、价格
    Appointment(string, string, string, string, double);
    ~Appointment(void);

    // 获取预约编号
    inline string getId() {return id;}
    // 将用户添加到预约列表中
    void addUserToAppointment(User* user);
    // 获取某个预约下的用户集合
    inline UserList* getUserList() {return userList;}
    // 根据用户类型不同展示不同结果
    void showAppointmentInfo(const User* user);

private:
    string id;
```

```
    string duration;
    string startTime;
    string endTime;
    double price;
    UserList* userList;
};
```

25. Appointment.cpp

```
#include "StdAfx.h"
#include "Appointment.h"
#include "Coach.h"


Appointment::Appointment(void)
{
    userList = nullptr;
}


Appointment::Appointment(string id, string duration, string startTime, string endTime, double price)
{
    this->id = id;
    this->duration =duration;
    this->startTime = startTime;
    this->endTime = endTime;
    this->price = price;
    userList = new UserList();
}

Appointment::~Appointment(void)
{
    if (userList!=nullptr)
    {
        delete userList;
        userList = nullptr;
    }
}
void Appointment::addUserToAppointment(User* user)
{
    if (userList->contain(user->getName()))
    {
        cout << "你已经预约了该私教！ " << endl;
        return;
    }
    userList->addUser(user);
    return;
}
void Appointment::showAppointmentInfo(const User* user)
{
    cout << id << "\t";
    cout << duration << "\t";
    cout << startTime << "\t";
```

```
        cout << endTime << "\t";
        cout << price << endl;
        // RTTI
        if (typeid(*user)==typeid(Coach))
        {
            cout << "预约成员: \n";
            userList->showAll();
        }
}
```

26. AppointmentList.h

```
#pragma once
#include "Appointment.h"
class AppointmentList
{
public:
    AppointmentList(void);
    AppointmentList(int);
    ~AppointmentList(void);

    // 获取数组长度
    inline int size(){return length;}
    // 获取指定位置的元素
    inline Appointment* at(int index) const {return &appointments[index-1];}
    // 是否包含指定名称的元素，并返回其位置 [0,length]
    const int contain(string) const;
    // 添加新预约
    void addAppointment(Appointment*);
    // 添加用户到指定名称的预约
    void addUserToAppointment(User*, string);
    void showAll() const;
private:
    int length;
    int capacity;
    Appointment* appointments;

    void resize();
};
```

27. AppointmentList.cpp

```
#include "StdAfx.h"
#include "AppointmentList.h"


AppointmentList::AppointmentList(void)
{
    appointments = nullptr;
}
AppointmentList::AppointmentList(int cap):length(0),capacity(cap)
{
    appointments = new Appointment[cap];
}

AAppointmentList::~AppointmentList(void)
```

```cpp
{
    if (appointments!=nullptr)
    {
        delete[] appointments;
        appointments = nullptr;
    }
}
const int AppointmentList::contain(string id) const
{
    for (int i=0;i!=length;i++)
    {
        if (appointments[i].getId() == id)
        {
            return i+1;
        }
    }
    return 0;
}
void AppointmentList::addAppointment(Appointment* app)
{
    if (!contain(app->getId()))
    {
        int index = length==capacity?resize(),length++:length++;
        appointments[index] = *app;
    }
}


void AppointmentList::addUserToAppointment(User* user, string appName)
{
    appointments[contain(appName)-1].addUserToAppointment(user);
}
void AppointmentList::showAll() const
{
    for (int i=0;i!=length;i++)
    {
        cout << appointments[i].getId() << "\t";
    }
    cout << endl;
}
void AppointmentList::resize()
{
    capacity *= 2;
    Appointment* temp = new Appointment[capacity];
    memcpy(temp,appointments,length);
    delete[] appointments;
    appointments = temp;
}
```

参 考 文 献

[1] Stephen Prata．C++ Primer plus（第 6 版中文版）[M] 张海龙，袁国忠，译．北京：人民邮电出版社，2012.

[2] Richard Johnsonbaugh，Martin Kalin．面向对象程序设计：C++ 语言描述 [M]．蔡宇辉，李军义，译．北京：机械工业出版社，2011.

[3] 郑莉，董渊，何江舟．C++ 语言程序设计 (第 4 版)[M]．北京：清华大学出版社，2010.

[4] H M Deitel，P J Deitel．C++ 大学基础教程（第五版）[M]．张引，等译．北京：电子工业出版社，2011.

[5] 黄素萍．面向对象程序设计教学改革模式研究 [J]．教育教学论坛，2013(02).

[6] 张忠华，李德蓉，肖章林．浅析面向对象程序技术的特征和思想 [J]．装备制造与教育，2014(01).

[7] 王晓宇，钱红兵．基于 UML 类图和顺序图的 C++ 代码自动生成方法的研究 [J]．计算机应用与软件，2013(01)

[8] 郭颖．UML 在嵌入式软件开发中的研究与应用 [J]．电子技术与软件工程，2016(01).

[9] 袁国铭，刘瑞，樊波，邓小亚．UML 用例图在软件工程中的步骤设计研究 [J]．微型电脑应用，2014(01).

[10] 郭忠秋，张岩．浅析 C++ 中的构造函数与析构函数 [J]．教育教学论坛，2012(S1).

[11] 周建儒．面向对象分析与设计之继承结构的分析 [J]．信息技术，2014(04).

[12] 王家华，全斐．面向对象多态性的研究 [J]．科技资讯，2008(01).

[13] 和力，吴丽贤．关于 C++ 虚函数底层实现机制的研究与分析 [J]．计算机工程与设计，2008(10).

推荐阅读

程序设计导论：Python语言实践（英文版）

作者：[美] 罗伯特·塞奇威克 等 定价：139.00
中文版：978-7-111-54924-6 定价：79.00 英文版：978-7-111-52401-4

Java语言程序设计（第10版）

作者：[美] 梁勇 中文版书号：978-7-111-50690-4 定价：85.00
英文版书号：978-7-111-57169-8 定价：99.00

Java语言程序设计（第10版）

作者：[美] 梁勇 中文版书号：978-7-111-54856-0 定价：89.00
英文版书号：978-7-111-57168-1 定价：99.00

C++程序设计：基础、编程抽象与算法策略

作者：[美] 埃里克S.罗伯茨 中文版书号：978-7-111-54696-2 定价：129.00
英文版书号：978-7-111-56149-1 定价：139.00

推荐阅读

数据结构与算法分析：Java语言描述（原书第3版）

作者：[美]马克·艾伦·维斯（Mark Allen Weiss） 著 ISBN：978-7-111-52839-5 定价：69.00元

本书是国外数据结构与算法分析方面的经典教材，使用卓越的Java编程语言作为实现工具，讨论数据结构（组织大量数据的方法）和算法分析（对算法运行时间的估计）。

随着计算机速度的不断增加和功能的日益强大，人们对有效编程和算法分析的要求也不断增长。本书将算法分析与最有效率的Java程序的开发有机结合起来，深入分析每种算法，并细致讲解精心构造程序的方法，内容全面，缜密严格。

算法导论（原书第3版）

作者：Thomas H.Cormen 等 ISBN：978-7-111-40701-0 定价：128.00元

"本书是算法领域的一部经典著作，书中系统、全面地介绍了现代算法：从最快算法和数据结构到用于看似难以解决问题的多项式时间算法；从图论中的经典算法到用于字符串匹配、计算几何学和数论的特殊算法。本书第3版尤其增加了两章专门讨论van Emde Boas树（最有用的数据结构之一）和多线程算法（日益重要的一个主题）。"

—— Daniel Spielman，耶鲁大学计算机科学系教授

"作为一个在算法领域有着近30年教育和研究经验的教育者和研究人员，我可以清楚明白地说这本书是我所见到的该领域最好的教材。它对算法给出了清晰透彻、百科全书式的阐述。我们将继续使用这本书的新版作为研究生和本科生的教材及参考书。"

—— Gabriel Robins，弗吉尼亚大学计算机科学系教授

在有关算法的书中，有一些叙述非常严谨，但不够全面；另一些涉及了大量的题材，但又缺乏严谨性。本书将严谨性和全面性融为一体，深入讨论各类算法，并着力使这些算法的设计和分析能为各个层次的读者接受。全书各章自成体系，可以作为独立的学习单元；算法以英语和伪代码的形式描述，具备初步程序设计经验的人就能看懂；说明和解释力求浅显易懂，不失深度和数学严谨性。